国家社会科学基金教育学青年课题"我国少数民族研究生招生优惠政策监评体系建构研究"（CMA140130）最终成果

中国少数民族研究生招生优惠政策监评体系建构

洪　雷　等◎著

科学出版社
北京

内 容 简 介

本书主要围绕"如何坚持面向少数民族和民族地区,为少数民族和民族地区经济社会发展服务的政策宗旨""'优惠政策'执行成效怎样""如何构建'优惠政策'的监评体系"等一系列根本性问题进行研究和探讨,并结合时代发展的要求,力图构建我国少数民族研究生招生优惠政策监测和评价体系,并对少数民族研究生教育教学创新的理念、方法、措施等进行描述。

本书可供教育工作者及关心我国少数民族和民族地区发展问题的各类读者参阅。

图书在版编目(CIP)数据

中国少数民族研究生招生优惠政策监评体系建构 / 洪雷等著. —北京:科学出版社,2019.10
 ISBN 978-7-03-061486-5

 Ⅰ.①中… Ⅱ.①洪… Ⅲ.①少数民族 – 民族地区 – 研究生 – 招生 – 教育政策 – 研究 – 中国 Ⅳ.①G647.32

 中国版本图书馆 CIP 数据核字(2019)第 114152 号

责任编辑:付 艳 苏利德 / 责任校对:何艳萍

责任印制:李 彤 / 封面设计:润一文化

科 学 出 版 社 出版
北京东黄城根北街 16 号
邮政编码:100717
http://www.sciencep.com

北京凌奇印刷有限责任公司 印刷
科学出版社发行 各地新华书店经销

*

2019 年 10 月第 一 版 开本:720×1000 B5
2020 年 10 月第二次印刷 印张:17
字数:344 000
定价:98.00 元
(如有印装质量问题,我社负责调换)

前　言

　　少数民族地区的现代化建设需要高素质人才，培养少数民族高层次人才是我国新时期的新使命。我国少数民族研究生招生优惠政策是自 20 世纪 80 年代实施的针对少数民族地区的少数民族学生的招生优惠政策。少数民族地区和少数民族教育长期面临着人才匮乏的问题，尤其是少数民族高层次人才尤为稀缺。实施我国少数民族研究生招生优惠政策，并配套相应的财政拨款，是国家扶持民族高等教育的一项重要举措，旨在增加少数民族地区少数民族学生的研究生入学机会，促进民族地区经济社会发展，缓解中西部区域发展不平衡的状态。在加快发展民族教育背景下，分析我国少数民族研究生招生优惠政策的执行成效，有益于更好地落实政策的价值目标，对于少数民族研究生教育的改革和创新乃至整个民族地区的团结进步和社会发展，均具有重要的理论意义和现实价值。

　　监评体系是众多国际组织和发达国家广泛用于优化公共政策项目、计划、投资等的决策和提高执行效率的一种组织管理方式。因其能够有效加强决策者和执行者的责任感，故而能帮助他们在决策和执行过程中不断总结经验教训，及时发现问题、研究问题，并制定和执行行之有效的措施促进其初衷的达成；对决策和执行部门而言，这一环节自身又是一种学习的过程，所以，这类组织管理模式还可以持续强化相关部门对政策、计划、投资等的决策及其执行的良性循环，从而极大提升资源配置和利用效率。但是，即便这类组织管理模式在 20

世纪 80 年代就已推介到国内，但当前其应用领域仍极为有限，主要运用在极少数国家银行大型信贷投入项目的后评价方面，而在国家对民族高等教育领域的政策投入方面的应用尚处于起步阶段。从国际经验来看，对政府教育领域的政策投入实行监测与评价是建立这一监评体系的初衷，并最终发展为对政府项目、行业和规划等更广泛的领域的监评。

目前，我国正在进行全面深化教育领域综合改革，推进教育治理体系和治理能力现代化建设工作，以实现高等教育内涵式发展。改善我国教育领域执行成效的问题已经列入教育领域综合改革的重要议事日程，积极探索改善我国教育政策执行成效的对策，不但具有理论意义，更具有重要的现实意义。我国少数民族研究生教育从无到有、从弱到强，效果显著，少数民族研究生招生优惠政策是我国民族高等教育政策的重要组成部分。如何提高少数民族研究生教育政策执行的成效，保障教育公平，也是近年来民族教育学界普遍关心和研究的问题。因此，本书通过对监评体系的理论进行归纳总结，并回顾和分析了这一体系在国际上的应用现状，对利用这一体系改善和提高我国少数民族研究生招生优惠政策执行成效的作用和意义、可行性和必要性、应用的方式方法、改进与推广等方面进行了系统和全面的研究。

在研究思路上，本书主要以"监评的理论与应用—必要性和可行性—执行系统—指标系统—个案分析—改进推广"为研究路径，利用问卷调查、访谈等方法，借鉴国内外公共政策评价标准和我国教育政策评价标准的研究成果，结合政策特殊性，尝试构建政策监测评价标准体系。本书立足于对政策中的四类直接利益相关者（即政策制定者、政策需求者、政策教育者、政策受教育者）的调查，选取西北民族大学、云南民族大学、贵州民族大学、西南民族大学等 11 所普通高校和民族院校的研究生作为问卷调查和相关访谈对象，并结合对定向地区委培单位的走访和调查，对政策的改革与创新问题开展了多角度、多维度的研究。最后综合全书的分析，提炼主要的研究结论，针对此项政策执行和改革中出现的社会问题及教育问题提出若干对策建议，并就政策监评体系的改进与推广提出了合理化建议。

从监评体系建构与我国少数民族研究生招生优惠政策之间的关系来看，科学规范的监评体系的建立，有利于正确、全面、理性地审视此项政策的成效与不足，从而更好地调整、改进和指导少数民族研究生招生工作。政策的监测与评价的结果显示，此惠民之举基本上实现了政策目标和政策价值，实现了效率、效果、效益三者的统一，有效协调了政策外援与民族地区自我发展的关系。本书主要基于学术研究的视角，从政策的动态过程角度对政策执行状况开展事实描述。研究发现，此项政策实践过程仍待完善。出现偏差的主要因素是各利益相关者对政策的贯彻执行不够深入，重视程度有待提高，并且缺乏与政策配套的就业措施、监评机制及制度保障等。通过分析政策监评体系的应用情况，笔者发现，要想成功推行我国少数民族研究生招生优惠政策监评体系，达到"以评促建"的效果，必须在监评指标的体系优化和评价方略上同时发力。由此，本书基于对政策执行成效监测评价的结论和政策发展趋势的判断，从政策监评体系改进与推广的过程、数据处理、监评时效、系统监评及分层分类监评五个方面提出几点设想，即重视国际通用方法与我国具体国情的有机结合；系统完整的数据信息是科学监评的保障，注意政策远期影响效益的监评；遵循系统论原理，优化优惠政策监评体系的整体功能；实施分层分类监评，增强优惠政策监评的针对性和有效性。

笔者于武昌南湖

2019 年 3 月

目　　录

绪　论

1949 年以来，中国共产党始终高度重视对少数民族的教育培养工作，为少数民族研究生教育的发展制定了一系列的"优惠政策"①，发挥了重要的推动作用。少数民族研究生招生优惠政策是在研究生招生阶段的优惠途径之一，它是国家增加少数民族研究生入学机会的政策性保障之一，也是培养少数民族高端人才的重要渠道之一。《国务院关于加快发展民族教育的决定》明确指出："加强少数民族高端人才培养工作，培养一批政治素质高、学术造诣深、具有国际影响力和话语权的少数民族优秀人才。"②加快发展民族教育事业，大力培育少数民族高端人才，是国家"十三五"时期的一项重要使命。高考阶段实施民族优惠政策的教育公平问题持续引发争议，来自少数民族内外部的矛盾一直存在，而国家实施的少数民族研究生招生优惠政策目标是否合理，执行是否到位，是否需要调整和完善等价值判断问题也遭到了很多挑战。研究生教育入学机会的公正性受到质疑，一些少数民族优秀传统文化得不到弘扬发展，政策目标群体违约行为不断增加等事实，引起了优惠政策利益相关群体的高度关注。

本书认为，少数民族研究生招生优惠政策是国家宏观调控研究生教育资源的政策性工具，利益相关群体产生矛盾的焦点在于对少数民族采取研究生教育机会弱势补偿手段的争议和利益分配价值取向上的多元判断。由此，本书以政策的事实成效分析与价值评价研究为主线进行综合分析，尝试建构少数民族研究生招生优惠政策监评体系。除了关注少数民族内外部的影响因素，我们还必须注意一系列理性元素，如政策的价值选择、政策制定的理论基础、政策的合理性等，并对政策的执行过程和成效展开分析，以此填补学界对此问题研究的不足，进而为政策的改革和完善提供理论与实践的支撑。

---

① "优惠政策"即指中国少数民族研究生招生优惠政策。本书根据行文需要，两种表述均有使用。

② 国务院关于加快发展民族教育的决定 [EB/OL]. http://www.gov.cn/zhengce/content/2015-08/17/content_10097.htm，2015-08-17.

鉴于对一些基本理论的困惑，课题组于 2014 年 9 月至 12 月在武汉大学、华中科技大学、武汉理工大学、中国地质大学（武汉）、华中师范大学、华中农业大学、中南财经政法大学及中南民族大学 8 所知名高校进行了为期 3 个月的社会调查。基于民族教育的理论背景，通过对调查数据的采集、整理、归档、分析等，课题组成员发现了一些新的理论观察点，这促使我们进一步挖掘这次调查数据背后的信息。通过与陈达云教授、段超教授、李俊杰教授、孟立军教授等的共同交流，本书的一些基本思路也逐渐形成。最后，笔者选取了"中国少数民族研究生招生优惠政策监评体系建构研究"作为进一步探究的议题。党的十八届三中全会出台的《中共中央关于全面深化改革若干重大问题的决定》指出：深化教育领域综合改革，大力促进教育公平，推进考试招生制度改革，探索招生和考试相对分离、学生考试多次选择、学校依法自主招生、专业机构组织实施、政府宏观管理、社会参与监督的运行机制，深入推进管办评分离，扩大省级政府教育统筹权和学校办学自主权，完善学校内部治理结构。强化国家教育督导，委托社会组织开展教育评估监测。①因此，要实现教育领域综合改革的目标，最根本的是要大力促进教育公平，通过改革招生政策的方式，深入剖析招生政策目标的形成背景和价值取向，重点考察我国招生政策实施的成效，解决难点问题，即构建我国招生政策保障的长效机制。

我国少数民族研究生招生优惠政策是国家基于少数民族和民族地区经济社会发展普遍落后的事实，将其同研究生教育关联起来的产物，目标在于及时增补民族地区发展所紧缺的一系列少数民族高层次人才，为民族地区的发展提供强有力的引智渠道。政策制定的目的在于保障和增加少数民族的研究生教育机会，为民族地区培养一大批少数民族高层次人才，提高少数民族人才储备和比例，此项政策也将伴随民族地区对高层次人才的需求变化及学位与研究生教育的发展而不断调整和改良。然而，我国少数民族研究生招生优惠政策的价值选择和政策依据是什么？如何看待和理解政策价值实现同教育公平、民族平等及研究生教育均衡发展等问题的关系？政策是否真正实现了对少数民族弱势群体的"弱势补偿"目的？是否真正满足了研究生教育均衡发展的需要？是否解决了民族地区的发展困境，提高了民族地区的生产力？同时，政策是否切实解决了民族地区少数民族高层次人才紧缺等系列瓶颈？国家要建成创新型政府，建设社会主义和谐社会，强化人力资源和实现西部大开发扶贫攻坚方案的系列战略目标，这些问题就不可小觑。为了达到此项政策的初衷，提高政策执行成效，目前，积极回顾政策执行的历史沿革情况，探究政策执行的现状，研判政

---

① 中共中央关于全面深化改革若干重大问题的决定[EB/OL]. http://www.gov.cn/jrzg/2013-11/15/content_2528179. htm，2013-11-15.

策执行价值取向的公正性等政策监评工作急待开展。基于目前学界欠缺对此问题的研究，本书尝试建构一套针对我国少数民族研究生招生优惠政策执行成效的监评体系，寻求通过政策改革提高政策影响。

目前，我国少数民族研究生招生优惠政策的益处有目共睹，但难免在政策执行过程中出现一些棘手问题。正是因为现实问题的影响，少数民族研究生招生优惠政策的成效不尽如人意。调查发现，此类问题突出表现为以下几个方面。

（一）民族地区的实际需求与指标分配之间发生偏差

我国少数民族研究生招生优惠政策严格执行"定向招生、定向或委托培养、定向就业"的招生培养就业的基本原则。在定向招生层面，此项政策主要是依据民族地区研究生教育发展的水平，以尽量满足少数民族研究生教育均衡发展及适应民族地区对少数民族高层次人才的迫切需求为目标，合理规划政策执行范围，但从主观因素角度出发，最终指标的分配同民族地区的实际需求却发生了较大偏差。调研发现，此项政策规划的招生指标较为笼统，委托培养的高校被赋予了对哪些人需要少数民族研究生教育和哪些是民族地区科技力量薄弱区域进行选择和判断的任务，但其研判能力不足。事实上，由于民族因素或文化背景等，边远落后地区的生源极为有限，政策提供的优惠条件难以真正落实到少数民族学生的弱势群体中。

（二）人才培养质量偏低且缺乏民族特色

少数民族研究生招生优惠政策坚持"统一考试、适当降分"的招生录取原则，导致研究生群体的能力和实际水平分层明显，同时给少数民族研究生教育的培养过程带来很多掣肘。一般情况是每年国家划定研究生复试最低分数，享受此项政策的考生分数通常要比普通计划的考生低，而且在许多专业的分数要求上差距较大。复试阶段一般由各高校自主确定最低分数线，每年的报考情况和考试结果不尽相同，需要依据当年的考情决定。但享受此项政策照顾的考生一般在复试的总成绩或者单科分数上相较其他考生要低。由此，容易导致两种不良后果：①加大了高校统一培养的难度，增加了个性化培养的工作量；②人才培养的质量无法保障。在短短 2~3 年的培养周期内，缩小享受优惠政策的部分少数民族学生基础较差的较大差距，达到少数民族高层次人才培养的规模和质量要求，完成培养任务任重而道远。

我国少数民族研究生招生优惠政策要求招录工作坚持"定向招生、定向或委托培养、定向就业"的基本原则，不论是前期的报名、资格审核、初试复试，还是基础培训和研究生正式培养阶段，基本上延续了传统的"大一统"的研究培养模式。招录过程缺失了对民族文化因素的考察，而且让具备"民族身份"的考生形成了一种与生俱来的先天优势。通过全国统一的研究生招生考试后，满足此项优惠政策的考生顺利入学，进入基础培训或研究生正式培养阶段，而研究生的正式培养阶段模式又同普通计划考生的培养模式几乎一致。整体来看，此项政策的人才培养模式与民族地区的社会文化需求不够契合。

（三）教育投入难以满足政策目标对象的诉求

目前，不论是普通计划的研究生还是通过少数民族研究生招生优惠政策录取的研究生，国家在教育投入上采取新旧政策相结合的方式。但是按照《教育部国家发展改革委 财政部关于深化研究生教育改革的意见》要求，自 2014 年秋季入学起，所有纳入国家招生计划的研究生都要实施自费制度的改革，包括享受"优惠政策"的考生。调查发现，现行的招生工作基本上是按照初试和复试的综合成绩排名作为研究生奖学金和助学金的评价依据，但享受此项政策的考生因其在录取分数上同普通计划考生的较大差距，难以具备竞争实力，几乎无法通过资助来减免读研成本。此外，有些委培单位基于单位利益将正式的委培协议当作一纸空文，而且享受此项政策的考生为了逃脱协议束缚，当初约定应由委培单位承担的培养经费，大多是"优惠政策"考生自行"埋单"。享受此项政策的考生的培养经费难以依照协议得到支持，教育投入的不足必将导致真正需要政策支持的目标对象读研期间承受更大的经济负担。

（四）"优惠政策"生的"违约"现象比较严重

根据我国少数民族研究生招生优惠政策的规定，享受此项优惠政策的考生，一般应该同时满足两项条件：①政策考生的生源地为少数民族地区，并具备少数民族身份或有一定民族工作经历的汉族学生；②政策考生的培养方式为定向或委培形式[①]。即使是应届的少数民族本科毕业生，政策也限定了生源范围。但调查发现，享受少数民族研究生招生优惠政策的考生在就业过程中违背培养协议的现象比较严重。由于协议双方在定向委培的形式、内容上还存在缺陷，事实上，对享受了优惠政策的学生而言，协议约束力要么非常有限，要么完全丧失。培养环节结束后，享受优惠政策的学生不遵循契约，民族地区人才流失严重。当初来源于民族地区享受优惠政策的考生，很少回归定向地区履行服务民族地区的责任。调查发现，目前国家对享受少数民族研究生招生优惠政策的学生尚无完善的就业

① 孟立军. 关于完善少数民族硕士研究生招生政策的思考[J]. 高等教育研究，2006，（6）：79.

促进措施，只单方面强制要求他们回归定向地区或委培单位就业，但是根据定向（或委培）协议的约定，学生只需要缴纳一定数额的培养费和违约金作为对委托单位或培养高校的补偿，即可解除协议。然而违约金的数额和约束力都极为有限，学生"违约"现象频发。另外，一些地方政府对报考此项政策的考生欠缺有效引导，一些考生无法认定定向地区经济社会发展急需的专业，毕业后回归定向地区无法就业，只能违约；甚至一些地方政府无视考生的违约行为，违背了"优惠政策"制定的初衷。

总之，我国少数民族研究生招生优惠政策执行过程中，诸如以上的种种问题引发了社会各界的广泛关注和争议，如少数民族研究生招生优惠政策的制定是站在何种价值选择的立场上？"优惠政策"的实施是否造成了对少数民族学生的"逆向歧视"问题？又是否存在对汉族学生的歧视问题？"优惠政策"执行至今，执行成效如何？如何监测和评价？"优惠政策"在国家、地方政府和委培单位等几个层面如何运行？怎样运用此项优惠手段来更好地契合民族地区高端人才发展的诉求，实现教育精准扶贫？"优惠政策"本身是否还存有缺陷？这一政策是否达到了政策目标？是否能够划分区域、划分阶段，让"优惠政策"发挥更大的政策效益？如何有效抑制别有用心的人打政策"擦边球"？由此，本书认为对此项政策的执行成效开展监测与评价时不我待，课题研究的重点在于通过政策监评体系的建构，更加科学、有效地规范、监督、反馈和改进"优惠政策"，并为怎样更好地调整和完善此项政策提供理论和实践依据。

一、研究意义

我国少数民族研究生招生优惠政策是一种以民族身份为主要优惠标准的政策手段，政策目标在于解决少数民族和民族地区高层次人才严重不足的问题，提高少数民族人才储备量，解决高层次人才结构不平衡问题，维护民族团结，为促进民族地区跨越式发展服务。建构我国少数民族研究生招生优惠政策监评体系，为国家从宏观上掌握此项政策的执行成效、解决政策执行问题提供重要的改革依据。

（一）理论意义

1. 丰富和完善我国少数民族研究生教育政策监评的理论体系

理清我国少数民族研究生招生优惠政策监评体系的内涵，建构政策成效分析框架。从高校政策执行的现状和民族地区"优惠政策"执行的成效，挖掘制约成效最大化的瓶颈因素，提出完善对策。这将丰富和完善我国少数民族研究生招生优惠政策成效分析的理论和方法，也将为学界提供一种"优惠政策"执行过程的复杂性分析实例，为教育政策分析，尤其是对民族政策的分析提供一种新的视角。换言之，本书期望能够完善我国民族教育政策的监评方法。由于我国教育政策的研究起步较晚，对教育政策分析的相关理论基础和实践基础都比较薄弱，在教育政策分析中，对教育政策的制定和实施层面的分析成果较为丰富，也比较深入，而在教育政策的监评方面，现有研究相对欠缺，对民族教育政策的监评研究就更为稀缺。对我国少数民族研究生招生优惠政策这项具有典型意义的民族教育政策的分析，有助于我们挖掘少数民族研究生教育政策的问题，保障民族教育政策的成效，提高民族教育政策执行效力，丰富和完善我国少数民族研究生教育政策监评的理论体系。

2. 加深我国少数民族研究生招生优惠政策的社会认同

调查发现，目前"优惠政策"的利益相关者尚未对此项政策给予高度重视，还没有意识到这一政策不仅是一项民族政策，更是一项民族教育政策，对制定政策的目标还不完全清晰，政策的社会认同感也比较低。"优惠政策"作为改善民族地区高层次人才匮乏问题的专门手段，不仅是国家处理民族问题的重要政策，也是促进民族教育快速发展的有效措施。本书通过田野调查采集政策执行的动态数据，对"优惠政策"进行全方位的综合分析，并尝试构建一套监评我国少数民族研究生招生优惠政策的指标体系。对民族教育的分析打破传统的理论研究范式，从"理论场域"转变为"社会场域"，以参与观察、文献研究和深度访谈等方法，获取一手数据，使本书的研究更具有说服力。本书通过建构我国少数民族研究生招生优惠政策监评体系，让政策利益相关者加深对"优惠政策"的社会认同感，让政策的直接利益相关者对政策执行的整个动态过程和实施成效有一个全面认识，尤其是在政策执行的事实分析基础上强化对"优惠政策"的价值评判和理论认知。

3. 拓展我国少数民族研究生教育的研究内容

时至今日，无论从民族教育理论研究层面，还是从教育政策分析层面，涉及少数民族研究生教育招生优惠政策的分析均较为薄弱，尤其是针对全面监评"优惠政策"执行成效的研究成果尚未出现。现有研究成果大多从某一类少数民族研究生招生优惠政策或对"优惠政策"的某一个方面进行研究，重点关注"少数民族高层次骨干人才计划"（简称"骨干计划"）的执行情况，集中分析了基础强化培训基地的状况。本书尝试以"优惠政策"包含的各项政策手段为研究对象，从理论和实践层面进行深入探讨，分析"优惠政策"的价值取向和执行成效，探析政策执行问题，建构对"优惠政策"的监评体系，并在此基础上提出政策改良的对策建议。这对拓展我国少数民族研究生教育的研究内容具有重要的补充作用。

4. 探究我国少数民族研究生教育政策监评体系的理论分析途径

鉴于目前社会上对我国少数民族研究生招生优惠政策的争论，本书将结合教育政策评价理论、教育政策分析论及利益相关者论等理论，多维度阐释我国少数民族研究生招生优惠政策执行的合理性、必然性、合法性及有效性等。让国家掌握此项政策的实施状况，让公众加深对"优惠政策"的认同感，探究一条我国少数民族研究生教育政策监评体系的理论分析途径。本书以"优惠政策"的文本解析为出发点，明晰政策的内涵和特征。然后从政策监评概念、必要性和可行性、执行系统、指标系统、个案分析、改进推广六个维度对此项政策展开考察。在政策监评体系的概念诠释方面，以监评体系的由来与发展，以及在国内外的应用现状为基础，对"优惠政策"监评体系进行概念界定和诠释；在政策监评体系的必要性和可行性方面，对构建"优惠政策"监评体系的必要性进行分析，并就建立政策监评体系的可行性开展研讨；在政策监评体系的执行系统建立方面，通过分析我国少数民族研究生教育的特点，构建"优惠政策"监评执行机构系统，并明确制度职责；在政策监评体系的指标系统构建方面，从民族教育政策评价标准的演变和"优惠政策"特征描述出发，建构"优惠政策"监评指标；在监评体系的应用方面，以定量和定性相结合的方法对政策执行成效开展个案分析，探究政策成效的有效性；在政策监评体系的改进与推广方面，总结"优惠政策"监评和研究的结论，提出政策优化的对策，并就政策监评体系的改进与推广提出设想。

（二）实践意义

1. 为少数民族研究生招生优惠政策的完善提供科学依据

政府制定各项政策的目的是保障社会事务的高效率，维护整个社会的稳定和进步，促进各项事业的繁荣发展。政策手段一般是国家意志的表现。现今，实现少数民族教育公平，解决少数民族发展的现实困境，行之有效的手段就是不断推进教育领域的综合改革，切实加强政策落实。通过建构一套政策监评体系，对我国少数民族研究生招生优惠政策执行成效开展调研，能够对政策执行实施有效监测与评价，提高政策执行成效。没有哪种政策手段能够十全十美，通过社会实践的检验和监评，才能不断找出问题并调整改良。因此，对我国少数民族研究生招生优惠政策执行成效的调查是研究政策问题的基础，同时也为政策评价提供了重要参考。

2. 提高少数民族研究生教育政策的执行成效

少数民族研究生教育政策是民族高等教育中非常重要的组成部分，对此类政策进行政策前、政策中及政策后的评价，不仅能够提升民族高等教育政策制定执行的科学化和规范化，而且有利于推动少数民族研究生教育的全面发展。所以，对少数民族研究生教育政策实施监测与评价可以有效提高政策执行的科学民主化，及时解决政策执行过程中出现的问题，提升政策的执行成效。对此类政策进行监评，是为了订立并执行高质量的民族高等教育措施，有效地协调少数民族研究生教育过程中各类利益相关者的关系，合理有效地配置研究生教育优质资源，推动民族高等教育事业的跨越式发展。

3. 形成科学的少数民族研究生教育政策体系反馈机制

民族高等教育政策执行过程需要不断反馈政策执行情况，反馈在政策纠偏和完善调整等方面发挥了重要作用，也是社会普遍遵循的基本原则。现阶段，我国少数民族研究生招生优惠政策执行过程缺乏对政策成效的反馈，教育家叶楠称之为"反馈缺乏症"[1]。从系统论的角度出发，此项政策是国家宏观调控和分配教育资源的重要措施，对其进行监测与评价是反馈的主要路径之一。采取对政策的监评，并实时跟踪监测此项政策运行的整个过程，及时改革政策弊端，不仅有利于少数民族研究生教育政策体系反馈机制的形成，还有利于有效规避政策活动中发生的偏离目标现象。

二、研究方案

（一）研究目标

通过建构一套"优惠政策"的监评体系，对我国少数民族研究生招生优惠政策进行事实描述和价值取向分析，揭示"优惠政策"的执行成效及面临的困难与问题，并在此基础上提出进一步完善我国少数民族研究生教育政策的建议，以期提高少数民族高层次人才培养的质量，增强少数民族研究生对少数民族优秀传统文化的认同感，平衡政策各方利益相关者的诉求，推进少数民族研究生教育政策成效提升。

---

[1] 叶楠. 教育研究方法论初探[M]. 上海：上海教育出版社，1999：198.

（二）研究目的

　　本书选取的研究对象为"我国少数民族研究生招生优惠政策监评体系"，集中分析"监评体系"，主要目标是探索我国少数民族研究生招生优惠政策是如何执行的，执行情况怎样，以此为基础尝试建构一套用于监测与评价这一"优惠政策"成效的体系。重点解决以下系列问题：我国少数民族研究生教育中实施的政策优惠手段具体包含哪些？我国少数民族研究生招生优惠政策的历史沿革进程如何？在当前世界格局变化迅速的背景下，我国少数民族研究生教育如何有效传承少数民族优秀传统文化？如何科学规范地监评"优惠政策"的执行成效？本书基于前期相关研究成果，力争用丰富的田野调查和多样的数据处理手段，探索我国少数民族研究生招生优惠政策对少数民族学生获取研究生教育资源的状况，以及对他们毕业后发展情况产生的重要影响。本书以民族教育为视角，将研究生教育放置于整个社会文化生活的大环境下思考，把少数民族研究生教育纳入主流文化、家庭文化和区域文化交叉场域中进行综合分析，多维度、多视角观察少数民族研究生教育同社会政治经济文化的关系，重点分析民族院校研究生教育主流文化同少数民族学生个体文化的关联，依据监评体系组织管理方式的原则，尝试建构一套监评"优惠政策"的体系，并采用参与观察、文献研究、问卷调查和深度访谈等方法，基于政策监评体系的标准及指标，以个案分析视角探究"优惠政策"直接利益相关者对政策的回应情况，并由此探讨政策执行成效和存在的问题，利用教育民族志手段描述微观事实并进行价值判断。

（三）研究内容

1. 核心概念界定

1）"优惠政策"监评体系

　　通过对以上项目监评体系研究成果的分析，本书认为"'优惠政策'监测"是指在此项政策各阶段收集、整理、存储、初步分析政策有关信息和研判分析与反馈问题的环节，活动的目标是判断（检查跟踪）政策行为和活动与政策目标相一致的程度，为政策管理和评价提供依据；而"'优惠政策'评价"是指对此项政策决策、实际政策产出的相关性、政策效率、效果和效益的评估。因而，本书界定的"优惠政策"监评指的是在一定教育政策执行环境中，此项政策的评价主体根据一定的原则和指标，采取相应的方法，对此项政策的实施情况和效果开展监测并进行价值评判的监测与评价的过程。

　　基于项目监评体系的分析，本书认为"优惠政策"监评体系作为一种优化政策管理的手段，在当前的运用中，其"体"集中体现在物质形态方面，即"优惠政策"监评的执行系统，为实现其能力的物质载体；其"系"则集中体现在非物质形态方面，又能够将其划分成规范部门自主运行的制度系统，数据处理和研究算法的方法系统，整理信息和数据以便处置、测算的指标系统。"优惠政策"监评体系能力的实现依靠这些系统的精诚协作。

2）我国少数民族研究生招生优惠政策

目前学界就"我国少数民族研究生招生优惠政策"未作明确界定，本书通过检索各类数据库发现相关的高频率关键词包含"少数民族招生倾斜政策""研究生教育招生政策""研究生招生优惠政策""少数民族研究生招生政策"等。学界对"少数民族研究生招生优惠政策"的内涵研究，在理论探讨和实践分析上存在较大差异。本书按照国家制定的政策概念，认为"少数民族研究生招生优惠政策"指的是国家为少数民族提供系列研究生教育机会的优惠措施，是一种为具备少数民族身份的考生提供更多优惠形式的招生政策。这一"优惠"特性主要表现为三个层面：①政策目标特殊。并非是为了维持差异，而是为了改善少数民族考生在研究生教育机会争夺过程中的弱势地位，国家特别指定的在研究生招生阶段对少数民族考生执行的一些操作性较强的政策手段，以期实现事实上的教育公平。②政策实施周期特殊。政策具备时效性，当政策目标达成后，即少数民族相对主体民族在研究生教育资源的争夺中能够公平地获得教育机会，不会输在起跑线上，这时此项政策就完成了历史使命，能够暂停甚至取消了。③政策价值取向特殊。政策主要是为了解决少数民族和民族地区经济社会发展急缺高端人才、民族地区人才结构不平衡问题。国家基于少数民族和汉族之间较大的现实差距，按照历史和现实的状况出台了研究生招生优惠政策。中华人民共和国成立之初，国家就认识到这一问题，制定并实施了对少数民族的系列招生优惠政策，并逐步从高考阶段发展到研究生阶段。目前，我国少数民族研究生招生优惠政策招生模式主要包括两种类型，即"骨干计划"和"少数民族照顾政策"（简称"双少"政策）。

就"骨干计划"政策的研究，学界目前较为集中。根据相关研究现状，本书按照国家对少数民族研究生招生实施的优惠政策模式来对"骨干计划"政策概念进行界定。改革开放以来，国家大力发展少数民族教育事业，尤为重视对少数民族高端人才的培养，不仅在人才规模上得到很大提升，而且在人才培养质量上得到较大提高，少数民族高层次人才的培养已然成为国家的一项重要政治任务。2002年发布的《国务院关于深化改革加快发展民族教育的决定》指出，要"实施培养少数民族高层次骨干人才计划"；2004年7月由国家多部委联合制定了《教育部 国家发展改革委 国家民委 财政部 人事部关于大力培养少数民族高层次骨干人才的意见》，并于2005年发布了《培养少数民族高层次骨干人才计划的实施方案》，从

2006 年正式执行，这是我国在少数民族高层次人才培养历史上的一个重要里程碑。本书界定的"骨干计划"政策考生是指在全国研究生招生考试中报考此项计划的考生。招生对象主要包含在民族工作部门及民族地区工作的少数民族考生，同时在民族地区有一定工作经历的少量汉族考生也包含在政策招生范围内。

何谓"少数民族照顾政策"考生？本书基于我国少数民族研究生招生优惠政策中"双少"招生政策模式来进行界定。1949 年以来，党中央高度重视为少数民族和民族地区大力培养少数民族优秀人才的工作，制定实施了系列少数民族人才培养政策，在人才培养规模和培养质量上都有很大提升。特别是党的十一届三中全会以来，国家加强了对边远和中西部发展落后地区的人才培养力度。自 1985 年出台的《关于高等学校招收委托培养硕士生的暂行规定》，到 1998 年发布的《有关研究生录取工作的相关意见》，国家相继出台了一系列针对少数民族高级专门人才培养的重要政策。这些政策鲜明指出要在保证少数民族人才培养质量的基础上，将研究生教育资源重点向委托培养和定向培养的边远地区少数民族倾斜。在全国研究生招生考试中，国家为了帮助民族地区大力培养高级专门人才，制定实施了一项特殊的优惠性政策措施，即"双少"招生政策。本书对"双少"政策生的界定是以此项政策作为依据的。政策优惠对象主要是那些报考地在民族地区的少数民族考生。目前，"双少"政策的报考条件主要有两种：①报考边远省份区域的委托培养或定向培养的少数民族应届考生；②在国家认定的少数民族自治地区工作，并且毕业后回到原单位服务的民族在职考生。本书从相关史实和颁布的重要文件中，整理了 1949 年以来"优惠政策"发生的重大改革变化情况，以及这些改革所展现的政策价值，如表 0-1~表 0-4 所示。

表 0-1　"双少"政策有关的主要文件和史实事例（1949~1984 年）

年份	标志性文件	出台机构	重要优惠措施	价值
1980	《关于 1980 年研究生政治理论课、外语入学考试问题的通知》	教育部	外语成绩对个别专业及边疆少数民族考生，可适当放宽	我国首次对少数民族考生实施研究生入学考试的优惠政策

表 0-2　"双少"政策有关的主要文件和史实事例（1985~1998 年）

年份	标志性文件	出台机构	重要优惠措施	价值
1985	《关于高等学校招收委托培养硕士生的暂行规定》	国家教委、国家计委、财政部	对于报考边远地区、少数民族聚居地区委托培养的考生，可按有关规定适当予以照顾	文件的颁布实施标志着我国少数民族研究生招生"双少"优惠政策的正式出台，随之开始了研究生教育阶段对少数民族实施全面优惠
1987	《关于做好 1987 年硕士生和研究生班研究生录取工作的通知》	国家教委	少数民族地区的少数民族考生，能够存在三科不及格，但总分不能低于 280 分	这一文件的出台明确了对少数民族不合格科目的要求，并在总分上做出了原则上的规定

续表

年份	标志性文件	出台机构	重要优惠措施	价值
1989	《关于做好 1989 年硕士生和研究生班研究生录取工作的几点意见》	国家教委	报考边远省区（限定 9 省份，目前除海南省以外的二区）定向培养或委托培养的考生，招生单位拟进行破格复试的，各设研究生院的院校可自行决定；民族地区的少数民族考生初试总成绩在 280 分以上的，由招生单位决定复试资格	我国首次对能够享受少数民族研究生招生优惠政策的对象范围进行界定，并增强了各设研究生院对破格复试和报考享受优惠政策的研究生决定权。在初试总分上仍然延续了一定限制要求
1993	《关于加快所属民族学院改革和发展步伐的若干意见》	国家民委	高校能按照民族地区人才需求和生源状况，拟定本校在职与定向研究生的招生计划	国家对民委所属民族院校放宽了对民族地区的少数民族研究生招生自主权

表 0-3　"双少"政策有关的主要文件和史实事例（1999 年至今）

年份	标志性文件	出台机构	重要优惠措施	价值
1999	《中共中央关于国有企业改革和发展若干重大问题的决定》	国务院	明确指出国家要开始实施西部大开发战略，同年高等教育开始实施扩招	西部大开发战略的出台，促使高等教育迅猛发展，对少数民族高级专门人才的培养也越受重视，进一步加强了对少数民族研究生招生优惠政策的支持力度
2000	《2000 年全国研究生复试的基本要求及分数线》	教育部	规定的 12 省（自治区、直辖市）招生单位，且毕业后原则上在招生单位所在省（自治区、直辖市）就业的少数民族应届本科生；工作单位在国务院公布的民族自治地方，并报考为原单位定向或委托培养的少数民族在职人员，总分不低于 290 分，单科不低于 40 分	国家首次对少数民族应届本科毕业生的招生范围从以往限定的 9 省（自治区、直辖市）增加到 12 省（自治区、直辖市），并明确规定了少数民族应届本科考生的就业区域
2003	《教育部关于做好 2003 年全国研究生录取工作的通知》	教育部	报考地处西部地区招生单位，且毕业后原则上在招生单位所占省（自治区、直辖市）就业的少数民族应届本科生	将少数民族应届本科毕业生的招生范围拓展到整个西部地区，体现了国家对西部地区经济社会发展的高度重视
2004	《2004 年全国硕士研究生招生进入复试的最低分数基本要求》	教育部	报考地处二、三区（12 省区市）招生单位，且毕业后原则上在招生单位所占省（自治区、直辖市）就业的少数民族应届本科生	将全国硕士研究生招生单位所占地划分为三个区域招生，少数民族应届本科毕业考生只能在二、三区招生
2005	《2005 年全国硕士研究生招生进入复试的最低分数基本要求》	教育部	报考地处二、三区（12 省区市）招生单位，且毕业后原则上在招生单位所占省（自治区、直辖市）就业的少数民族应届本科生	按照招生分区的各省市教育发展水平，将海南省从一区调整到三区招生，即少数民族应届本科毕业考生的报考地又新增一省

年份	标志性文件	出台机构	重要优惠措施	价值
2008	《2008年全国硕士研究生招生进入复试的最低分数基本要求》	教育部	报考地处二、三区（12省区市）招生单位，且毕业后原则上在招生单位所占省（自治区、直辖市）就业的少数民族应届本科生	将招生单位所处一区中的7个省（河北、山西、辽宁、吉林、黑龙江、安徽、江西）调整到二区招生，并把少数民族应届本科毕业考生的就业范围扩大到整个民族自治地方，如此增加了应届生的招生和就业范围
2010	《教育部关于做好2010年招收攻读硕士学位研究生工作的通知》	教育部	报考地处二、三区（12省区市）招生单位，且毕业后原则上在招生单位所占省（自治区、直辖市）就业的少数民族应届本科生	随着我国专业学位研究生教育的发展，国家开始在研究生教育阶段招收专业学位类型硕士研究生，享受少数民族优惠政策的考生也可报考
2012	《2012年全国硕士研究生招生考试考生进入复试的初试成绩基本要求》	教育部	报考地处二区（10省区市）招生单位，且毕业后在国务院公布的民族区域自治地方就业的少数民族应届本科生	将原来的招生单位所在的一区、二区合并为一区，减少了少数民族应届本科毕业生考生的招生范围
2014	《2014年全国硕士研究生招生考试考生进入复试的初试成绩基本要求》	教育部	工作单位在国务院公布的民族区域自治地方，且定向就业原工作单位的少数民族在职人员	随着国家对研究生教育改革的深化，从2014年秋季开始，新入学的研究生均须缴纳学杂费，因而将享受优惠政策的少数民族在职人员的就业原则全部调整为定向就业，取消委培

表0-4　"骨干计划"政策有关的主要文件和史实事例（1999年至今）

年份	标志性文件	出台机构	重要优惠措施	价值
2004	《教育部 国家发展改革委 国家民委 财政部 人事部关于大力培养少数民族高层次骨干人才的意见》	教育部、国家发改委、国家民委、财政部、人事部	重点面向西藏、新疆、内蒙古、宁夏、广西、重庆、四川、贵州、云南、甘肃、青海等西部11省区市和新疆生产建设兵团	文件的颁布实施标志着我国少数民族研究生招生"骨干计划"政策的正式出台，进一步加强了少数民族研究生教育的发展
2005	《培养少数民族高层次骨干人才计划的实施方案》	教育部	按照"定向招生、定向培养、定向就业"的要求，采取"自愿报考、统一考试、适当降分、单独统一划线"等特殊原则招生	明确了办学目的、发展规模、招生和培养措施、就业原则及经费投入等相关政策具体措施
2005	《教育部关于印发2006年少数民族高层次骨干人才培养研究生招生计划初步方案的通知》	教育部	面向西部地区、享受西部政策待遇的民族自治地区少数民族考生及长期从事民族工作的教师和管理人员	进一步明确了各地区和各研究生培养单位的招生计划指标数

续表

年份	标志性文件	出台机构	重要优惠措施	价值
2006	《2006年"骨干计划"招收硕士学位研究生简章》	教育部	西部12省区市，东北三省，以及河北省、海南省、湖南湘西自治州、湖北恩施自治州、新疆生产建设兵团；内地西藏班、内地新疆高中班、民族院校、高校少数民族预科培养基地和民族硕士基础培训基地的教师和管理人员	各研究生培养单位第一次执行"骨干计划"，在研究生招生过程中开始有计划地实施对民族地区的少数民族招生工作
2006	《关于做好2006年少数民族高层次骨干人才硕士研究生基础强化培训工作的通知》	教育部	按照《教育部 国家发展改革委 国家民委 财政部 人事部关于大力培养少数民族高层次骨干人才的意见》的要求，明确北京邮电大学、西南大学、中央民族大学、辽宁石油化工大学、江西中医学院为2006年少数民族硕士生基础培训学校（点）	被录取的少数民族硕士研究生一律先在基础培训学校集中进行一年的基础强化培训，全面提高学生的科学与人文素养
2008	《教育部办公厅关于做好"少数民族高层次骨干人才"研究生就业工作的意见》	教育部办公厅	骨干人才研究生毕业后，在职人员回定向单位工作；非在职人员一律按定向协议回定向省（自治区、直辖市）就业	加强首届骨干人才毕业研究生的就业工作，加强对骨干人才研究生的公共就业服务，全面推动骨干人才研究生顺利就业
2012	《教育部办公厅关于下达2013年少数民族高层次骨干人才研究生招生计划的通知》	教育部办公厅	招生指标分配的区域中，增列福建省	政策受惠范围从民族聚居区拓展到内地杂散居民族区域及从事民族工作的汉族地区
2013	《教育部 国家发展改革委 财政部关于深化研究生教育改革的意见》	教育部、国家发改委、财政部	对全国研究生招生录取的各类学生实行全面收费制改革，包含"优惠政策"的考生均需缴纳学费和生活费	随着国家对研究生教育改革的深化，从2014年秋季开始，新入学的研究生均须缴纳学杂费，但可以申请研究生奖助学金弥补
2014	《教育部办公厅关于下达2014年少数民族高层次骨干人才研究生招生计划的通知》	教育部办公厅	对初试达到国家和招生单位规定的硕士研究生入学基本初试和复试要求，则可不用参加补习教育直接进入正式培养阶段	首次对骨干计划培养方式进行改革，根据时代发展要求，适时调整学制，满足个体和社会发展的需要

3）少数民族高层次人才

本书所描述的"少数民族高层次人才"特指通过我国少数民族研究生招生优惠政策培养的优秀人才。按照政策体系分类，可以将其划分为"少数民族高层次骨干人才"和"少数民族高级专门人才"两类。"少数民族高层次骨干人才"是"骨干计划"政策的人才培养目标，而"少数民族高级专门人才"是"双少"政策的人才培养目标。对于"少数民族高层次骨干人才"学界目前尚未明确界定，本书结合国家出台的系列人才文件的规定，认为"少数民族高层次骨干人才"是指在社会各业中学历更高、知识体系更完备、创新能力更强，以及对社会贡献更大的少数民族人才骨干群体。而"少数民族高级专门人才"也是一种高度抽象的概念，也未达成一种共识。现代社会对此概念的认识和理解仍然较为模糊，基本上是从人才的学历、技术职称、能力高低和岗位性质等层面进行衡量，依据人类学和经济学的学科视角评价高级专门人才的价值。本书比较认同以下定义：少数民族高级专门人才是指在一定时间和空间范围内，在社会各个领域中学历较高、创新能力较强及技术水平较高的少数民族优秀人才，他们对社会发展的贡献相对较高，影响力较大，并能起到思想引领和少数民族人才主导的效能[①]。

2. 研究思路

本书以"中国少数民族研究生招生优惠政策监评体系建构研究"（以下简称"优惠政策"监评体系）为选题，按照监评体系概念诠释—"优惠政策"监评体系必要性和可行性分析—"优惠政策"监评体系执行系统—"优惠政策"监评体系指标系统—个案分析—"优惠政策"监评体系改进与推广的研究路线进行探究。利用问卷调查、文献分析及访谈等方法，结合大量的文献研究和监评体系理论与实践的梳理，探讨少数民族研究生招生优惠政策监评体系的内涵与特征。同时，依照项目监测与评价的系列理论基础分析"优惠政策"监评体系制定实施的必要性和可行性，并由此尝试建立一套用于监测与评价此项政策的监评体系，主要包含执行机构系统、制度系统、指标系统及方法系统等四大系统。在此基础上，运用个案分析方法，将监评体系应用到个案调查中，计划使用问卷调查、走访座谈及参与观察等形式挖掘目前"优惠政策"存在的主要问题，同时找出影响政策正常运行的制约因素，为政策顶层设计提供可参考的理论与实践依据。"优惠政策"监评体系构建研究路线图如图 0-1 所示。

本书的主要内容如下。

绪论部分阐释本书的选题缘由、研究意义及研究方案等。

第一章，监评体系的概念诠释。从探析监评手段的缘起出发，开展对监评体系理论框架的分析和总结；之后，重点考察联合国系统开发援助机构、西方发达国家及发展中国家对这种手段的运用状况；继而分析这一手段在国内的应用状况和问题；并在此基础上对"优惠政策"监评体系进行界定。

第二章，"优惠政策"监评体系的必要性和可行性分析。通过分析现阶段我国少数民族研究生招生优惠政策的管理模式，发现由于现行的政策管理模式在解决政策决策科学化、破除政策执行权的垄断制、政策执行问题、缺失外部跟踪制度、缺失监测评价制度、缺失政策配置与投入表现联动机制等问题方面都无法发

---

① 王银江，王通讯. 未来人才学[M]. 贵阳：贵州人民出版社，1988：15.

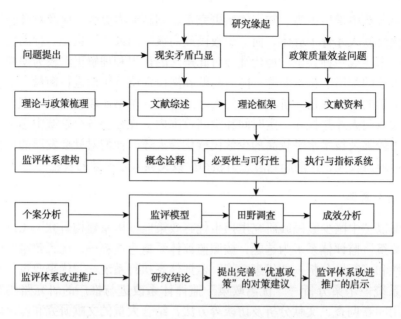

图 0-1　"优惠政策"监评体系构建研究路线图

挥作用，急需挖掘提升"优惠政策"执行成效的措施。因此，本书认为，构建我国少数民族研究生招生优惠政策监评体系十分必要。通过对我国少数民族研究生教育系统的技术基础和物质基础的分析，笔者认为在我国建立"优惠政策"监评体系也是可行的。

第三章，"优惠政策"监评体系执行系统构想。探析目前我国少数民族研究生教育的特征，按照政策制定分散、制度统一、权责分明、信息互联等基本要求，尝试构建我国少数民族研究生招生优惠政策监评体系的机构系统方案和制度系统框架。

第四章，"优惠政策"监评指标系统研究。指标系统是监评体系的重要组成部分，但监评对象不同其指标系统也有所不同。对我国民族教育政策评价分析标准的演进情况进行描述，指出其依据"均等—差别—多元化—适切"的发展路径。分析不同时期少数民族研究生招生优惠政策成效的特征，可以发现此项政策既是一项教育政策又是一项民族政策，不同阶段表现出不同政策特性。在此基础上，尝试构建"优惠政策"成效监评标准。同时，对已有的教育政策评价指标进行描述，由此确定"优惠政策"成效的监评指标，一般包括政策效率、效果、效益、目标合理性、公平性和教育发展性等六项指标，从事实维度和价值维度对此项政策成效开展监评。最后，结合我国的国情和"优惠政策"的特点，对构建的指标系统进行计算方法和运用领域等方面的具体论证和说明。

第五章，个案分析："优惠政策"监评体系的应用。对"优惠政策"进行调查取样和数据整理，构建监评模型。按照"优惠政策"监评体系要求，对政策价值维度采取定性分析的方法，通过问卷法、参与观察法及深度访谈等手段，深入民族地区、培养高校、政策制定机构、少数民族研究生主体及委培单位，调研此项政策执行动态过程的效果。对此项政策事实维度一般采取定量分析的方法，通过相关教育统计数据整理和文献研究，分析此项政策执行成效，挖掘政策执行过程中出现的主要问题。"优惠政策"执行成败的关键指标在于能否充分满足政策目标的利益诉求，能否发挥政策效益最大化，但政策难免存在一些问题。本书基于政策主体视角提出几点假设：政策制定机构发挥了引领作用，但执行过程仍然在具体操作层面存在偏差；培养高校切实落实"优惠政策"，但对享受此项政策的学生缺乏有效的科学化管理手段；"优惠政策"生出现很多违约现象，诚信意识有待加强；委培单位对此项政策的认知程度和舆论监督效果尚未达到一定水平。

第六章，"优惠政策"监评体系的改进与推广。对"优惠政策"监评和分析结果进行归纳总结，针对此项政策在执行过程中凸显的系列问题，拟从制度保障、价值引领和创新发展等三大方面提炼改进策略。探讨监评体系的创新与发展问题，对今后"优惠政策"监评体系的改进与推广进行展望。

（四）研究方法

本书运用多学科交叉分析方法，包含教育学、社会学、民族学、人类学、政治学等，这种多视角的研究方法是目前社会科学理论研究方法的新趋势。本书在多学科交叉互补的基础上开展综合性研究，是一种复杂的研究范式。这种研究范式是法国著名学者埃德加·莫兰提出的，而且是"20世纪最后十年间，人类社会认识事物的一种新方法或者说是一种新视野"[①]。

"优惠政策"监评指标的建构主要从以下两个维度进行：事实维度和价值维度。事实维度一般采取定量研究方法，基于教育统计数据和文献研究分析，主要观测指标在于："优惠政策"实施的效率（内地与民族地区办学优势比较、教育效果对比）、效果（"优惠政策"办学规模、人才培养质量和结构分层等方面）、效益（目标群体诉求同政策诉求的契合度、政策结果对民族地区各项事业的影响、正向效益和反向效益等）。价值维度一般采取定性研究方法，基于对"优惠政策"四类直接利益相关者的调查分析，主要观测以下指标："优惠政策"目标合理性（政策目标是否正确、是否符合社会发展和教育管理的要求、是否建构社会多方利益、政策目标群体的回应情况等）、"优惠政策"公平性（政

---

① 冯建军. 教育研究范式：从二元对立到多元整合[J]. 教育理论与实践，2003，（10）：9-12.

策利益在民族地区各群体中的分配状况、政策制定是否权衡了相关群体的利益、利益相关者的利益分配是否公平等）、"优惠政策"教育发展性（"优惠政策"对教育发展的促进作用、政策对民族地区教育问题的解决程度等）的成效问题。

鉴于此，本书综合运用文献分析、问卷调查、深度访谈等多种方法对"优惠政策"监评体系开展研究。在对此项政策全面梳理和对相关文献成果深入研究的基础上，对相关教育统计数据进行筛选、归类和总结，从本书研究需要出发，对整理的数据资料进行分析、解读和比较，进一步明晰本书研究的目标对象，由此编制政策成效监评问卷和访谈提纲，开展调查。

1. 文献分析法

本书充分利用相关文献检索工具，在信息技术保障下，使用多种检索工具搜集各类与政策监测和评价及"优惠政策"相关的国内外研究成果，包含论文、专著、报告、政策文本等。力争全面梳理国内外相关研究状况，明晰政策监评的理论价值和实践意义。课题组利用职务之便，在中南民族大学研究生院的帮助下获取了大量有关我国少数民族招生优惠政策执行情况的一手信息。同时，借鉴各类国内外有关教育政策监评及我国少数民族研究生招生优惠政策的文献成果，一方面为课题研究的理论分析提供佐证，另一方面为监评体系的建构打下基础。

2. 问卷调查法

本书田野调查的过程主要采用问卷调查法和深度访谈法。使用的政策监评问卷是运用专家调查法结合"优惠政策"的特点，自行设计的调查问卷。问卷涵盖了政策制定机构、培养单位、"优惠政策"受益主体及委培单位等四类政策直接利益相关群体。运用统计分析软件处理采集数据，求得计算结果，保证评价科学化。调查问卷所涉及的政策具体内容，主要是按照预调查中的问卷访谈和文献分析过程提出的，并根据公共政策的问题方案、政策制定、政策执行、政策评价等政策过程进行梳理。问卷结合政策监评标准和指标，将一些核心问题（包括对此项政策的目标合理性、政策公平性、政策教育发展性等指标的考察）作为调查重点，利用统计分析软件对问卷归并整理后，得出问卷调查的结果。

3. 访谈法

本书访谈对象主要为"优惠政策"的四类直接利益相关者，采取走访、座谈会、电话访谈等方式进行调查。根据预调查和文献分析的情况就目前对政策监评现状的焦点问题编写了访谈提纲。对民族地区主要采取单位走访、座谈会等形式展开调研，根据受访对象的态度及利益相关者的访谈情况逐渐调整和补充相关问题。对此项政策相关培养单位的政策执行者、导师、学校管理者、科研教学人员进行访谈，由此分析他们对我国少数民族研究生招生优惠政策的看法，以及各培养单位对"优惠政策"生的教育管理模式。联系目标高校抽样调查"优惠政策"受益主体和受损对象，运用集体座谈会、单独面谈和网络访谈等方式收集他们的态度信息，目标对象要尽量分布在不同学科、专业、年级和生源地。此外，结合问卷调查的结果综合分析政策成效，一方面为本书的理论探讨提供政策实例，另一方面通过多样化的调查手段优势互补，完善调查内容，提高采集信息的效能。

第一章　监评体系的概念诠释

监评体系是国际组织项目管理的一个重要工具，也是许多国家公共政策制定、执行与反馈的一个关键环节。因为它可以有针对性地提升制定者和执行者的责任心，可以帮助他们不断总结决策和执行的经验教训，及时查找问题和探析原因，补充和完善更为有效的措施，帮助既定目标得以达成；这个过程同时也是制定和执行部门的一个学习环节，所以，这样的组织管理系统可以持续提高其制定和执行项目或政策的能力，从而构成项目或政策在制定和执行过程中的良性循环，较好提升资源分配和利用的效果。本章将首先介绍监评的由来，然后介绍监评体系在国内外的应用现状与问题，分析教育政策监评的意义，最后讨论本书对"优惠政策"监评体系的认识。

第一节　监评的由来与发展

监评体系这种组织管理模式在 20 世纪 80 年代就引入国内，但其应用范畴还很有局限性，集中出现在少量国家银行一些大型信贷投资项目的后评估方面。

一、监评理论的起源与理论框架

为了能够比较全面地理解监评体系的内涵，本节将首先介绍监评的由来。

（一）监评理论的起源

从形式上认识"监评"，它从古至今就带有监督、监测、检验、评估的含义，它代表了一种管理手段。而最近几十年来，监评方法已经成为现代管理制度中的重要组成部分。

20 世纪初，美国政府为了应对经济危机的影响，出台了新的经济政策。为了验证新分配（new deal）方案的成效，政府部门尝试评价一些政府发起的项目。20 世纪 60 年代，美国政府投入了大量资源用于发起"向贫困宣战"（War on Poverty）项目，因为政府和公民都对这一项目资源配置的效率和影响十分关心，政府正式将监评体系作为现代项目管理工具，开始了对这些投资计划的以经济利益为主的评估。肯尼迪当政时期，监评体系也被广泛运用于强化社会工作的责任心和信息反馈意识中。约翰逊和尼克松当政时期更不断改进与推广了这一体系。之后，在加拿大、澳大利亚、欧洲等国家或地区也相继通过并推动了这种现代化项目管理方式的监评。

在联合国系统内，评价体系在 20 世纪中叶初期就已经开始探索，但对其理解程度还十分粗浅。后来的 20 多年间，联合国系统内在发展和技术帮扶计划中的项目管理工作，还停留在关注建设资源投入而并非帮扶目标的受益情况层面，这时的监评体系仍局限在理念层面的运用上。然而，这一阶段很多计划都以失败告终，要么是实施不当，要么是效率低下。在这种状况下，20 世纪 80 年代，联合国系统各机构和组织对项目评价制度给予了充分认可并积极运用，将项目过去集中关注经济提升，转向关注社会公正和减除贫困的价值判断。如今，在发展中国家，不管是帮扶者还是受助的对象，都已经将"监评"手段作为有效的目标导向型项目管理的关键技术。

几十年来，监评的理论和实践作为一种专业活动领域也获得了尤为显著的发展。一些政府设立了专门的评价机构，一些高校也提供了评估专业方向，可以授予高级学位，并且，这种手段不局限于项目评价，在更为广泛的政策或规划评价中也被运用起来。事实证明，监评体系将在世界范围内政府管理体系中发挥极为关键的作用。

（二）监评的理论框架

结合监评技术探索的起源情况，我们可以发现监评方法成为完善项目制定和管理方法的理论依据是基于以下几个层面的逻辑考量：①每项任务（如政策、规划、方案等）的决策者都为他们的任务设立了鲜明的目标，并期待利用任务实施来达成目标；②任务制定和实施的有效度是任务完成的关键性因素，参考以往传递的经验和教训，能够极为显著地增强任务制定和实施的成效；③影响任务目标达成的不可预见因素难以避免地发生在新任务的制定和实施中，这些难以预见的因素甚至可能对达成目标造成严重干扰；④在实施任务期间，能够利用及时有效的举措来防止偏差或减除伤害继而达成任务目标；⑤这类有效的举措仅可运用在任务实施过程中，努力探究各类信息数据方可实现。倘若上述假定已经确定，则有必要在实施过程中及时系统地搜集、整理相关任务执行状态的信息数据，作为研究对象和给出问题应对策略的基础，也就是要构建一套以任务为导向的监测评价体系。倘若上述假定仍未明确，那么就没有构建这样一个体系的必要。

上述第①、②、③、④个假定是在经济社会发展活动中普通公民对任务制定和目标管理的普遍认知，我们能够将其看作一种公理性假定。而关于第⑤个假定，我们能够参照现代管理学的观点对其进行验证。按照现代管理学的观点，人们应对问题的方式一般包含三类：直观方式、判断方式及分析方式。其中，直观方式为一种基于个体直觉的判断方式，尽管很普遍，却仅有少数人能够通过直觉有效处理矛盾；判断方式是以个体的经验教训和知识储备为基础，主要问题在于它的有效度在个体间存在显著差异，对于综合性的难题很难有所作为；分析方式通常采用"问题识别—明确贡献因子—核查制定制约—求解替换措施—抉择适应措施—抉择可行措施—确定最佳应对措施—监测反馈"等基本路径形成一种科学严谨的循环决策过程，这就为应对问题给出了一种全面可行的路径选择，是处理问题最可行、利用最广泛的一类手段。因此，构建监评体系以便完善任务制定和管理方法的所有假定是可行的。

二、关于国际国内对监评的研究

监评手段用于项目管理过程是在近 30 年内开始的，对这一手段的研究与运用重点集中在联合国系统内的各专业部门和部分具有代表性的发达国家及发展中国家的部分世界金融部门，由于它们利用监评手段的目标不一致，其开展监评研究的方向也不尽相同。例如，世界银行重点将监评视作一种管理方式，亚洲开发银行则集中关注监评所获得的成效，而国际农业发展基金部门主要看重的是监评体系的扶贫效果[①]。20 世纪 80 年代初，世界银行、国际农业发展基金部门及联合国粮农部门等结合自身运用监评体系的问题，开展了深入浅出的分析，探索了符合自身发展的监评操作指南和工作程序。而这些部门或机构在运用诸如投入、产出、成效、效能等专业术语，研制监评技术，运用监评指标系统及职能区分等方面仍然存有差异，当前在国际组织中的监评系统已经较为完备，但监评系统在应对不同项目的实际操作中仍然需要持续性的探讨，以进一步优化监评体系。

世界银行可称为探索监测与评价的先行者，而且因为它在世界范围内投入的

① 刘丽敏. 农业投资项目监测与评价的理论与实践[M]. 北京：中国农业出版社，1994：12.

项目资金很高且不集中，探索积极有效的项目管理模式是其亟须解决的问题，同时具备极其强烈的内部需求，由此在监评系统的理论与实践层面都提供了大量且有效的研究成果。世界银行执行评价机构（Operations Evaluation Department，OED）明确指出了监评的实施对象，即监测是对项目开展和所明确的环节，以及项目获益者就投入、基础保障和服务的运作情况进行持续评价。而评价则为对提出的项目目标相关性、效果、效率和效益（包括能够测算和未能测算的）情况的周期性评价[①]。与此同时，世界银行为了让它投入的项目、各国机构、民间组织等部门能够实现经验互通，优化服务传递、方案性及利益配置，2006 年在《社会影响》（马力·克拉克与劳夫撒托里斯合著）一书的基础上，把项目监评运用到的方法、模型、技术等归纳总结为绩效指标法、参与式评价法、逻辑框架法、正式调研法、成本效益法、快速评价法等[②]。

亚洲开发银行在项目管理系统中的最关键技术在于研制结果导向的管理（managing for development results，MFDR），注重结果导向管理的技术是在明确的目标及任务前提下，保障利益相关者能够参与到项目运行的全过程，提供可以测算和监控成效及后果的系统。这类项目管理重心的变革，主要集中于内部行动及财务投向的管理转变方面，专注于发展结果的事实。该行从 20 世纪 90 年代初就利用逻辑框架法开展项目的监评，在多年的实践工作后，于 21 世纪初就提出了《制订设计与监测框架指南》，该行在这一操作指南的指导下，把对项目的制定、实施与评价有效结合起来，又研发了亚洲开发银行的项目绩效管理系统（project performance management systems，PPMS），即在项目方面的一种发展结果导向管理的运用，包含项目行为的全环节，该系统很好地为该行及其余利益相关者在项目制定、实施与监测，以及最后的竣工评估方面提供了一种共赢的交流平台和方法[③]。

在同一时期和同一方向上，联合国开发计划署（United Nations Development Programme，UNDP）评价及战略规划工作部门给出了项目后监测（post-project monitoring）的理念[④]，目的在于保障项目竣工以后能够产生连续性的影响，并对竣工报告的结果和意见的合理性开展监测。

世界银行认为，构建监评体系的目标在于为政府履行公共事务责任提供更优质的服务，同时是政府体系内部建设的需求。从世界上一些在监评体系运用方面

① World Bank. Lessons and practices No. 8：desiging project monitoring and evaluation[R]. 1996：1-12.

② World Bank. Monitoring & evaluation：some tools，methods and approaches，the international bank for reconstruction and development[R]. 2004：14.

③ ADB. Design and Monitoring Frameworks[M]. Manila：ADB，2006.

④ UNDP. Result-oriented Monitoring and Evaluation：A Handbook for Programme Managers[M]. New York：UNDP，1997.

具有代表性的国家来看，下列几个国家具备对监评体系研发的典型价值：①美国。美国为监评体系研发利用较早的国家之一，从 21 世纪初，美国当局就在一些早期研究成果中创制了项目评估评分技术（programme assessment rating tool, PART），以便对政府绩效开展评价，评分过程是按照监测数据和评估情况，由管理与预算机构（the office of management and budget, OMB）来实施评价，能够认为这一技术手段是监评系统中一种技术手段的革新。①②澳大利亚。该国政府在 20 世纪 80 年代初，改革派政党为了处理其面临的宏观经济问题，降低国家财政投入，而创设了评价体系，每一个国家机构都被要求每隔 3~5 年必须进行项目的评估，而且要提供一个评估方案，这一方案必须将今后 3 年的评估方案及评估中产生的问题，以及运用的评价技术等纳入进去。③智利。由于智利政府受到了财政和公共服务机构改革的压力和影响，逐渐从事对监评体系的创制和研发工作，在 20 世纪 70 年代，智利政府就已经研制了"成本–效益"分析系统，之后到 90 年代，又引入绩效指标系统，并由智利财政部门统筹整理了各个政府部门的 1 550 个绩效指标数据。后来，智利政府部门又再次引入了综合管理报告制度，各个政府机构和部门必须每年定期汇报其投入项目的目的、开支和成效状况，同时政府为了评估政府项目成效，开始采用政府项目评价，这其中又引入了标准化的正式综合快速评价法。到了 21 世纪初，智利政府再次引入了影响评价技术，同时还研制了综合开支监测系统。

目前，国内关于监评的研究重点集中于国家统筹方面，而高等院校、科研院所及部分研究人员对项目管理方式的研究成果比较欠缺。当前，为了强化对外资贷款投入的运用和合作全环节的掌控，适应金融活动科学规范化的本质需要，财政部于 2007 年通过与世界银行的合作，选取了一些有典型意义的外资贷款项目，借鉴国际组织机构使用监评手段的经验，在监评职能层面，基于监评系统、监评指标、监评方法及数据整理等，进行了深入而细致的研究，获得了一些显著成效。2010 年，我国正式出台了《国际金融组织贷款项目绩效评价操作指南》，这一指南通过结果导向型的管理模式，对项目评估的整体思路、评价模式、评价原则、主要内容、评价技术、具体步骤、数据获取、绩效评估评分系统等给出了详细的说明②，该指南的出台标志着国内在探索项目监评体系的理论和实践方面达到了一个新的高度。

此外，还有很多研究人员在梳理和归纳国内外相关材料的基础上，对关于怎样建立和优化我国项目监评体系提出了自己的见解。何长见等学者出版了《中国农业项目监测与评价体系研究》一书，该书对我国农业项目监评体系的基本思

---

① World Bank.How to build M&E systems to support better government[R]. 2007：12-13.

② 财政部国际司. 国际金融组织贷款项目绩效评价操作指南[M]. 北京：经济科学出版社，2010：1.

路、指标系统、建立的可行性和必要性等开展了分析。他们认为应构建包含行业级监评体系在内的综合的农业项目监评系统。①

监评体系在国内的项目管理和改革中发挥了重要作用，但国内监评体系在制度建设和运用程度上都还存在很多不足之处，集中表现为以下几点：①当前我国的监评体系仍然为一种非正规系统。在法律地位方面，目前国内的立法机构关于监评体系的构建与职能要求尚无明确的规定。在组织模式方面，国内仍未建立独立的国家级评价部门。在监评模式方面，国内开展的监评模式大多为不健全的项目后评价模式。在监评范围方面，国内监评体系的目标范围基本上为重大项目，覆盖范围不够全面，几乎没有体现健全的国家监评体系应当具备的方案、政策、计划等特点。②当前我国评价机制中地方的监评能力和职责不足。现行的管理和服务机制下对监评体系缺乏需求。但实际上，中央部门很早就认识到应当强化地方政府机构的监评能力和职责。③当前我国评价制度的反馈机制仍然不够规范。评价的结果往往只呈报给最高决策层作为依据，监评结论一般难以提供给项目利益相关方，欠缺将监评结果同利益配置联动起来的明确制度。④当前我国评价制度的技术和人才仍不成体系。目前国内专业的评价人员还远远不足，现阶段评价资源主要源于科研机构，高层次的评价人员也十分缺乏，必须通过强化人员培训，努力构建一支高水平的监评队伍。

在教育领域，尤其是在基础教育领域，教育行政部门为了实时监控区域基础教育的发展状况，开展了经常性、常态化的数据采集工作，实时对基础教育的发展做出评估判断，从而为制定更加科学、合理、有效的教育政策提供决策依据。此外，在基础教育阶段，"建立国家义务教育质量基本标准和监测制度"，"建立健全政府主导、社会参与的农村留守儿童关爱服务体系和动态监测机制"，"建立学生课业负担监测和公告制度"，等等。这些凸显了国家教育行政部门在基础教育领域的监测职能。在高等教育阶段，特别是对于研究生教育，监评的理论和实践都需要开拓性研究。

三、监评的概念界定

监测与评价是两个紧密关联、密不可分的概念，我们经常看到它们一起出现。为了在政策或项目管理中恰当地运用它们，并为政策或项目的发展服务，我们首先要明确二者的含义、区别与联系。

---

① 何长见，谭正棋，唐世铭. 中国农业项目监测与评价体系研究[M]. 北京：中国农业科技出版社，2001：57.

（一）监测的定义

监测意味着在项目启动与执行过程中，全面地搜集与研究项目实施情况和实现项目预设目标状况的环节，整理相关指标异动的状况。监评促使项目决策者和相关利益群体对项目持续保持一种动态的认识，跟踪项目的执行状态、利益配置状态，以及目标实现的情况等。一旦项目发生偏差，它能够在有效时间范围内及时把情况报告给项目决策者，以做出快速反应，继而改善项目执行计划，维护项目正常实施。监测集中反馈以下几个方面的情况：①项目或政策是否依据原方案执行和开展；②项目或政策的执行范围是否有效针对目标对象；③项目或政策预设目标是否获得；④事实上的结果是否同项目最终结果保持一致；⑤在开展项目或政策活动环节中，我们将会面临怎样的风险、机遇及挑战；⑥面对项目或政策出现的变化，我们应当怎样改进。

项目或政策决策者按照上述几个方面反馈的信息，能够快速有效地发掘问题并做出调整，完善计划或发布配套措施。如此，不但能够合理地影响政策执行；而且可以帮助政策决策者与执行者之间保持相关性，强化项目或政策执行的核心工作，增强各负责方的责任感，提升政策分配资源的有效度等。

（二）评价的定义

评价意味着就项目或政策全环节（包括制定、执行及完成）开展科学、全面的研究，目标在于明确项目或政策是否产生预期的影响（或者反过来说，实际的变化在多大程度上是由项目引起的），产生这类影响的制约因素是什么，执行的成效怎样，以及项目或政策的科学发展性怎样。这些信息对项目管理者、项目资助方和受助方来说，都是宝贵的经验。评价集中反馈以下几个方面的情况：①项目或政策成效取得的成因；②项目或政策的开展对政策对象的重要帮助在哪里，有哪些帮助；③决策者如何才能调整政策或项目的执行状况；④根据政策或项目的执行情况，我们能够从中吸取什么有益经验。

（三）二者的区别与联系

通过上述对两者的界定情况能够发现，它们既存在差异，也存在关联。两者之间的关联集中体现在：①二者皆为关键的管理工具和信息管理体系的核心构成部分。②收集政策等执行过程中的投入、产出、进度、效果、影响等方面的信息，并与目标比较判定其利弊得失。两者在明确梳理指标、研究手段、信息传递及反馈制度层面都极为相似。③二者的目标都是为了查找问题、总结不足，调整和完善政策或项目的实施与制定程序、技术手段，优化利益分配，提升效果。④二者在组织形式上也很类似。

二者之间的差异集中体现在：①二者在目标上的差异。政策或项目监测集中在对目标达成情况的监督和检查上，而政策或项目评价集中在对目标是否达到的判断上。监测为政策或项目实施的监听器，是关于政策或项目执行的动态综合的监督检查，目的是查找问题，快速分析处置。监测的目标在于明确政策或项目是否依据拟订的方案开展，明确目标对象的初始反响是否同预设的情况保持一致；评价的目标在于分析政策或项目的成效和效益是否实现了预设目标或正朝向预设目标前进，并且及时总结教训，以便及时改进和优化新出台的政策或项目。②工作内涵的差异。评价在于对政策或项目实施成效及效益的分析。总体来看，政策或项目的监测集中在监督检查其运作环节中的达成状况和产生的问题上，而评价集中在判断其实施后所带来的成效上。也可以认为，监测是维护政策或项目，使其收获目标结果并产生预设效益的管理技术工具；评价则按照监测获得的信息，结合实地考察和其他关于实施区的相关统计资料与社会发展状况信息，判断和分析政策实施所带来的成效和效益之中是否包含一些普世价值。

为了更全面、更深入地理解监测与评价的区别与联系，我们从目的、技术、阶段、投入、信息梳理、核心要素等六个方面对二者进行比较，如表 1-1 所示。

表 1-1　监测与评价的区别与联系

类别	监测	评价
目的	政策或项目的日常管理，检查政策或项目执行的状况，快速挖掘问题，反馈消息	评估政策或项目达到预设目标的情况，给政策后期或政策的制定和执行赋予可信有效的消息
技术	建立指标系统	规范的验证设计、计量处理分析手段
阶段	政策或项目执行的全环节	政策或项目执行的中后阶段
投入	能够依托政策或项目的日常管理来达成，投入较小	投入较大，必须开展大范围的取样分析
信息梳理	在政策或项目的全环节中开展持续性、阶段式的定期信息梳理	通常开展一到三次（政策或项目实施前、中、后）信息梳理
核心要素	政策或项目是否依据预设方案开展？ 政策或项目行为是否保障了目标群体利益？ 政策或项目的预定目标是否达成？ 成效和目标的各类标准是否提升？	政策或项目达成预定目标的情况怎样？ 政策或项目呈现的净效益怎样？ 政策或项目的投入效益是否存在？ 政策或项目改进与推广中，有哪些经验和教训？

在当前社会，因为现代网络技术和信息处理技术的快速发展对政策或项目管理产生了重要影响，极大提升了数据搜集、整理、传递、分析、反馈等各个程序的效率，让监测与评价在技术、功效及能力等方面均得到了较好的互赢发展，二者之间的界限也逐渐模糊。能够预见，一旦完备的智能互联网信息管理系统得以

建立，二者终将统一起来。

第二节　监评体系在国际上的应用

监评体系作为一种管理工具，在国际上的应用十分广泛。当前在教育政策投入项目中，监评体系所涉及的范围和所使用的技术均取得了很多新进展。

一、国际上对监评体系的应用

监评体系不仅在联合国系统和发达国家得到了广泛应用，在一些发展中国家也发挥了积极作用。

（一）联合国系统对监评体系的应用

发展中国家各类大型开发项目的重要投入源头在于联合国系统。联合国系统几乎每年都在全世界范围内实施大型的项目，为了获得项目执行的经验教训，提升项目执行的有效性，联合国系统在各级专门部门内构建了较为完备和系统的监评体系，在以下几个方面有显著体现。

1. 部门完备

联合国各专门部门中的专职评估机构都已开设，并且都带有很强的独立性，直接对口最高层次的决策高层。例如，世界银行每年均有大量的资金投入项目投资中，遍布全世界，管理难度很大，因而它是最早运用监评体系的国际部门之一。该行在 20 世纪 70 年代就设立了评估部门，并设置了监管评估的总督察，创办了正规的评价局。当前世界银行在项目决策、执行过程中都将监评体系运用摆在了重要地位。

2. 制度严格

每个国际机构按照项目运作的特征确定了明确的科学的监评制度和措施，目的在于强化和规范监评体系在政策或项目执行中的功效，对监评的技术、模式、利益配置等都有了相应的说明，进一步保障了监评效果能够在项目运行中得到最大化表现。20 世纪 90 年代末，联合国开发计划署的执行机构就对监评体系规定了总纲、监测对象、评价对象、特殊性监评等基本原则。其余的国际机构都形成了自身的监评体系。鉴于联合国开发计划署是联合国系统内部的一个综合调节部门，它的监评体系的构建对其他部门均有普适性价值。

3. 程序科学

经过四十多年的研究和分析，当前联合国系统已经构建了一套较为完备和全面的监评技术和程序规范。考虑到联合国开发计划署和世界银行等部门在中国实施的项目监评状态，可以把监评模式总结为以下几点：①监测模式。定期实施报告、每年实施报告、执行期的全面性报告、周期性调查走访、参与者座谈、竣工报告。②评价模式。按照评价者的构成情况开展内外部评价；按照评价周期的差异开展前中后等阶段性评价；按照评价对象的差异开展政策监评、业内监评、项目监评、专项监评、方案监评、环节监评；等等。

（二）发达国家对监评体系的应用

发达国家对政府基础性建设项目和教育项目等一直十分重视，并从国家财政中拨出了大批资金投入这些项目的实施中，为了加强对这些项目或政策的调控，通常均需要对其开展常态化的监评。20 世纪 70 年代以来，美国首先研制了更加科学化的国家监评系统，之后加拿大也构建了同美国相似的国家评价制度。而欧洲国家在建立政府掌控的评价制度方面却比较滞后，当前尚处于迅速成长期，评价机制的建立是为了适应政府自身及欧盟决策的需要。下面以美国、澳大利亚、韩国等为例分析发达国家对监评体系的应用。

美国是监评这一项目管理手段的发源地，也是监评应用得最好的国家之一。20 世纪 30 年代，美国政府就已经在国家投入项目中运用了评价理念，到 60 年代，国家又实施了大范围的"向贫困宣战"的方案，投入一大批资金用于构建各类大规模的公益性项目。为了掌握项目投入的效率、项目效果及项目效益等情况，美国政府实施了以经济利益为基础的项目评价。70 年代美国进入了项目评价的关键阶段，每年政府投入各类大中型项目的资金就达数十亿美元，而与此对应的项目评价费用也高达几百万美金。到了 80 年代，美国政府为评价提供的资金开始下调，但仍然以多种方式给予支持，政府评价系统获得了不断发展，渐渐成为专业行业。90 年代，《政府表现及结果方案》得到了美国国会的认可，通过执行评价制度确立了其在美国政府管理制度中的法律地位。这一法案要求各级部门每年都要对它所投入的项目进行评价。美国国会内设的总会计所制度和联邦政府设立的总审计长制度均在项目监评中表现良好，不再拘泥于自身职责。美国私人企业鉴于政府开展的项目监评成效，也开始利用监评体系来监督和优化其项目投入和成效。

20世纪80年代，澳大利亚政府用项目监评的管理手段代替了过去普遍使用的成本效益研究方法，以此来提升政府在基础设施和教育投入等方面国家财政投资的成效。之后在国家总统大选中，代表劳工党的政府代表执政，以推行改革为特点，这为监评体系的构建提供了更好的政治生态。为了让现有资源实现最大化利用，国家财政机构提出强化项目监评，在1986年正式出台了评价制度，以便引导项目监评，之后几年间政府内阁又发布了多个政策，指出各个机构都要构建科学规范化的监评制度，对机构投入的各类项目均须实施评价。通过不懈努力，20世纪90年代中叶，澳大利亚政府的监评系统已经十分完备，充满活力，并收获了很好的成效。

在美国和澳大利亚等富有代表性的西方国家中，监评体系得到了很好的应用，而在东方国家中是否有所表现呢？接下来，让我们分析这一制度在同中国文化尤为相似的韩国的运用状况。自1962年韩国政府就开始了对监评体系的运用，在项目评价工作中，国家经济企划院内设的财政表现评价局就承担了这一职能。该机构主要职责在于就政府项目或大众企业的状态开展监评，目的是提高管理效果。该机构制定了评估政府绩效的标准原则，并要求每个政府机构都开展自评工作，整理和分析评价结果并将情况报告给政府内阁和总统。另外，它还负责解决项目实施中产生的各种问题。这类评价项目重点分布在政府大型投资项目或重大政策制定执行环节，监评结论将用来挖掘项目或政策中存在的问题并提供资源配置的建设性意见。

另外，当前一大批发达国家都已经构建了较为完备的监评体系，以提升政府调控的能力和效率，尤其是优化政府财政投入的效率。

（三）发展中国家对监评体系的应用

不只是发达国家，许多发展中国家也积极有效地应用监评方法来管理公共投资项目。在20世纪90年代之后，因为经济全球化的推动，很多发展中国家也开始认同监评体系在项目管理中的功效，通过政府财政投入来推动这一体系从以往的外推式转变为内需式，如在哥伦比亚、印度尼西亚等国均已明确了监评体系的法律地位。接下来，以这两个国家为例对发展中国家运用监评体系的情况进行分析。

20世纪90年代初，哥伦比亚政府高层从对不同的大型公共项目进行的评价中吸取教训，让各相关者就监评的效果和规范达成了统一的认识。哥伦比亚政府在之后修订的国家宪法中就对公共领域内开展监评提供了法律性保障。这项规定为国家发展部（National Progress Department，NPD）赋予了构建政府评价制度的职能，确立了国家评价体系的正规程序。自此 NPD 被要求以新出台的宪法规范运转，把负责实施公共投入项目的主要政府部门和监评关联在一起，要求这些部门制订每年的方案阐述预期收效、成果及表现，这都将成为项目后评价和监测评价的规范。各部门的规划办公室将承担年度后评估工作并给 NPD 报送评价结果，这些将作为申请新的拨款的前提。NPD 挑选部分项目开展深度的后评估，由此来确定是否给予持续支持，明确部门诉求与评估战略规划的订立。另外，部门之间的协调机构还能够汇集各方统筹订立跨部门的方案和实施监评。为了发挥监评结论的功效，该体系还能请示总审计署开展周期性的检测信息的质量和梳理工作。

印度尼西亚是探索和利用监评体系的发展中国家之一。该国在探索政府监评制度方面的基本经验主要体现在以下两个方面：①政府高层和监评实施者能够对监评的重要性、必要性和可行性等达成一致认识；②通过给予经费和制定人才政策来培养专门的、高效的和负责的监评人员。20 世纪 90 年代初，在世界银行的推动下，印度尼西亚政府启动了构建科学规划的监评部门的工作。此时该国也正开始启动国家新发展计划，为了让计划更加体现社会公平和社会问题，提高国家公共投入的服务绩效，政府逐渐意识到必须开展监评才能够提升投入效益并最高限度提升资源利用率。1994 年，印度尼西亚政府高层提出由国家发展计划机构组建多边机构领导部门，集中国内外项目监评专家启动创办监评机构的工作，当年该机构就给出了创设政府监评工作的计划。为了解决监评职能的法律保障问题，工作计划中选取了部长法令的形式，这个法令在之后的第二年得到了正式启用。印度尼西亚和哥伦比亚两国在公共投入项目的监评方面有相似之处，都是直接将利益配置同政府发展规划统筹起来，监评均被当成完善项目或政策的公共投入方案的基本举措。

二、国际上监评体系的发展趋势

伴随着监评体系理论与实践的不断发展，监评体系在世界范围内得到了广泛的采用和认可，国际社会对它的理解也逐渐深入。随着监测评价这种管理理论和方式在全球不断得到认同和应用，人们对其认识也不断深入。当前在教育政策投入项目中，监评体系所涉及的范围、所采取的技术等均有了很多新进展。

从认识的角度来看，20 世纪 60 年代之前的政策或项目监评的理论与实践尚处于起步阶段。西方国家政府从长远考虑，对高投入的国内大型基建项目和社会福利服务项目的效益提出了探讨，认为这些项目或政策在经济效益方面要远远落后于工业生产项目。与此同时，世界银行等国际经贸机构在欠发达国家实施的投入也出现了类似情况。为了说明这些项目的必要性和可行性，在项目或政策绩效评价和评估中开始采用以经济利益为核心的评估。20 世纪 70 年代，因为全球经济快速发展造成了环境破坏问题，世界各国都出台了环境保护法。按照法律规定，政策或项目监评加入了"环境监评"的环节。到 80 年代，世界银行等国际机构尤为关注它们对贫困地区、妇女、社会文化等各类援助方案在项目制定、实施、评价中的效益问题。社会影响评价逐渐融入项目监评工作中并成为重要一环。自 20 世纪 80 年代以来，各国际机构对 20 世纪六七十年代的项目或政策开展了后评价，发现这些项目或政策虽然增值很高，但在改善民生、增加就业机会等方面成效甚微，有时还产生了显著的负面效应。伴随世界对科学发展的认同，监测评价的价值取向也随之发生了改变。以结果为导向的监测评价理念逐渐被各国际机构广为接受和采用，这个系统的关键在于监评项目对目标对象（受益对象）的成效和影响，而并非像以往的监评工作那样将关注点放在项目自身的经济利益上。由此要求项目的监评标准都要基于受益者的角度。从教育系统来看，同公共管理理论发展的时间保持一致的是，在 21 世纪教育领域难以给目标对象提供更好的教育管理服务，部分教育专家和政策决策者指出应当转变现有的监测教育质量的模式，以关注输出替代关注输入。因此，20 世纪 90 年代发起了以结果为导向的教育政策活动。教育政策监测评价的重心也从以往关心政策实施（同政策执行相关）到关心结果（评价是否发生了事实上的改变），再到当前的关心政策制定、政策实施及政策效益的三者统一。当今世界各国政府的普遍认识为，在教育政策执行的周期环节中，对政策开展监评能够发挥关键作用，它采取将政策执行情况反馈给政策制定者和实施者的模式，促进制定者提升制定质量，判断目前的措施应当继续强化还是被替代，而且从政策的结果、投入、效益和效果等层面监评政策的成效状况，同时通过辨识造成政策成效影响的主要原因，不断优化政策质量。

从研究的重点问题来看，鉴于上述监评观点的变革，国际组织对项目监评关注的范畴方面也在转变，当前关注的重点问题体现为以下几个方面：①参与式监评，即强调政策或项目各方在政策或项目监评中的广泛参与，其基本假设为只有政策或项目执行对象才最能认识他们发展的限制因素，把他们全面纳入监评内，能够提升他们对项目或政策的认同程度，所以在监评中通常需要设置定性和定量指标来考量执行对象在项目制定、项目管理及监评过程中的参与情况。②性别敏感性监评。妇女发展问题是当前国际发展项目监评体系所关注的热点之一。以往的部分经济发展项目大多面向男性，过去的经验表明，对妇女利益的影响不能用项目对家庭的影响来替代。在项目制定和实施过程中，应当分别考量相关妇女团体，在监评体系创制内也应当就妇女获得资源（投入、房屋等）、就业、参与管理岗位等状况和项目前后的营养健康情况、获得教育资源情况，以及在家庭和社会中地位与作用的改变构建具有针对性的标准指标。③儿童健康问题。除了妇女问题，儿童健康指标也在近一段时间被用来开展项目评价，这事实上是基于受益对象的监评理念的拓展。监评系统内刚开始设置的儿童健康指标是站在监测活动是否会由于产业和经济结构调整而导致现有饮食结构变化从而对儿童健康造成影响的角度设置的，或者监测调适儿童健康项目的成效。伴随近年来以结果为导向的监评系统的不断发展，社会各界普遍认为应当改变以往的长期复杂的项目监评模式，而挑选可以轻松准确、综合地反馈目标对象情况的监测指标，儿童健康状态得到普遍认可能够达到这一要求。④环境、资源与持续发展。政策或项目的执行状况对环境资源储备、生产状况及环境健康质量的效益和有效性监评应当成为政策或项目的基本标准之一[①]。因此，自 20 世纪 80 年代以来所有国际机构就项目对环境影响的监评都做了明确的要求。随着20世纪90年代以来可持续发展理念的兴起，在监评体系内也开始将项目可持续发展的指标纳入评价范围中。⑤增强机制及能力建设，采取凝练近几十年的经验教训的方法，现代发展理论通常定义为，当目标及社区对象广泛参与，且建立了执行目标关于项目行为的可信度，最终实现执行目标及社区的自身发展力，方能真正实现预先假设的战略意义。因此，近年来，在国际项目的监测与评价中，把执行目标的社会地位可否在发展中提高、自主发展能力能否获得提升等视作监评的核心指标。

从实施技术层面来看，监评系统最初是以一种管理技术存在的，搜集数据，将其分析处理为信息，之后才能反馈给利益相关者提升管理水平。能够发现，这种技术手段自一开始就需要进行大量的信息获取、储备、梳理、计算、分析及传递。20世纪70年代，这些活动几乎都是通过手工模式运作的，因此，其操作效率必然也会极其低下。接下来的十年间，因为电脑技术的发展，在发达国家和发展中国家的高层管理中采取这一技术来开展监测评价。由于这一时期电脑的成本很高，发展中国家利用电脑硬件和软件进行项目管理的项目级监评部门是极为有限的。直到90年代以后，伴随着电脑技术的广泛应用，世界各国的项目级监评几乎均已实现了计算机化，而且也研发了很多与之对应的软件。此外，建立项目管理信息系统的理念也开始逐渐完善。这一信息系统的功能完备需要管理工作的高度软件化、信息化及智能化。对于发展中国家来讲，建立健全项目信息管理系统将成为一个长期的目标。然而，近年来随着现代信息技术的不断发展，我们也可以发现项目信息管理系统已基本实现网络化，监评体系就由此朝着网络化和信息化

① Moller F, Wier M. Indirect and avoided environmental consequences in project evaluation[J]. Journal of Environmental Planning and Management, 1999, 42（4）: 489-500.

的方向迈进。

第三节　监评体系在我国的应用

这一部分主要分析我国对国际上教育政策评价的理论借鉴状况，以及监评体系在我国项目管理中的应用现状，并指出现阶段国内监评体系的不足。

一、我国对国际上教育政策评价理论的吸收和借鉴

学界针对教育政策评价的研究成果较为丰富，目前国外已经在高校设置了政策评价的专业，在政府部门设立了专职部门。国家机构、企业单位和高等院校等也都创办了专业化的政策分析评价机构，它们在政府政策绩效分析、企业单位方案效果研究、高校教学科研成效分析等方面研究比较成熟。

（1）对教育政策评价类型的研究。学界主要集中于对政策的执行和结果评价，包含教育经费政策、教育投入政策、教育培养政策、教育招生就业政策、教育职业发展政策、教育师资队伍政策、教育后勤保障政策、教育服务政策等，评价包含面较为丰富，主要体现在对政策制定、执行，以及政策执行效果的利益相关者回应等三个方面。按照多学科交叉分析的研究思路，对教育政策的实施状况、政策目标达成度、效果、效率、影响、政策投入等方面开展评价。

（2）对教育政策评价标准的研究。学界重点从政治、经济、文化、社会等多角度探索指标系统。Perry 提出对教育政策评价的关键认识在于公正、多元、自主、参与及向心力等[1]。Mitchell是美国教育政策研究学者，他依据教育政策的过程提出了政策评价的六大标准：①教育政策是否体现了相关利益群体的利益；②政策是否达到了培养单位发展的目标；③政策是否可以积极融入政府整体施政的系统或是否与其他体系产生隔阂；④政策实施的效果和效率；⑤政策能不能实现理论价值和实践价值；⑥政策的可操作性有多大[2]。因学界对教育政策评价的内涵认识不统一，他们对教育政策评价标准的研究也持不同的观点。国内对教育政策评价标准研究较早的学者是肖远军老师，他指出教育政策的评价标准应当按照教育政策的整个过程来研究，包含预评价标准，即教

---

① Perry L B. Conceptualizing education policy in democratic societies[J]. Education Policy, 2009, （3）: 423-450.

② Mitchell D E. Six criteria for evaluating state: level education policies[J]. Educational Leadership, 1986, （4）: 14-16.

育政策的目标是否恰当、方案是否可靠；政策执行是否规范；政策实施后的成效；等等①。孙绵涛教授则指出能够以四个维度作为教育政策的评价标准，即教育政策的投入情况、教育政策的效率、教育政策的效益和教育政策的回应度（即教育政策的影响）②。而祁型雨教授则以哲学的价值视角来研究教育政策的评价标准问题，他按照教育政策价值层次将其划分成教育政策存在的标准（包含质和量的标准）、教育政策价值规范的标准（是否有利于教育发展）以及教育政策价值必然性标准（是否有利于人的全面和谐自由发展）三个层次③。刘复兴教授指出，教育政策的基本价值目标是以人为本、促进教育公平、教育效益优化、可选择性、多元化和分权④。教育政策评价标准会伴随教育政策环境和政策观念的改变而发生改变。高庆蓬副教授则在《教育政策评估研究》一文中融合了刘复兴的观点，指出教育政策的价值标准是以实现"以人为本"为最高目标，其余的价值标准均按此最高目标分解。一般能够分解成教育利益、教育公平和教育自主三类主要的价值目标，由此可以搭建教育政策评价的价值标准⑤。高庆蓬基于对国内外教育政策评价标准的整理研究，归纳了教育政策的评价性质，并提出教育政策评价能够依据"事实"和"价值"两大评价标准开展。事实层面的评价是对教育政策实施一段时间后一种回溯性的评价，是"对教育政策投入资源的利用状况、政策实施过程和政策取得的成效开展科学规范的量化评价"，包含了四类元素即政策投入、政策执行过程、政策输出和政策效果；价值层面的评价则是在事实评价的基础上展开，是对教育政策的价值目标和政策执行后造成利益分配的局势改变等问题进行评估，主要由三种元素组成，即政策目标是否科学、利益分配是否公平和教育的发展性③。

（3）对教育政策评价模型与方法的研究。学界集中借鉴了公共政策领域提出的一些评价模型，一般以利益相关者评价模式和绩效评价模式为主。第一类政策评价模式主要体现了在对政策全过程评价中强调利益相关对象的参与。例如，有研究者提出教育者必须参加教育政策评价⑥。而第二类政策评价模式则是源于布什政府发起的 *No Child Left Behind Act*，即《不让一个孩子掉队法案》。为了对这一法案实施情况做好评价，笔者通过调查取样获得了

① 肖远军. 教育政策评价的标准探讨[J]. 浙江教育学院学报, 2002, （3）：86-91.

② 孙绵涛. 教育政策论：具有中国特色的社会主义教育政策研究[M]. 武汉：华中师范大学出版社, 2002：64-66.

③ 祁型雨. 论教育政策的价值及其评价标准[J]. 教育科学, 2003, （2）：7-10.

④ 刘复兴. 教育政策的价值分析[M]. 北京：教育科学出版社, 2003：44.

⑤ 高庆蓬. 教育政策评估研究[D]. 东北师范大学博士学位论文, 2008：70.

⑥ Bourke R, Kearney A, Bevan-Brown J. Stepping out of the classroom: involving teachers in the evaluation of national special education policy[J]. British Journal of Special Education, 2015, 31（3）：150-156.

相关数据进行分析。采取多学科交叉分析的方法，并关注教育政策的绩效情况，利用经济学、统计学、社会学、文化学等学科进行了综合研究。有关教育政策的评价方法，孙绵涛教授推出了四类评价方法：一般性的"前后"对比分析法、"有—无"对比分析法、"投影—实施后"对比分析法，以及"控制组—实验组"对比分析法等①。以上四类方法均是采取政策执行前后对比的形式，并由此再就教育政策的价值进行分析，给教育政策评价方法提供了一种基本的研究思路。伴随政策研究的不断发展，张乐天在孙绵涛教授的基础上，又提出了将定量和定性分析相结合的评价方法，以及由对象评价、专家评价和自我评价组合而成的综合评价方法②。现有的研究成果中较为推崇的是教育政策的对比研究法，如吴志宏等学者认为对教育政策的评价，应当从是否存在该教育问题的视角来判断，将本国或本地区执行该政策的状况同条件相近并执行相同政策的国家或地区的发展状况进行对比③。现有的成果中有学者尝试利用这种手段对教育政策开展评价，如冉敏发表的《我国欠发达地区义务教育政策评估与展望》一文，利用建模方式构建评价模型，选取甘肃省作为研究对象，并挑选上海市作为对比组进行分析，研究欠发达地区的义务教育政策的执行成效。

（4）对教育政策价值评价的研究。教育政策的价值取向会伴随社会的发展和转型而发生变化，因而，对教育政策的评价研究有必要关注教育政策的价值评价问题，这也是政策评价的重要内容。学界对教育政策的价值内涵所持的观点不尽相同。刘复兴教授按照不同的维度，将教育政策划分成三种不同的价值特点，即现象形式上的价值取向、本体形式上的合法性和政策过程意义上的有效性等④。而孙绵涛教授则将教育政策的价值划分成主观价值和客观价值两类，集中展成四类形态，即社会、政治、教育和人本身的价值形态。并且指出，教育政策的价值一定要通过实践才能予以实现。主观价值受到教育政策的客观价值功能对主体需求的满足制约，其价值的大小取决于教育政策中主体利益得到表达和整合的情况，并且教育政策的调整、引导和管理功能由教育政策的本质特点所决定，继而导致教育政策具备客观价值属性⑤。

（5）对民族教育政策的效果研究。现有研究整体上能够分为两类，即社会效益和经济效益。民族教育政策的社会效益指的是政策的实施在社会政治、

① 孙绵涛. 教育政策学[M]. 武汉：武汉工业大学出版社，1997：189-193.

② 张乐天. 教育政策法规的理论与实践[M]. 上海：华东师范大学出版社，2002：82-83.

③ 吴志宏，陈韶峰，汤林春. 教育政策与教育法规[M]. 上海：华东师范大学出版社，2002：142-144.

④ 刘复兴. 教育政策的边界与价值向度[J]. 清华大学教育研究，2002，（1）：70-77.

⑤ 孙绵涛. 教育政策论：具有中国特色的社会主义教育政策研究[M]. 武汉：华中师范大学出版社，2002：76-78.

经济、文化、教育等各方面产生的效果。如李阳诱在《新加坡双语教育政策及其社会效果评析》（《比较教育与国际教育》）一文中，对新加坡双语教育政策的效果开展了研究，对双语教育政策执行对国家认同、民族融合度、国民教育文化水平的提升和发展科学文化技术等方面的影响进行了分析。还有部分学者从民族教育政策对民族团结进步、民族共同繁荣发展、增强民族凝聚力、减小民族之间的差距、培养少数民族高端人才等多视角探究此类政策的社会效益状况。然而，这些研究成果仅仅从理论的角度思考，尚未从实践角度进一步分析。王鉴教授在《民族地区双语教学成效与问题调查研究——以新疆疏勒县为例》（《当代教育与文化》）一文中，利用统计学的方法对民族地区双语教育政策的实施效果开展研究，按照政策执行状况的调研情况进行描述分析，采取单因素方差分析和相关分析方法，对此项教育政策的实施成效进行分析，并利用卡方检验的方法对双语教育的执行模式进行研究，指出政策实施模式的合理性，并通过对双语教育的课程设置状况、少数民族语言辅助材料对教学的影响、政策效果的统计分析等，阐释民族地区双语教育政策手段的执行成效问题。

（6）对"优惠政策"的问题和对策分析。学界关于我国少数民族研究生招生优惠政策的问题和对策研究成果十分稀缺，对研究生招生考试政策的分析重点集中在研究生统一招生培养模式的政策改革层面，而将少数民族视为研究对象的招生政策的分析又重点在对"骨干计划"政策的分析方面，对"优惠政策"的全面探讨还比较欠缺。从现有研究情况来看，学界重点将研究方向集中在三个层面：①关于少数民族研究生招生优惠政策的价值选择及理论基础分析。研究成果大多从教育公平、教育均衡发展、多元文化及利益相关者等多学科理论方向，探析该政策制定实施的政策依据和价值选择。②关于少数民族研究生招生优惠政策的性质特点、执行成效及完善对策问题。现有成果重点研究该政策在社会发展的不同阶段呈现的不同特点，总结归纳不同历史时期此项政策取得的成效，并给出了完善此项政策的一些思路和原则。③关于少数民族研究生招生优惠政策的问题探析、影响因素和改革建议。现有成果一般按照政策问题提出、政策制定、实施、评估等全过程展开研究，探讨政策执行过程出现的问题，分析影响政策实施的因素，从不同的理论和实践角度对此项政策的完善提出对策和建议。

总之，学界对"优惠政策"监评体系的研究还有待进一步深化。当前，通过国内对国际上监评技术的理论与实践的吸收和借鉴情况能够发现，此项技术在国际组织机构中发端较早，并且已经构建了较为系统的体系，然而在我国，由于对此项技术的认识和理解较晚，主要源于外部力量的推动，关于监测与评价体系的研究和分析也主要是在同世界银行、国际农业发展基金等国际金融机构合作过程中逐渐开展的，对于监测与评价的理论与实践也大多全盘引入联合国系统的技术和手段。另外，由于历史的原因，很多项目利益相关方对项目监评技术的理解和认识还不到位，且大多数将此手段视作被外部力量约束的一种方式。即便这样，从实际情况来看，监评技术已经在我国项目管理中开始转变为内部的需求。联合国系统等国际组织采取的结果导向型监评思路已经转变为主流并逐渐替换了以注重产出为需求的监评理念，更为重视项目产生的成效及效益，所以，这种监测与评价的观点和与其相对应的系统还必须在我国政府项目管理中得到持续的改进与推广。同时，学界在"优惠政策"监评体系的构建上也有待进一步探索。目前对该项政策的论断主要表现为"改良"和"保留"两类不同的观点。在坚持"改良"意见的研究者中，田卫疆副教授指出少数民族招生优惠政策本质上应当是一种过渡性的手段，需要结合社会经济发展环境的变化而做出相应调整。例如，具体实施过程中能够在新疆地区采用平和的手段逐渐将民族教育实践程度的评价标准从传统的招生规模和入学率转变为少数民族学生录取率和降分手段。[①]在坚持"保留"意见的研究者中，孛·吉尔格勒副教授认为，从宏观视野来看，少数民族招生优惠政策不仅仅是对其克服先天不足及恶劣的劳动生存环境等不利因素的重要保障，而且也是在当前社会文化多元、经济全球化、国际化的国内外形势下少数民族捍卫权益和尊严的法律基础[②]。滕星和马效义认为，少数民族招生优惠政策对于实现教育公平和促进民族平等都具有重要的现实价值，它应当继续保留[③]。简而言之，国内学界就"优惠政策"的探讨还较为欠缺，大多从民族学和教育学的学科视角研究。对"优惠政策"调整动态的分析仍然较为宏观，尚处于问题提出阶段，专门针对这一政策实施成效的理论和实践的探索及监评体系的建构研究还尚未呈现。

二、监评体系在我国项目管理中的应用

当前我国还没有构建正规的、体系化的、综合性的监评体系，然而，怎样提升决策的科学化水平和政府投入效率一直都是政府高层所要应对的核心任务之一。为了综合性地探析投入项目的制定、执行和运转状态，研究项目的经济社会发展和生态效果与影响，对项目投入和管理运营等给出建设性意见，调整和优化已实施项目，提升科学发展性，我国政府从 20 世纪 80 年代中后期就开始了对一些国家投入项目进行有针对性的评价。例如，1988 年国家计划委员会就开始依托

① 田卫疆. 制定和实施民族地区优惠政策的基本思路[J]. 新疆社会科学, 2003, (3): 63.

② 孛·吉尔格勒. 论少数民族与优惠政策[J]. 理论研究, 2001, (2): 44.

③ 滕星, 马效义. 中国高等教育的少数民族优惠政策与教育平等[J]. 民族研究, 2005, (5): 17.

中国国际工程咨询公司开展第一批政府重点投入项目的后评估。之后的六年间先后对电器、工业、原材料、运营、效能等30多个已构成贷款项目开展了后评估工作。从20世纪90年代后半期开始，后评估的深度和强度都得到了很大提升。当前国内监评体系普遍运用在后评估阶段，经过数十年的深入发展和实践，已构成了具有自身特点的项目后评价规范与模式，监评功效在政府公共投入中得到了较好的体现。

（一）当前我国监评体系的程序和方法

由于我国尚未建立正规和完善的监评体系，当前的监评仅限于项目水平上的后评价，因而在规范和模式上集中表现了后评价的特征。当前国内实施的后评价工作通常包含四个环节：①项目自评环节。项目负责人联合行政管理部门依据政府的标准编撰项目自评报告，并报送项目主管部门、国家发展和改革委员会（简称国家发改委）或国家开发银行审核。②地方或行业初评。地方管理部门或行业对项目自评报告进行初审，提出对策，一同报告。③正式评价环节。比较独立的第三方监评部门邀约专家就项目开展监评，进行信息搜集、现场考察及研究探讨，给出项目的监评报告。④监评结果反馈环节。在项目监评报告撰写环节广纳善言，在报告完成后通过召集发布会等方式公开，并给出监评结论。

为了使政府项目后评价科学化，相关部门集中利用项目出台时的评价手段和世界普遍采用的评价手段，主要公布了一些后评价的规范与技术，如中国国际工程咨询公司制定的《国家重点建设项目后评价暂行办法（初稿）》《大中型项目后评价研究报告》等。一些行业还颁发了部分适应行业特点的办法，如水利部制定了《水利建设项目后评价管理办法（试行）》。在深入实践和探索中，这些规定都在不断进行调适。21世纪初，财政部联合多部委出台了《国有资本金效绩评价规则》及《国有资本金效绩评价操作细则》，发布了一种符合现代企业运营规范的国有资本投入绩效监评体系（简称企业效绩考评体系），目的是帮助指导、分析和评估企业活动，有利于国有企业和国有资本监督管理工作体制的不断发展。

当前，由于我国的评价制度并非硬性要求，并且评价制度仍不完善，评价部门和评价者等监评能力和资源严重不足，现阶段，政府在挑选项目开展监评时主要基于以下几个标准：①政府特大型项目，特别是跨地域跨行业的项目；②与政府产业政策紧密联系的项目，尤其是指引发展前景的项目；③具有特征的项目，如利用新行业、新投入渠道、新计划的项目；④政府迫切要求给出项目运转情况的项目。

（二）项目监测在国内的应用领域

党和国家在过去的项目监测理论与实践中，重点在以下几个方面开展了后评价工作。

1. 国家重点建设项目

通常采取依托第三方评价的方式来开展监评，国家发改委订立指标体系，研制监评方案。当前国家发改委主要依托投资咨询评价部门开展评价，通常按年度实施。国家重点建设项目后评价包含了很多种类，如项目后评价、项目效果评价、项目影响评价、项目跟踪监评等。各种投资咨询评价部门在以往多年的发展中开展了多项国家重点项目的后评价工作，对政府部门在项目中的决策发挥了关键的反馈作用。

2. 国际金融组织贷款项目

这种类型的项目集中于世界银行和亚洲银行在我国的投资执行。根据贷款协议与管理要求，这类项目通常都建立了比较完备的监评体制，国内的项目实施和监测部门集中开展信息搜集与数据处理工作，而重要的评价环节一般都由外来部门开展，国内决策层联合部门，如财政部、中国人民银行（简称央行）等，也都广泛加入了这类项目的评价和管理环节。因为大多国际金融机构实施的此种项目都是国家重点建设项目，国家发改委通常都会对一些项目实施内部的后评价工作进行规划。

3. 国家银行贷款项目

改革开放前，央行主要负责对政府建设项目的投资执行。从 20 世纪 80 年代开始，央行启动了对政府投入大中型项目的绩效考察与评估工作，当前很多大型银行都有了适合自身的监评系统。90 年代初，国家开发银行成立，开始了对政府政策性投入的统一调配。该行根据世界银行的方式组建了后评价部门，以对政府政策性投资项目开展后评价工作。经过几十年的发展，后评价部门建设、体系保障、队伍建设及业务能力等方面均取得了明显的进步。

4. 国家审计项目

20 世纪 80 年代末，中华人民共和国审计署（简称审计署）成立，启动了对政府投资及利用外资的大中型项目的正规审计工作。由于世界上部分国家已探索建立了比较完备的监测评价体系，评价活动通常由审计部门实施（如加拿大、瑞典等），所以审计署就成为国内最早认知和接触监评技术的部门之一，对推进监评体系在国内的应用起到了关键作用。当前审计机构的重要工作为开展项目启动、执行和完成财务层面的审计。审计署也在努力实施绩效审计等与项目后评价相关的工作。

5. 行业部门及区域项目

行业部门及区域政府创设的投资建设项目统筹以机构和区域来开展监评。因为各行业、各区域的项目监评发展仍不均衡，当前利用得较好的行业集中在教育、交通运输、计生等机构及经济发达地区等。行业与区域项目管理机构还承担了在本行业或本区域的国家层面及国际合作项目的后评价职责。

三、现阶段国内监评体系的不足之处

通过上述研究发现，监评体系在国内的项目管理和调整中发挥了重要的作用。目前，我国部分政府部门也开始使用这一技术手段来监控项目执行情况，提升项目成效，优化项目管理，在一定范围内已收获了显著的成效，然而国内监评体系在制度建设和利用程度上依然存在很多不足之处，亟待改进。

（一）目前我国的监评体系还只是一种非正规系统

按照世界银行的经验，一套健全的规范化的监评体系通常具有以下几种特质：①有法律地位或强制执行力；②有稳定性和规律性；③有规划性和组织性；④有专门的评价功能。倘若利用这些特质来评判国内现行的监评体系，则其显然具有以下缺陷。

（1）在法律地位方面。目前，国内的立法机构对监评体系的构建与职能规定尚无明确的要求。可以发现，监评体系的法律地位或行政功能还未实现，仅在部分机构按照高层的要求暂时起到作用，这就导致监评体系在很大程度上仅是一些决策部门的一种自发性活动。应当明确的是，监评体系的法律地位仅是它产生功效的必要条件，而不是充分条件，也就是其法律地位并不能保障它的作用得到充分发挥。尤其是在发展中国家，其法律地位固然重要，但更关键的是能够得到高效执行。例如，玻利维亚政府的监评体系就获得了法律保障，但得不到遵从，从而导致更惨痛的财政影响[1]。

---

① Marcel M. Lessons from Chile-Public Sector Performance[M]. Washington：The World Bank，1998：45.

（2）在组织模式方面，通过查询国家各部委的机构设置和机构职能可以发现，当前在财政部、国家发改委、审计署等此类重大的综合性部门，都不存在专业的评价机构，这就说明国内仍未建立独立的国家级评价部门。同时，行业级或部门级的独立评价机构同样仍未建立起来。因此，当前国内仍未出现相对独立稳定的监评部门，也不太可能有科学规范的监评制度、方案和技术，仍处于一种无固定标准的"体""系"阶段。尽管在实践环节，应当开展主要项目的后评价工作，如国家发改委通常依靠投资咨询评价部门实施一些后评价，国家各类银行机构也特别关注其投入项目的后评价情况，但这类评价活动的稳定性不高，难以发挥政府监评的功效，同时难以取代行业监评的作用。

（3）在监评模式方面，国内当前开展的监评大多为不健全的项目后评价模式，监测的内容几乎得不到体现，也仍然没有实施规范系统的跟踪监测和竣工评估等环节，这种评价模式获取的结果很难让人信服。

（4）在监评范围方面，国内监评体系的目标范围基本为重大项目，覆盖范围不够全面，几乎没有参考健全的国家监评体系应当具备的方案、政策、计划等，因此监评目标的层次仍然比较低端。面对这些挑战，国内一些研究人员指出应当在项目执行中形成项目中评价和政策评价思路，对监评体系的目标范围过窄和层次较低的问题给予了关注。

在教育领域，尤其是基础教育阶段，教育行政部门为了实时监控区域基础教育的发展状况，开展了经常性、常态化的数据采集工作，实时对基础教育的发展做出评估判断，从而为制定更加科学、合理、有效的教育政策提供决策依据。例如，2015 年，教育部为落实《国家中长期教育改革和发展规划纲要（2010—2020年）》的要求，积极发挥教育计量工作对教育服务、高层决策及管理绩效的关键作用，专门组织专家对 1991 年发布的《中国教育监测与评价统计指标体系（试行）》进行了修订，出台了新的教育监评计量指标系统。新发布的指标系统更加规范化，有效性更强，对各类教育事业状态的监评上升了一个新台阶。此外，在基础教育层面，"建立国家义务教育质量基本标准和监测制度"，"建立健全政府主导、社会参与的农村留守儿童关爱服务体系和动态监测机制"，"建立学生课业负担监测和公告制度"等。这些凸显了国家教育行政部门在基础教育领域的监测职能。在高等教育层面，特别是研究生教育层面，监评的理念和理论都需要开拓性研究。

（二）目前我国评价制度的地方监评能力和职责不足

我国地大物博，地方政府尤其是省级政府在制定地方经济发展规划方面起着十分关键的作用，并且，因为国内现行的财政制度为"分灶吃饭"，通常省级财政也是政府公共开支的主要构成单位。但是，由于各地区尤其是西部地区在人事管理、机制体制等层面同中央机构存在很大差距，决策水平还远远不及中央机构，发挥监评体系的功能以改善决策效果就更有必要，而各级地方政府的监评机制还存在严重不足。其主要原因在于现行的管理和服务机制对监评体系缺乏需求。但实际上，中央部门很早就意识到应当强化地方政府机构的监评能力和职责。20世纪90年代末就由财政部会同多部委达成一致意见，要建立我国监评体系方案，其中明确指出应将评价责任分担到省级政府机构。

（三）目前我国评价制度的反馈机制仍不规范

健全的监评体系的职责集中体现为强化问责机制、凝练经验教训、提升决策效果，这也是一个各方参与学习和提升的过程。多年来，国家相关部门按照目前决策的要求，有针对性地挑选了一些重大建设项目和焦点问题开展了监评。但是，评价的结果往往只呈报给最高决策层。监评结论一般难以提供给项目承担者、项目负责人和对应部门来促进他们归纳成败经验并改良管理，几乎不对外公开，也欠缺将监评结果同利益配置联动起来的明确制度，所以，监评体系自身所应发挥的完善服务和提高问责层面的职责就很难得到实现。

（四）目前我国评价制度的技术和人才仍不成系统

即使相关部门已经具备了部分关于国内项目后评价的技术，但这类技术通常局限于经济发展效益基础，虽然环保法明确规定应在建设项目中开展环境影响的评价，且20世纪80年代就早已在全国范围内应用环境影响评价体系，但目前大多数评价手段形式化现象严重，很难切实发挥监评功效。当前，社会效益的监评主要表现在提高就业、强化民生发展等关注点上，但很少存在关注社会公平等相关社会文化范畴的层面，也很少对项目科学发展性和风险性开展评价，整体评价效果不佳，参考性和实效性不强。其主要原因是目前国内专业的评价人员还远远不足。即使在中央部门，高层次的评价人员也十分缺乏。现阶段评价资源主要源于科研机构，它们采取借鉴国际经验的方法，逐渐认知国际通行的监测评价技术，且依照具体国情开展层次较高的监评工作，但评价队伍的数量有限，因而必须通过强化人员培训，努力构建一支高水平的监评队伍。

第四节 "优惠政策"监评体系的界定

事实上，监评体系作为一种组织管理模式，在少数民族研究生教育领域实施的招生优惠政策层面几乎没有这类方法的实践。本节主要介绍对"优惠政策"监评体系的认识和理解。

一、教育政策监评的意义

在教育政策的生命周期中，引入监评体系和未引入监评体系的政策过程存在着本质的区别。图 1-1 展示了未引入监评体系状态下政策的线性过程，在政策的各个环节不存在及时的反馈与调整，政策的执行缺乏弹性，结果难以评价。

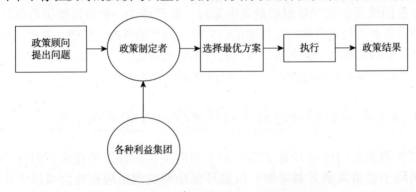

图 1-1 未引入监评体系状态下政策的线性过程

图 1-2 展示了包含监评体系的政策或项目的整体过程。这一过程并非简单的线性过程，而是一种螺旋式上升的过程。监评系统融入发现和理解问题、提出方案、实施政策及评价与调整的每个程序中，在其中发挥了十分重要的作用。因为监评系统的角色作用，政策的实施全环节形成了一个自主学习的过程，政策成效得到很大提升。

在实际工作中，监评是任何一项政策或一个项目的实施中都必不可少的环节，从这个意义上说监评并不是一个新鲜事物。然而，我们提出的教育政策的监评同以往基于经验式的评估有很大的差异。一方面，我们所强调的监评是建立在严密设计之上的，是在对政策的投入、产出与结果进行精细化描述的基础之上，在大量的证据基础之上的监评。它解决了当前实际工作中许多评价缺乏足够证据

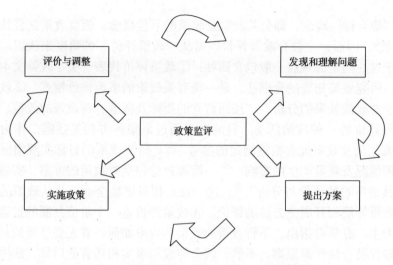

图 1-2 包含监评体系的政策或项目的整体过程

支撑的问题，使对教育项目或政策的评价更加科学客观。另一方面，包含了监评机制的教育政策的制定、执行与调整的过程，事实上是一个不断学习的循环过程。通过不断的学习，政策的有效性不断提高，使教育实践越来越逼近政策目标。

实施科学的教育政策监评具有非常重要的意义。一方面，它有助于我们提高决策水平。如果没有监评，那么政策制定者只能依据个人经验和主观判断来进行决策。但是通过科学的监评收集实地调研的数据，政策制定者可以在掌握证据的基础上进行决策，决策的依据更为科学、充分。而且，监测还可以将政策执行过程中出现的问题及时反馈给管理者，帮助他们调整方案，保证政策的顺利实施。这样，在政策的制定、实施与调整的每一环节，监评都充分发挥了作用。另一方面，它有助于明确各主体之间的责任，强化问责制。最后，它有助于我们反思和总结经验。通过监评，反思政策的整个执行过程，有助于我们积累经验，提高政策水平，为今后的工作提供参考。

二、对"优惠政策"监评体系的理解

通过对以上项目监评体系的分析，本书认为"'优惠政策'监测"是指在此项政策的各阶段收集、整理、存储和初步分析政策的有关信息，研判分析并反馈问题。其目的是判断（检查跟踪）政策行为和活动同政策目标相一致的程度，为政策管理和评价提供依据。另外，"优惠政策"是教育政策的主要组成部分，而教育政策又是政府公共投入政策中的一种专门政策，公共投入政策来源于一般性政策的"集合性"理念，即公共政策是政策的下位概念，教育政策是公共政策的下位概念[①]。因而，"教育政策评价"需从"政策评价"的角度来认识。当前学术界关于这一问题的观点一般包含四种：①政策评价代表着关于政策文本或规划的评价，研究政策初衷的合理性，是一类有关政策的事前评价模式。②政策评价重心在于对政策效果的分析，"按照订立的指标及标准，对政策的效益、效率和价值开展评价的一种政治活动，目的在于通过采集各方相关数据，作为政策完善、政策优化及政策配套措施制定的参考"[②]。研判政策的目标实现情况，对问题的处理情况及政策产生的影响。③"政策评价包括对政策的方案、实施、目标达成和其他影响的评价与分析"[③]。这一观点相对更加全面，是从政策的制定、实施和效果等层面开展全方位的评价。④政策评价是一个价值判断的过程，以价值分析为主。有学者指出，不管政策的效果和效率如何，首先要坚持的是其公平性、合理性及合法性等原则。不然，就会造成与事实相违背的后果，缺失政策评价的本质内涵。所以，政策评价应当贯穿政策的全过程，是对政策事前、事中和事后的全面分析，同时包含对政策的事实描述和价值判断的综合过程[④]。本书认为"'优惠政策'评价"是指对此项政策决策、实际政策产出的相关性，以及政策效率、效果和效益的评估。

　　因此，本书界定的"优惠政策"监评是指在一定教育政策执行环境中，此项政策的评价主体根据一定的原则和指标，采取相应的方法，对此项政策的实施情况和效果开展监测并进行价值评判的监测与评价的过程。"优惠政策"监测与评价是互联互通、彼此支撑的，监测为评价给出基础信息，评价归纳政策执行的经验教训，对优化监评指标、标准和技术手段起到重要的促进效果。"优惠政策"监评是在对此项政策的事实梳理和描述的基础上，对其实施价值的研究和评判，以探析此项政策执行效果的强弱。所以，"教育政策的有效性程度是教育政策实质价值和形式价值之间在一致度上的表现。事实上，教育政策的有效性代表着'应然'和'实然'两种状态的一致性程度"[⑤]。本书借助第四类有关政策评价的观点对"优惠政策"进行分析，对此项政策在特殊历史阶段所获得的成绩进行事实描述，并分析此项政策的执行效果。在事实描述的基础上，深入探究此项政策的合理性、合法性、有效性、公平性等，以此来判断此项政策的价值。

　　综上，基于项目监评体系的分析，本书认为"'优惠政策'监评体系"作为

---

① 刘复兴. 教育政策的价值分析[M]. 北京：教育科学出版社，2003：28.

② 陈振明. 政策科学——公共政策分析导论[M]. 2版. 北京：中国人民大学出版社，2004：308.

③ Anderson J E. Public Policy Making: An Introduction[M]. Boston: Houghton Mifflin Company, 2003: 245.

④ 高庆蓬. 教育政策评估研究[D]. 东北师范大学博士学位论文，2008：24-28.

⑤ 勾洪群. 内地西藏班（校）政策的价值分析[J]. 教育与教学研究，2012，（7）：24.

一种优化政策管理的手段，在当前的运用中，其"体"集中体现在物质形态上，即"优惠政策"监评执行系统，为实现其能力的物质载体；其"系"则集中体现在非物质形态上，能够将其划分成规范部门自主运行的制度系统、数据处理和研究算法的方法系统、整理信息和数据以便处置、测算的指标系统。"优惠政策"监评体系能力的实现，必须通过这些系统之间的精诚协作，其中各系统之间的关系可以用图 1-3 表示。

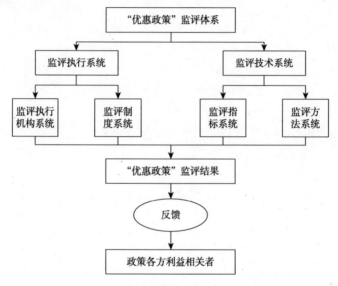

图 1-3　"优惠政策"监评体系结构图

　　综上所述，本章以探究监评的起源着手，归纳和总结了这种体系的理论框架。研究指出一种功能完备的监评体系应当包含机构系统、制度系统、指标系统及方法系统四项内容。首先，集中阐述了联合国系统的开发援助部门对监评体系的认识和运用，发现这些机构均有相对独立的监评组织机构系统、严谨的监评制度系统、完备的监评方法系统等技术系统，其监评体系在其项目或政策等的制定与实施上展现出极为关键的作用；其次，通过对部分发达国家的监评体系的构建过程与运用状态的研究，得知该体系在这些政府的公共领域投入服务中是国家协调利益配置的关键举措，对优化国家公共投入效率起到了十分关键的作用；再次，通过回顾部分发展中国家监评体系的构建与运用状况，得知即使在这类国家，只要有对监评体系的真正的需求，那么该体系的构建就能够得以由外推式转化成内需式，就能够构建起科学严谨的监评体系，有效地提高国家投资、政策等决策的科学性和执行效果；最后，通过检验监评体系在国内的运用事实状况可知，当前关于该体制的运用还仅仅局限在后评价模式上，从类别上看主要包含在极少数国家大型银行金融项目内，监测力度不大，评价类型不够多元，囊括对象不广，制度欠缺规范，仍然为一类非正式的监评体系。

本书通过对监评体系理论进行总结归纳，依据回顾和研究该体系在国际上的运用状态，对运用该体系来优化和提升我国教育政策成效的作用和意义进行了系统和全面的研究，并对"优惠政策"的监测与评价的内涵及"优惠政策"监评体系的建构进行了界定。

第二章 "优惠政策"监评体系的
必要性和可行性分析

　　监评理论已经在很多国际组织和国家得到推广与应用，监评体系也逐渐演变为项目或政策管理的有效工具。但是，我国少数民族研究生教育系统目前尚未建立健全完善的监评体系，监评方法在国家决策与招生管理工作中也尚未发挥出应有的功效。其主要原因集中在我国仍然欠缺对"优惠政策"监评体制的正确认识和普遍认同，缺乏乐意采纳和实施监评的社会文化环境。造成这种境况的根源可以归结为，由于国内经济结构调整和产业结构转型升级，我国少数民族研究生教育系统出现了与新时代社会主义现代化进程不相符合的政策制定、实施和管理服务机制，由上而下的高层决策模式依然占据主体地位，欠缺对政策利益配置和成效表现之间的互动体制等。要解决这些问题必须经过一定周期，所以在国内现行的由上而下的决策模式下构建一套完备的国家级"优惠政策"监评体系也将是一个循序渐进的过程。我国少数民族和民族地区发展依然不平衡、不充分，对少数民族高层次人才培养的质量和效益的要求不断提升，当前对提升政策服务绩效和决策水平的需求也尤为显著，笔者认为当前已经具备构建"优惠政策"监评体系的基础，应当努力在少数民族研究生教育中推广监评技术。一般而言，一套完备的"优惠政策"监评体系主要囊括政策监评执行系统、制度系统、指标系统、方法系统等，是综合性的信息网络体系，无法在短时间内发展起来。在我国目前这种教育发展不均衡的环境条件下，采取由下而上的形式，在少数民族研究生教育领域建立招生政策的监评体系，由此发挥体系的能力和功效，并让其在更广阔的领域获得改进与推广，递进式地构建和优化系统的政策监评体系，就极具可行性与必要性。因此，本章将从探析我国当前少数民族研究生教育战略转型发展和管理模式入手，研究建立"优惠政策"监评体系的必要性和可行性。

第一节 "优惠政策"监评体系的必要性分析

下面我们将从分析我国少数民族研究生教育战略转型的特点以及现阶段"优惠政策"招生管理模式的缺陷等方面入手,论述建立"优惠政策"监评体系的必要性和迫切性。

一、少数民族研究生教育处于战略转型期

少数民族研究生教育战略转型的基本特点为我国少数民族高层次人力资源存在较大的供需矛盾。

(一)少数民族高层次人力资源的供需矛盾迫切需要政策监评

目前,随着我国"一带一路"倡议的推进及国家政策的倾斜和投资力度的加大,民族地区少数民族高层次人力资源状况有了一定改善,但供需矛盾仍然严峻。从需求侧层面探究民族地区少数民族高层次人力资源的现状,从供给侧层面探究少数民族研究生教育的培养状况,并分析两者之间的供需矛盾及原因,这给少数民族和民族地区克服高层次人力资源的配置难题提供了创新实践的路径。

1. 需求侧:民族地区少数民族高层次人力资源的现状分析

从需求侧层面来看,民族地区少数民族高层次人力资源的主要问题表现在以下几个方面。

(1)少数民族高层次人力资源总量和质量问题共存。目前,我国高层次人力资源结构存在不平衡性,在资源总量、质量和人才素养上均同国家高速发展的经济要求难以同步,特别是在民族地区表现得尤为显著。但是,普通劳动力资源的供给程度又远远高出了社会实际诉求。在社会转型时期,这种供需矛盾的主要原因可以归结为民族地区的政治、经济、文化等各类因素的影响和制约,承担高层次人才培养任务的研究生教育发展不均衡,高层次人力资源由西部欠发达地区流向中东部经济发展高水平地区的现象普遍,致使高层次人力资源在民族地区分布上存在结构上的失衡,数量和质量不均衡问题依然显著。据调查,2005年少数民族人口总量占全国总人口的 9.05%,而少数民族博士研究生在校生数(含科研机构)约 7 230 人,硕士研究生在校生数(含科研机构)约 34 720 人,占全国研

究生在校生总规模的 4.29%。2010 年全国总人口达到 13.39 亿，少数民族人口为 1.14 亿，占全国人口总规模的 8.49%；而少数民族博士研究生在校生数（含科研机构）约 12 125 人，硕士研究生在校生数（含科研机构）约 64 505 人，占全国研究生在校生总规模的4.98%。[①]可以发现，尽管党和国家制定实施了系列少数民族研究生教育招生选拔制度，如"骨干计划"、"双少"政策等，硕士以上少数民族高层次人才在校生人数从 2005 年的 4.195 万人上升到 2010 年的 7.663 万人，绝对数量增幅明显，但由于少数民族研究生教育基础薄弱，少数民族研究生高校在校生人数占比始终低于少数民族的人口占比。

（2）民族地区受研究生教育的人口比例和供求结构不相适应。因为民族地区（包括欠发达区域）在生存环境、社会保障、工作条件、个体成长等层面同中东部发达地区相比差距显著，所以有的少数民族研究生在毕业后不愿意回归民族地区就业，难以满足目前民族地区跨越式发展对高层次人力资源的要求。即使民族地区在加速产业结构转型升级时出现了部分新兴行业和领域，对少数民族高层次人才的需求依然很高，但少数民族高层次人力资源的供需矛盾依然存在。根据调研情况，目前民族地区各行业对高层次人力资源的需求均紧缺，特别是理工类专业、应用型专业的高层次人力资源急缺，一般劳动力资源较丰富但其知识技能和文化素养比较缺乏，上岗能力有限且隐性失业情况仍然较为显著，表现为失业率逐年递增、就业人数不断下降。而且，从发展现状看来，少数民族高层次人力资源供需矛盾更为凸显，特别是今后少数民族高层次人力资源的供需市场环境将遭受巨大挑战。调查数据显示，西部民族地区高层次的知识分子和劳动人员比例偏低，在西部地区的大多省区市内拥有大专及以上文化程度的人口仅有 1 500 万左右，占西部地区人口总量的 5%左右，比全国要低出约 0.7 个百分点；西部地区每万人拥有的科技人员规模为 3.2 人，拥有的科研人员为 0.08 人，而全国平均水平为 3.8 人和 0.11 人。[②]理工类人才、实用型人才严重短缺，经济社会发展需要的应用开发型人才紧缺，民族地区的人才培养模式仍然不能满足民族地区跨越式发展和民族团结进步的要求。

（3）区域间少数民族高层次人力资源的结构失衡。众所周知，区域之间的差异和发展上的不均衡是普遍存在的，区域之间少数民族高层次人力资源结构失衡仅为其中的一个方面。当前，民族地区仍然以农牧业经济形态为主要特点，城乡之间的人力资源供求矛盾仍然突出。例如，西藏城市地区和农牧区的

① 国务院人口普查办公室、国家统计局人口和就业统计司. 中国 2010 年人口普查资料[EB/OL]. http://www.stats.gov.cn/tjsj/pcsj/rkpc/6rp/indexch.htm；国家统计局. 2005 年全国 1%人口抽样调查主要数据公报[EB/OL]. http://www.stats.gov.cn/ tjsj/tjgb/rkpcgb/qgrkpcgb/200603/t20060316_30326.html，2006-03-16.

② 周群英，陈光玖. 西部民族地区人力资源结构特点与少数民族人才培养研究[J]. 贵州民族研究，2014，（8）：58-61.

人力资源悬殊较大，绝大多数高层次的人力资源集中于拉萨、日喀则等城市，而农牧区人才匮乏，文盲、半文盲占大多数，人力资源的城乡差异较大。此外，由于自然环境的差异，西藏自治区人口的 80%集中于雅鲁藏布江流域及藏东三江流域，那曲、阿里地区则人烟稀少。[①]在现有人力资源中，普通人力资源较多，而具有高新技术或者较强经济运作能力的高层次人才匮乏，另外高层次人才多集中于机关事业单位，生产单位高层次人才较少。伴随民族地区二、三产业的比例调升，对一些旅游开发、工矿基地发展等方面的高层次人力资源的需求数量和结构均在持续提升和发生改变，而供给情况同需求之间却表现出一定缺口，较难实现精准配置。

2. 供给侧：少数民族研究生教育的现状分析

在供给侧层面，我们能够从少数民族研究生教育的培养状况出发，分析两者之间的供需矛盾及原因。

（1）我国各族人民受研究生教育的程度参差不齐。从我国少数民族学位与研究生教育发展的历史沿革状况可以发现，国家一直高度重视少数民族研究生教育的发展。通过各类优惠措施，少数民族高层次人力资源总量和培养质量都得到了大幅度的提高，形成了较为成熟的研究生学位类型。然而，一系列教育统计数据显示，我国少数民族研究生在校生人数占比始终要低于少数民族人口总量的占比，这就同民族地区经济社会发展的需求产生了矛盾，如果不能有效解决这一人才发展的瓶颈问题，不仅会对少数民族高层次人力资源造成严重影响，而且会对民族地区其他各级各类教育形式的持续、科学发展产生阻碍，其主要原因在于少数民族研究生教育仍未实现均衡发展。当前，我国各族人民受研究生教育的程度参差不齐，如蒙古族、朝鲜族和满族等一些少数民族受研究生教育的程度已经高于全国受研究生教育程度的平均水平，也高于汉族。此外，在少数民族内部之间受研究生教育的程度也并不一致，如白族、朝鲜族、哈尼族的人口规模差不多，分别为 193.351 万人、183.092 9 万人、166.093 2 万人，但受研究生教育的平均水平却差异显著，分别为 18.36 人/万人、52.84 人/万人、3.05 人/万人[②]。再者，一些少数民族受研究生教育程度呈现发展缓慢甚至下滑趋势，如佤族和珞巴族，在第五次全国人口普查到第六次全国人口普查期间，相关调查数据表明他们的总人口在不断上升，而佤族受研究生教育程度仅从 0.27 人/万人上升到 2.07 人/万人，珞巴族受研究生教育程度由 3.37 人/万人下

---

① 央宗，索朗仁青. 西藏人口的变迁与特征[J]. 西藏大学学报，2003，（4）：45.
② 数据来源于国家统计局人口和就业统计司编第六次人口普查数据（2010）。

降为 2.72 人/万人①。另外，各少数民族的人口规模同研究生教育发展水平之间不成正比，如裕固族、赫哲族、俄罗斯族等一些人口较少民族的研究生教育水平明显高于全国平均水平，而彝族、维吾尔族等一些人口规模较大民族的研究生教育水平却远远低于全国平均水平。

（2）研究生教育资源分布不均衡，且学科专业布局尚需优化。当前，研究生教育资源更多集中在中东部地区，而西部民族地区较为匮乏，民族类普通高校研究生教育培养能力有限，学科专业分布需优化。教育统计数据表明，东部地区研究生教育招生单位比西部地区明显要多。仅北京地区的研究生招生单位就占到全国的 1/5 以上②，从某种层面上少数民族和民族地区研究生入学概率会明显低于东部发达地区。另外，掌握优质资源的研究生招生培养单位，如"985""211"工程大学，西部民族地区占有量要明显低于中东部地区，这就使民族地区的少数民族学生取得研究生教育优质资源的概率遭受较大限制。再者，从国家在西部民族地区设立的研究生招生单位及民族高校设置的学科门类和学位授权来看，其一直处于弱势地位。在硕士和博士一级学科授权点和学科门类构成方面，西部民族地区要比中东部地区及全国平均水平低出很多。截至2013 年，拥有硕士及以上学位授权的分布在民族自治地方的单位相对很少，集中包含在四大民族自治区（新疆除外）及湖南、吉林、云南等7个地区；高等院校在校研究生总量在民族自治地方为 86 041 人，这一数据在全国的整体占比为4.8%。③21 世纪初，国家共创办民族院校 13 所，其中，拥有博士一级学科授权资格的高校只有中央民族大学 1 所，学科专业为民族学，下设 4 个二级学科方向，主要为人类学、宗教学、中国少数民族语言文学（藏缅语族）及专门史；拥有硕士一级学科授权资格的高校包括国家民族事务委员会（简称国家民委）直属的 4 所民族高校及 3 所地方民族院校，学科专业数分别为中央民族大学 19个、中南民族大学 17 个、西南民族大学 18 个、西北民族大学 8 个、广西民族大学 6 个、云南民族大学 9 个、内蒙古民族大学 7 个，合计 84 个一级硕士学位授权专业；直到 2006 年，拥有博士一级学科授权资格的民族高校仍然仅为中央民族大学，而该校仅仅在原先的博士一级学科专业民族学学科基础上，增加了一个中国语言文学学科；直至2016年，我国共计创办了 18 所民族院校，其中具有硕士学位授权资格的单位仅 12 所，而具有博士学位授权资格的单位仅为国家民

---

① 数据来源于国家统计局人口和就业统计司编第五次人口普查数据（2000）和第六次人口普查数据（2010）。

② 教育部. 2017 年全国教育事业发展统计公报[EB/OL]. http://www.moe.gov.cn/jyb_sjzl/sjzl_fztjgb/201807/t20180719_343508.html，2018-07-19.

③ 数据来源于国家民族事务委员会、教育部编《中国民族统计年鉴（2013）》和《中国教育统计年鉴（2013）》。

委直属的 4 所高校及广西、内蒙古的 2 所民族院校。因而，当前我国民族类普通高等学校的研究生教育发展水平仍十分滞缓，研究生教育资源分布严重不足成为民族教育的整体发展和少数民族高层次人才的培养的掣肘和局限，这不但影响了少数民族和民族地区的考生实现事实上的研究生教育机会公平，还在某种程度上加剧了研究生教育发展不均衡问题（表 2-1、表 2-2）。

表 2-1　2016 年民族院校硕士一级学科授权点分布一览表

布点情况	哲学	经济学	法学	教育学	文学	历史学	理学
布点种数/个	1	2	5	1	3	3	7
布点个数/个	2	5	29	4	16	11	21
结构比例/%	1.42	3.55	20.57	2.84	11.35	7.80	14.89
布点情况	工学	农学	医学	管理学	艺术学	合计	
布点种数/个	7	5	3	3	2	42	
布点个数/个	18	8	8	13	6	141	
结构比例/%	12.77	5.67	5.67	9.22	4.26	100	

资料来源：民族院校高等教育基层统计报表及各院校简介

表 2-2　2016 年民族院校博士一级学科授权点分布一览表

布点情况	哲学	经济学	法学	教育学	文学	历史学	理学
布点种数/个	1	0	2	0	2	1	0
布点个数/个	1	0	7	0	3	1	0
结构比例/%	8.33	0	58.33	0	25.00	8.33	0
布点情况	工学	农学	医学	管理学	艺术学	合计	
布点种数/个	0	0	0	0	0	6	
布点个数/个	0	0	0	0	0	12	
结构比例/%	0	0	0	0	0	100	

资料来源：民族院校高等教育基层统计报表及各院校简介

（3）招生地区的诉求与实际指标分配偏差较大。我国少数民族研究生教育招生选拔制度严格执行"定向招生、定向或委托培养、定向就业"的基本招生、培养和就业原则。在定向招生层面，该项制度主要是依据民族地区研究生教育发展的水平，以尽量满足少数民族研究生教育均衡发展及民族地区对少数民族高层次人力资源的急切诉求为目标，合理配置政策实施区域。然而，从主观因素角度来看，实际指标的分配同招生地区的诉求却发生了较大偏差。调研发现，这项政策规划的招生方案还较为笼统，委托培养的高校被赋予对少数民族研究生教育和民族地区科技力量薄弱区域的判断任务，但其研究和判断能力不足。2010~2014年招生统计数据如表2-3所示，从调研的贵州、云南、甘肃、四川等地的 4 所民族院校的少数民族研究生教育招生情况来看，招生计划统一由教育部下发，指标没有完全结合各地发展实际进行专业量化的预测分析，同时学生实际报考专业结构不合理，导致社科类毕业生过剩，理工类、应用类专业报考严重不足，与民族地区经济建设需求严重脱节，供需吻合度低，不仅无法缓解民族地区理工应用类人才匮乏的现状，同时无法培养"接地气"的、民族地区急需的高层次人才，未能完全满足民族地区产业转型升级所急需的少数民族高层次人力资源培养需求，仍需通过相关配套政策使人才培养更加精准地对接区域发展总体战略和"一带一路"建设需要。

表2-3　2010~2014年西部四省少数民族研究生教育招生专业及人数分布表　单位：人

学校	2010年		2011年		2012年		2013年		2014年		合计	
	社科	自科	社科	自科	社科	自科	社科	自科	社科	自科	社科	自科
贵州民族大学	7	0	13	0	23	3	37	5	43	2	123	10
云南民族大学	31	2	54	3	33	1	97	10	45	4	260	20
西南民族大学	143	4	167	7	92	3	103	10	114	4	619	28
西北民族大学	97	0	129	0	142	3	109	2	81	0	558	5

资料来源：各民族院校研究生招生办公室

　　加速推动少数民族和民族地区经济社会发展，特别是少数民族研究生教育的发展水平，保障少数民族高层次人力资源的有效供给，是社会普遍认同并接受的目标。要克服目前民族地区少数民族高层次人力资源与少数民族研究生教育之间的供需困境，使民族类普通高校的高层次人才培养数量和质量得到双向提升，其创新发展的本质在于努力达成少数民族研究生教育供给侧的结构性改革。中华人民共和国成立以来，为了在实践中达成这一目标，国家制定实施了一系列的少数民族研究生教育发展措施，"优惠政策"即这类少数民族研究生教育重大措施之一。少数民族研究生教育供给侧结构性改革的重点在于对"优惠政策"的调整与完善，这就需要构建一套政策监评体系用于对政策实施成效开展监评。

（二）少数民族研究生教育战略转型迫切需要政策监评

　　少数民族研究生教育处于民族教育的最高层次，肩负着培养少数民族高层次人才、转化高水平科技成果、给予高质量服务管理的使命，是少数民族和民族地区创新发展的重要力量。伴随时代的伟大变革，少数民族研究生教育也进入了战略转型期，提高少数民族高层次人才培养质量和效益成为少数民族研究生教育的核心命题。少数民族研究生教育战略转型意味着少数民族研究生教育发展自一种状况转变为另一种状况，意味着少数民族研究生教育总体性和综合性的发展境况的改变，集中体现为人才培养的观念、机制、体制等方面的转变。

1. 少数民族研究生教育发展观念的转变

《国家中长期教育改革和发展规划纲要（2010—2020 年）》指出要"树立以提高质量为核心的教育发展观，注重教育内涵发展"。提高质量已成为少数民族研究生教育发展战略转型期的战略重点和战略焦点。社会发展的经验表明，一个强大的国家在经济、科技、教育等方面是相辅相成的。党的十九大报告明确指出要优先发展教育事业、建设教育强国的教育发展方向，提出了要"实现高等教育内涵式发展"的历史口号。少数民族研究生教育在这一目标过程中担负了其他任何形式都难以取缔也不能替换的任务和使命。1978 年国家复办研究生教育，使学位制度得以重建，同时，少数民族研究生教育开始萌芽，通过几十年的改革与实践，少数民族研究生教育发生了历史性的飞跃。2010 年全国少数民族研究生在校生总数为 76 630 人，其中博士研究生（含科研单位）12 125 人，硕士研究生（含科研单位）64 505 人，少数民族研究生在校生总量的占比为 4.98%。按照 2010 年全国第六次人口普查情况，少数民族人口总量占全国总人口的 8.49%。至 2012 年底，全国少数民族研究生在校生总量达 99 441 人，其中博士研究生（含科研单位）14 853 人，硕士研究生（含科研单位）84 588 人，少数民族研究生在校生总量的占比为 5.78%。在这短短两年内，少数民族研究生在校生总量提升了近 1 个百分点，我国当之无愧地迈入了世界少数民族研究生教育大国行列。[①]我们也应该清楚地认识到，我国但并非少数民族高等教育强国，同国际少数民族高等教育强国相比仍存在较大差距，主要表现为少数民族研究生教育人才培养质量尤其是博士层次与国际上发达国家博士培养状况相比仍然差距显著，在"双创"精神和能力方面仍然存在差距，国际话语权明显不足。因此，作为少数民族高等教育最高层次的少数民族研究生教育首先要实现观念上的转变，树立新时代的人才培养质量观，把实践的重心由外延式扩张转变为内涵式质量提升。

2. 少数民族研究生教育培养机制的转换

我国少数民族研究生教育的发展历程是一个在发展中不断改革和在改革中不

---

① 数据来源于国家民委经济发展司、国家统计局等编《中国民族统计年鉴（2013）》和《中国统计年鉴（2013）》。

断发展的历程。经过几十年的实践探索，基本构建了学科门类齐全、培养渠道多元的少数民族研究生教育系统和较为完备的学位授权审批体系，以及教育资源布局结构相对合理的学位授权系统，逐渐发展为有中国特色的少数民族研究生培养模式，人才培养质量得到大幅度提升，为民族地区现代化建设进程提供了一大批少数民族高层次人才。然而，伴随我国民族高等教育政策执行环境的改变，以往的少数民族高层次人才培养模式和机制也暴露出明显的弊端。为顺应社会整体变革的趋势，我们在不断探索和推动以国家宏观调控机制和资源配置机制为主的少数民族研究生教育机制改革，最具影响力的方法之一就是对承担人才培养任务的单位进行内部培养机制的变革，一般包含构建以科研和社会服务为导向的导师责任制和导师项目制度，实行产学研相结合的少数民族研究生"双导师制"，创设少数民族研究生创新实践方案；实施少数民族研究生教育创新计划；采取改革少数民族硕士生的人才培养类型，重视专业型少数民族研究生的培养，扩大理工类、应用类少数民族研究生的招生规模，逐步构建一套分层分类培养和调节专业型与学术型少数民族研究生培养比例的新体系，以适应少数民族和民族地区社会发展对理工类应用型高层次人才的需求等。

3. 少数民族研究生招生管理体制的转型

20 世纪 70 年代末，我国开始复办研究生教育，民族高等教育也由此开始萌芽。与当时的计划体制相适应，少数民族研究生招生工作实施的是国家教育行政部门与培养单位两级管理的模式。在国家教育行政部门中，负责少数民族研究生招生工作的主要机构是教育部和国家民委；而在培养单位中，负责这项工作的是研究生院（部）招生管理机构。1985 年 11 月，多部委联合发布《关于高等学校招收委托培养硕士生的暂行规定》，非常鲜明地指出了我国少数民族研究生招生优惠政策人才培养目标的总体布局和规划由国家教委、国家民委牵头负责。简而言之，教育部负责培养计划和研究生招生相关政策的拟定、监管和执行，协助解决在研究生招生工作中出现的问题，评估高校招生状况，总结经验、表彰优秀等；而国家民委主要承担政策意见咨询、监管国家政策的执行情况、协调和处理涉及民族宗教问题等方面的特殊责任。各省（自治区、直辖市）的教育厅统一规划本区域人才需求年度计划和培养方案，强化与本区域人力资源部门、用人单位和教育部的联系，协助培养单位同用人单位处理好本区域生源需求等方面的任务，实施好生源地对人才培养的财政资助政策，由教育厅民族教育处具体负责考生签订定向培养协议工作；并协同教育部与委属高校组织好研究生招生工作，对研究生招生工作提出政策建议。人事部门承担少数民族科技骨干特殊培养工作的政策策划及组织保障工作。招生单位在教育主管部门的指导下，根据国家每年出台的招生政策，具体承担少数民族研究生招生的各项工作，在编制招生计划时要优先考虑民族地区经济社会发展对人才的需求，在报送学校招生计划时要同时报告本单位招收委托培养研究生的招生计划数。研究生阶段的教育管理和就业等常规性任务也由招生单位负责。此后，由于研究生招生工作的难度加大，在"优惠政策"的具体操作中基本采取三级管理体制，即教育部和国家民委主要承担招生政策制定和统筹协调任务，各省教育厅考试院主要承担招生工作的组织和信息报送任务，而招生单位则承担具体招生录取和培养任务，其中省教育厅的职责较为单一，招生单位职责则颇为复杂，较易出现高层招考分离，基层招考统一的问题。中央政府逐渐赋予省级政府一定的相对独立的自主权，由省级政府决定和处理本行政区域内所属高校和科研机构的少数民族学位与研究生教育活动，以分担中央政府的调控压力，增加省级政府对本省域少数民族学位与研究生教育的宏观协调的深度和广度。

二、我国现阶段"优惠政策"招生管理模式的缺陷

我国现阶段的"优惠政策"招生管理模式较以前的招生管理模式已经取得了很大的进步。然而，从政策推行的成效来看，在政策制定科学规范化、打破政策实施权的垄断性、构建外部监评体系、执行公平的考评体制、构建利益配置同政策表现联动模式等方面，都很难起到功效，因而造成了目前在"优惠政策"招生管理中的种种弊端。具体表现在以下几个方面。

（一）政策欠缺持续的监测和信息反馈机制

鉴于"优惠政策"的管理重心是基于实施以后的检查与跟踪，但此项政策的执行周期很长，就会出现在政策前期忽视查摆问题和优化管理，而至政策实施末期才开始抓突击来应对评价的情况。通常情况下许多具体政策手段到实施后评价时，才发觉政策实施环节中的信息和数据不完整或几乎不存在，在政策的实施环节中难以挖掘总结教训，更谈不上给其他倾斜性的民族教育政策提供参考。

（二）现行的监督检查机制欠缺中介组织和专业部门的参与

因为缺乏第三方中介组织和专业部门的参与，对"优惠政策"的监督检查就难以切实展现政策实施的成效。目前，此项政策管理中的监督检查工作通常是一些教育行政机构的自评活动，即便一些利益相关者参与进来，但因为他们欠缺对

教育政策的专门认知，几乎很难看到问题的关键之处，也难以就政策的优化给出建设性建议和对策，监督检查结论几乎均是政策执行十分成功，政策的实施单位和个体几乎都能获得奖励，皆大欢喜。

（三）短期的政策监督检查方式很难得出全面评价

"优惠政策"的复杂性导致对这一政策短期的监督检查方式难以实现对其全面的监评。由于"优惠政策"的价值目标的多样化，决定了政策影响难以在相同时间和相同范围中展现出来，政策后期的监督检查手段通常仅能发现政策实施的较少表现，目前"优惠政策"监督检查的关键之处通常在于跟踪政策行为的达成规模和质量，而关于这些行为的切实成效，如对少数民族和民族地区经济社会发展的效果，目标对象是谁，教育扶智的成效怎样，对生态的影响，受益目标的满意度等状况几乎没有深度的考察。

（四）较易致使政策制定主体同实施主体达成利益共同体

目前"优惠政策"招生公权力的获得和赋予过程，仅仅为教育行政机构同服务部门与实施部门之间的一对一交涉过程，基本上不存在任何形式的竞争和监督机制。教育行政机构可能会力求政绩、获得政治成就，或者认为现有模式是发展的最佳方式。因此，在现行此种政策订立与执行模式中，为了实现自身的最优选择，负有政策决策与管理责任的教育行政部门与负有政策执行责任的政府部门之间可能会达成一致意见，相互和睦，形成利益共同体，互相捧台，对问题甚至忽略不计或有意敷衍。即使还没有找到少数民族研究生教育实行"优惠政策"招生模式以来权威中立机构对教育行政部门政策投入效率的有关结论，但也很少见到有关"优惠政策"项目失败或成效低下的文献。实际上，此项政策的影响和质量已经遭到了多方的质疑。

（五）政策计划编制的可行性研究不规范

按照当前国家执行的"优惠政策"服务管理规定，在政策招生指标制定审核前，需要生源范围内省级教育行政机构联合人事、组织、科技、财政等机构，按年度向社会公布有关经济、科技、教育等行业人力资源需求数据，指导少数民族优秀学生报考研究生，以此来订立人力资源需求计划并给出每年的人才培养要求方案。此外，要增加同本地组织人事单位、用人机构和教育部门的沟通与协调，帮助高校和相关机构做好该区域生源管理等方面的特别性事务，即在开展政策计划编制前评价。这种模式也是参考世界教育发达国家在教育实践中的长期经验总结提炼而来的，无疑将从理论上对提高政策执行的效率大有裨益。但是，在现实工作中，"假科研"现象比较显著，省级教育行政部门和委托培养的高校被赋予对少数民族研究生教育和民族地区科技力量薄弱区域的判断任务，其研判能力有限。事实上，由于民族因素或文化背景等，边远落后区域的生源极为有限，政策提供的优惠条件难以真正落实到少数民族学生中的弱势群体中。自"骨干计划"第一年招生开始到 2014 年，按照教育部公布的数据，共计划招收硕士生 3.31 万人，博士生 0.83 万人，而在第一年招生工作中（计划 0.25 万人，其中博士生 0.05 万人，硕士生 0.2 万人），实际录取 220 多个博士生，录取比例是 45%，实际录取860 个硕士生，录取比例是 43%，在之后的几年内此项目实际录取情况也并不理想[1]；同时，一些知名院校的招生人数也在逐年减少，如中国人民大学招收"骨干计划"博士研究生名额由 2009 年的 20 个减少为 2015 年的 15 个[2]。由此能够看出，保障少数民族高层次人力资源质量面临巨大挑战，"优惠政策"招生计划编制的科学性和可行性研究有待提升。

三、建立"优惠政策"监评体系的必要性

以上分析表明，国家对少数民族研究生教育的大规模无偿投入将是一个长期的过程，在我国当前少数民族高层次人才培养与民族地区人力资源供需矛盾的情况下，"优惠政策"在我国少数民族学位与研究生教育发展中的地位极为重要。2015 年 8 月，《国务院关于加快发展民族教育的决定》指出要落实好少数民族高层次骨干人才计划，加强少数民族高端人才培养工作，培养一批政治素质高、学术造诣深、具有国际影响力和话语权的少数民族优秀人才[3]。这进一步体现了党和国家将坚持贯彻甚至提高少数民族研究生教育投入的决心和期待，可以看出，未来党和国家对少数民族研究生教育投入仍将迅速、大幅度提升。而现行的"优惠政策"招生管理方式带来的不足，已然对我国高等教育优质资源投入效率造成严重影响，所以，调整和优化此项政策的管理服务模式已成为必然。本书认为，建立"优惠政策"监评体系是完善我国当前政策管理模式的有效手段和重要环节。这种体系在改善我国少数民族研究生教育投资效益上有以下几个方面的优势。

---

① 王浩. 少数民族高层次骨干培养计划研究[J]. 贵州民族研究，2016，（2）：224.

② 安华，陈瑞娟. 教育福利视角下的"少数民族高层次骨干人才计划"政策优化研究[J]. 宁夏社会科学，2017，（3）：149.

③ 国务院. 国务院关于加快发展民族教育的决定[EB/OL]. http://www.gov.cn/zhengce/content/2015-08/17/content_10097.htm，2015-08-17.

（一）有利于促进政策投资决策的科学化

提升政策决策人员与实施人员的主动担责意识是政策监评体系的重要功能之一。鉴于现行的"优惠政策"招生计划编制采取审核机制，并且"优惠政策"具有多样化目标的特点，教育决策部门（者）往往易于根据自己的喜好来对招生计划的编制给予"照顾"。再因为现行政策还未构建政策制定者的责任同所制定政策表现之间的互动机制，也就是制定者的主观价值难以遭到外部客观条件的约束，他们的主观价值就易于转化为政策活动。类似过去各地区极力推行的"首长项目""政治工程""形象工程""样板工程"等相继出现，其中很多是在这种环境中产生的。难以受到政策结果约束的制定者会为了谋求自身短期政治成就而谋得发展或寻求其他个体价值，从而可能完全不顾政府投入的成效问题。特别是20世纪90年代以来对干部制度实施任期制改革，因为还没有构建起同当时国家经济发展特征（政府仍为国民经济竞争性行业的主要投入方）相符合的干部绩效考评体系，目前的干部考评方法大多是短期考评，欠缺对干部决策的跟踪考评手段和体系，尚未构建重大决策的终身责任制，这从客观上可能诱发部分干部只为追逐短期政绩而单方面做决策。所以，建立健全对政策制定者的跟踪性绩效考评体系尤为必要。监评体系可以富有成效地就政策，特别是长期的"优惠政策"开展跟踪持续监测并给出阶段性的评价，能够提升政策决策人员在进行顶层设计时的主动担责意识，有效减少"跑计划""跑项目"的不顾政策绩效的决策。

（二）有利于综合评估政策的活动和成效

高效的政策监评体系包含政策内外部评价者的参与，这有助于就政策中长期目标，政策的预期效益和非预期效益，政策的经济、社会、科技进步，政策的成绩和缺陷等开展综合性公平的评估。这种评估的结论，利用顺畅的信息传递和反馈载体，对未来政策的优化与改进，以及其余平行政策都将产生有益的影响。此外，"优惠政策"的监测与评价环节，自身同样又为一种政策沟通、学习和数据分享的过程，有助于强化各类政策制定、实施和利益相关者的能力。

（三）有利于适应新时代少数民族研究生教育改革与发展的迫切要求

"十二五"期间，我国民族高等教育取得了重大进步。少数民族研究生教育质量得到提升，研究生奖助学金体系全面铺开；少数民族高层次人才培养类型日益多样化；少数民族研究生教育快速发展，教育规模得到大幅增长，已逐步从规模壮大转为内涵提升；教育公平已获得本质性进展。"十三五"期间，我们在少数民族研究生教育中仍面临很多重大的挑战和机遇，如少数民族研究生教育的培养质量、少数民族学位与研究生教育的均衡发展、少数民族研究生教育的内涵提升、少数民族研究生教育师资队伍建设等问题，高效处理这些矛盾将大大提升我国民族高等教育发展的质量。而且，解决好这些问题必然需要民族高等教育政策的订立和施行。然而，毋庸置疑的是对现行"优惠政策"的实施开展科学规范的监测的缺位，将大大制约此项政策订立和施行的规范化、有效化、民主化及科学化。所以，在"十三五"期间强化对此项政策实施的监评已成为新时代少数民族研究生教育改革与发展的迫切需要。

（四）有利于克服"教育舞弊"现象

富有成效的"优惠政策"监评体系对于解决目前政策中的"教育舞弊"现象具有关键的作用。目前出现这种现象的主要原因是此项政策涉及面很广、政策措施多样、收集精准政策数据十分困难。另外，作为政策受益目标，少数民族学生对政策没有充分的认识，少数民族学生和政策执行者之间存在信息错位。虽然少数民族学生是此项政策的目标对象，但他们仅为政策的被动参与者和获取者。政策实施人员可能会基于本机构的机构利益和区域利益，不乐意主动同少数民族学生共享政策资源，以使自身在政策利益配置中获得利益最大化。富有成效的政策监评体系必须有少数民族学生的积极参与，以切实破除"优惠政策"实施中的"暗箱操作"问题，也有助于为教育行政决策部门提供精准的政策行为状态。并且，这些学生对政策监评的参与，能够培养其对政策的认知和认同，有助于鼓励他们参与"优惠政策"发展的激情和政策的科学发展。此外，参与政策监评对培养他们民主参与意识有促进作用，能够加快民族地区的民主化进程。

总之，即使"优惠政策"监评体系在招生工作服务管理中表现出很多优势，但其内在的潜力只有在其功能被视为操作过程中的重要构成部分时才可发挥出来。反之，倘若政策制定者不认可其价值所在，那么开展监测与评价工作的意义不大。好的决策人员必然需要一种良好的信息管理平台。然而，没有高效的管理和精心研制的管理结构，一个理念上完备的优秀平台也是难以发展的。

第二节 "优惠政策"监评体系的可行性分析

即使在我国已具备建立"优惠政策"监评体系的必要性,但在我国拥有构建此项政策监评体系的条件吗?监评体系的作用能得到实现吗?研究发现,构建此项政策制度化的监评体系的条件在我国已经全面形成,同时,该体系只要获得制度化的保障,就必将促进少数民族研究生教育投入效率的明显提升。

一、我国已基本具备建立"优惠政策"监评体系的技术、舆论和群众基础

我国研究生教育评价理论与实践可以分为1985~1993年的试点探索和1994年至今的制度化发展两个阶段。我国的研究生教育评价实践活动都可以归纳于合格评估和水平评估。合格评估也称为鉴定或认定,是指对研究生教育培养机构的基本办学条件、基本教育质量与基本教学管理的认可或认证制度,如学位授权审核、学位点定期评估、博士学位论文抽查等。水平评估是指对研究生教育培养机构办学水平的综合评估或对学科和学位论文的单项评价,并进行等级或排名排序,如全国优秀博士学位论文评选、国家重点学科评选、学科排名、研究生院评估等。同时,社会上的教育评价中介机构推出的研究生教育领域的各种排名也属于水平评估。合格评估和水平评估对我国研究生教育制度及评价制度的完善和发展起到了不可估量的作用。随着研究生教育理论和实践的发展,监评逐渐成为第三类评价范式。《国家中长期教育改革和发展规划纲要(2010—2020年)》中有10处表述"监测"二字,其中最集中反映这一评价范式的内容为"整合国家教育质量监测评估机构及资源,完善监测评估体系,定期发布监测评估报告"。监评的理念在环境、气象、网络、经济等社会领域运用不但广泛,而且很深入。教育领域,尤其是基础教育,教育行政部门为了实时监控区域基础教育的发展状况,开展了经常性、常态化的数据采集工作,实时对基础教育的发展做出评估判断,从而为制定更加科学、合理、有效的教育政策提供了决策依据,如"建立国家义务教育质量基本标准和监测制度","建立健全政府主导、社会参与的农村留守儿童关爱服务体系与动态监测机制","建立学生课业负担监测和公告制度"。这些凸显了国家教育行政部门在基础教育领域的监测职能,同时,也为"优惠政策"监评理论研究和评价实践指明了方向,奠定了基础。此外,教育系统电子政务的发展和完善,也为"优惠政策"的监评提供了技术上的可能。当前,国家教

育系统的网络信息化程度越来越高，相关机构的信息功能也已提档升级，电子政府平台也逐步在各级地方政府得到广泛运用，这对国家教育行政机构大规模采集"优惠政策"表现状态的基础数据提供了可行性。由于自改革开放以来，我国民族教育政策普遍转向强调民族地区发展和消除少数民族高层次人才匮乏瓶颈，"优惠政策"在所有民族教育政策中都占据重要地位，因此，在政策三级管理体制的各级部门都执行过此项政策，相当一部分教育行政主管部门也执行或接触过"优惠政策"的管理。在此项政策的实施和监管环节中，通常都进行了政策总结和结果的后评价，各级对政策监测与评价的理论与实践均有一定的了解。可以发现，在我国少数民族研究生教育领域构建"优惠政策"监评体系已初步形成了技术、舆论及群众基础。

二、我国已基本具备建立"优惠政策"监评体系的物质基础和网络基础

改革开放以来，为了加大少数民族高层次人才培养的力度，我国政府制定了一系列政策，尤其是在少数民族研究生教育领域制定了招生优惠制度，取得了显著的成效。目前，作为各级教育系统的行政部门，我国的少数民族研究生教育招生系统已基本形成了一个从国家级到培养单位层面的系统、完善且包含各级民族工作部门在内的体系。这一体系的完善，为低成本建立我国"优惠政策"监评体系创造了物质条件。同时，这个体系完全可以用于完成及时、准确的数据收集和信息传输等监评体系的核心业务，是监评体系较为理想的网络构架。

三、我国已基本具备建立"优惠政策"监评体系制度化的外部环境

目前，我国政府内部致力于加强公共治理能力和治理体系的提升，全面从严治党使得党内民主政治稳定有序发展，为构建"优惠政策"监评体系提供了政治上的生态环境。研制一套科学规范的政策监评体系，是党和国家在少数民族研究生教育领域科学执政、民主执政、依法执政得以稳步推进的关键，也是破除教育政策"项目腐败"，维护政治责任的需要。在法律层面，当前我国政府正大力推行全面依法治国战略，为教育领域订立了一大批相关法律和政策，这给"优惠政策"监评体系的建立赋予了法律保障。从认识上，法律意味着国家主体订立，并通过国家法制系统保障运行，明确当事人的权利和义务，带有普遍约束效果的基本规范。在"优惠政策"的监测与评价过程中，应当确保依

法治理，相关的法律文件包括《中华人民共和国教育法》《中华人民共和国高等教育法》《中华人民共和国民族区域自治法》等，而相关的政策文件和会议要求包括《国务院关于加快发展民族教育的决定》、历次中央民族工作会议精神等。因此，随着我国深化教育领域综合改革的不断推进，"优惠政策"各方利益相关者对此项政策的关注参与度将持续提升，"优惠政策"实施质量和效益状况必将引起制定机构和监督机构的高度重视，必将增强这一政策制定部门和实施部门对少数民族研究生教育投入的责任心，促使相关方优化服务，所以也必将造成对政策监评体系的自发的强烈需求，继而为建立此项政策监评体系创造主观条件。

综上，本章首先从少数民族高层次人力资源的供需矛盾入手，对我国少数民族研究生教育的贡献及少数民族研究生教育战略转型进行了探讨，指出少数民族研究生教育战略转型期提高政策质量和效益急需"优惠政策"的监评。其次，充分探讨了"优惠政策"当前的管理模式的缺陷，其集中体现在缺乏连续的监测机制和信息反馈机制，缺乏中介机构和专业机构的参与。此项政策的复杂性使政策短期监督检查方式很难得出全面的评价，也容易导致政策制定主体与政策执行主体结成利益共同体。此外，政策计划编制的可行性研究也不规范。最后，本章指出了建立"优惠政策"监评体系的必要性，主要是有利于促进政策投资决策的科学化，有利于全面评价政策的表现和效果，有利于适应新时代少数民族研究生教育改革与发展的迫切要求，也有利于克服"教育舞弊"现象。我国具备了建立"优惠政策"监评体系的必要性，本章重点讨论了建立"优惠政策"的可行性。通过对我国少数民族研究生教育招生管理系统的技术基础、物质基础及外部环境条件的分析，笔者认为在我国建立"优惠政策"监评体系是可行的。

第三章 "优惠政策"监评体系执行系统构想

构建"优惠政策"监评体系是深化我国教育领域综合改革，提高少数民族研究生教育投入效率，促进少数民族研究生招生决策规范化、服务体系化的重要措施。即使监评体系难以达到立竿见影的效果，但能够肯定的是科学规范的监评体系是提升少数民族研究生教育投入效率的有效手段。为了建立富有成效的"优惠政策"监评体系，本书认为应当思考我国少数民族研究生教育的特征，按照建立部门、分层担责及信息反馈网络化的趋势，逐渐探索构架监评体系的机构系统与制度系统，即监评体系的执行系统。

第一节 "优惠政策"监评执行机构系统构想

通过前文的分析，我们可以认为在我国建立少数民族研究生招生优惠政策监评体系既有必要，又有可能。鉴于我国少数民族研究生招生政策投入系统与服务模式，以及少数民族研究生教育的特征，我们在构建"优惠政策"监评体系过程中应基于国情，以全面展现监评体系职能为基础，建立满足我国现状的分层决策的监评体系机构系统。在监评体系制度系统制定中，要保障制度的科学化和功能的分层化需求。

综合且健全的监评机构是保障监测效果的制度要求与实物载体。但是就我国情况来看，即使构建少数民族研究生教育系统的监评体系也难以在短时间内完成。所以，本书认为构建我国少数民族研究生教育系统监评机构应分为两步。第一步，在教育部、国家民委及省教育厅、省民委执行的重大少数民族教育投入项目内设置相对独立的专职的"优惠政策"监评部门，也就是在国家级、省级及政策目标的地区级、县级政策制定和实施机构内设置相对独立的专职的监评部门，构建功能齐全的政策级的监评体系，实现"优惠政策"的整合监评，同时，为建立健全全国范围内的统一的政策监评体系积累经验。这种制度只需动用部分人财物资源，而且我国相当一部分地区并未实施少数民族研究生教育招生优惠政策，依靠目前的教育应用系统，完善已应用的技术手段，此类模式能够在较短时间内构建并起作用。然而，这一监评体系往往仅能对部分重大政策开展监评，监评范围不广，信息化程度不够，体系化不足，很难达成对国家级的"优惠政策"、项目、方案等的高效监评，难以很好地承担民族高等教育系统监测评价的任务，所以，一旦此种制度运行到了一定时期，就必然需要构建一套国家级统一规范的少数民族研究生教育系统监评机构，也就是"优惠政策"监评体系构建的第二步。教育部与国家民委联合构建最高层次的少数民族研究生教育系统及监评机构，省（自治区、直辖市）、地方政府教育机构和民族工作部门也成立对应的监评部门，各级监评机构在本层范围内拥有相对独立性，直接向本层机构及体系最高级别管理机构负责，实现一种综合性、信息化、畅通的信息反馈监评体系，最大化展现少数民族研究生教育系统监评体系的功能。"优惠政策"监评体系机构系统示意图如图 3-1 所示。

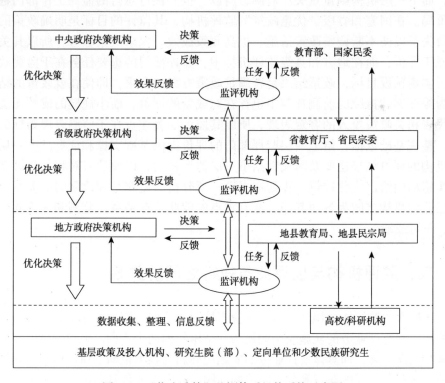

图 3-1 "优惠政策"监评体系机构系统示意图

第二节 "优惠政策"监评体系职责框架构想

本章第一节构建的"优惠政策"监评机构框架层次较多，这同我国地大物博、管理服务部门复杂的分层决策国情是相符的。按照各负其责和一致性标准，借鉴世界发达国家和我国已运行政策的经验，笔者对国内不同层级"优惠政策"监评机构的职责框架给出以下构想。

一、不同层级监评机构之间的关系

根据世界发达国家和相关国际组织不同层级监评机构之间的关系，不同层级的监评机构称谓有可能保持一致，如都命名为监评局。然而，各类监评机构在监测与评价工作中关注的要点方面存在显著的分工差异，上一层机构关注评价，而下一层机构则重点关注监测，所以，世界银行总行的监评工作部门称为评价局。在国家和省级"优惠政策"监评机构，其监评的目标是明确政策的成败得失，以便不断调整政策措施、提高政策成效、探求决策参考，所以其关注点在于评价；而在地方和县级监评机构中，监评部门的重要任务在于监测政策能否实现预设目标，政策结果是否满足政策方案的要求，即使在就政策的结果行为等开展的持续的监测环节中也存在对成效的评价，而小规模的成效无法切实代表相关政策投入的客观表现，所以其监评的关注点在于监测表现指标的动向，整理基础数据，给上一层监评部门的评价提供基础支撑和证据。上一层监评机构的评价结果还要及时反馈给下一层监评机构，以便适时对相关政策制定和实施部门给出优化建议。正如本书第一章分析的监测与评价之间的关系，上下层监评机构之间为各司其职、互有重点的彼此依存关系，监测和评价同样重要，不可或缺。

二、监评机构与监评业务执行之间的关系

各层次的监评体系构建之后，就应当按照相关监评制度开始实施。而监评制度的实施和监评业务的实施应当归属为一个事物的两个方面。监评制度的实施应归属为制度部署，而具体监评业务的实施应归属为技术范畴。所以两者应该区分清楚，避免产生新的职责和分工不明的问题。在实施监评环节中，从世界发达国家和国际机构的经验发现，监评工作技术含量较高，应该将第三方机构引入其

中，特别是高水平要求的监评工作应包含更多的外部单位和评价者，而且要协调好自评和独立评价两者的关系，每一项政策都应当构建监评机制，并按照特别要求对相关政策必须开展独立评价，由此可以获得公平、公正、客观的监评结果。内部独立评价者必须是与政策执行无关的人员。

第三节 "优惠政策"监评体系制度系统框架构想

即使监测与评价作用得到相关机构的认可，并建立健全了监评的部门，但也难以确保监评的作用一定会发挥功效。按照多数国际机构以往在促进发展中国家开发监测评价能力的情况看来，如果没有科学规范的制度保障也难以形成正规的监评体系，也很难切实起到监评的效果[①]。其中，监评制度同制定和利益配置的关联机制是此体系可以产生效果的基石。倘若这类关联机制尚未形成，那么所有其他活动仅能成为一种形式并演变为纸上谈兵之事。所以，在建立"优惠政策"监评体系的过程中，自启动之初就需要考虑监评制度的建立。从世界发达国家和国际组织及国内政策评价实践的情况来看，在可以实现上述前提的状态下，仍有必要从以下几个制度层面保障体系构建。

一、标准化的报告和操作制度

这项制度关键是定期通过"优惠政策"各级监评部门向上层次部门呈报报告和表格，持续性地监测此项政策状况，及时找出问题，总结经验教训，优化政策服务，给政策制定者提供决策参考。

二、周期性现场调查、分析及讨论会制度

监评者定期调研"优惠政策"实施一线，从政策各类利益相关者尤其是目标对象中采集实施状态、成效和表现等一手数据，并且能够实现逐层培训和督查的功能。有关监评过程中产生的新问题、新手段、新状况等能够以讨论会形式有效

---

① Schaumburg-Mull H. Evaluation capacity building-donor support and experiences[R]. Copenhagen, Denmark, 1996.

处置、解析或应用。

三、构建相对独立的监评制度

　　有关独立评价制度的问题，世界银行等国际机构已经探索了很多年，获得了一定经验。独立监评制度的构建，重点在于政策最高层对监评的意义具备充足的认识，监评部门具有直面问题的决心和说明问题的权利。世界银行直接将监评报告呈报给董事会予以发布，不进行任何调整，即使报告中的结果会引发董事会和大众的问责。世界银行原负责人普雷斯顿曾表示："这些报告的发布可能会对我们进行问责，但倘若我们刻意回避它们的发布，结果会更加惨痛。"①由此说明，政策最高层的认可才是建立独立监评制度的保障。

四、建立内部监评和外部评价相结合的制度

　　受知识结构、技术手段、队伍建设等多种因素限制，即使构建了独立的监评制度，内部监评也无法保证监测结论的精准及评价结果的公正。而且，从体制的角度，只存在内部监评是很难获得社会认同的。所以，在探索构建"优惠政策"监评制度时，借鉴国际通用的内部监评和外部评价相结合的制度是确有必要的。一般情况下，凡是确立了监评制度的政策都需要开展年度性的外部评价。参与外部评价的部门和评价者在政策实施中不能是同一对象。

五、构建强制性监测和选择性评价制度

　　换句话说，就是要针对政府投入的一切少数民族研究生教育政策、方案和规划等构建强制性监测制度，对招生计划较多的少数民族研究生招生优惠政策应有针对性地建立评价制度，对我国所有少数民族研究生教育政策和方案的实施状态和成效构建评价制度。

六、构建国家级的周期性"优惠政策"评价制度

　　我国地大物博，区域发展差异，且少数民族研究生教育政策又对发展差异表现很强的敏感性；再加上国家管理体制复杂，少数民族研究生招生优惠政策的执

---

① Baird M. The role of evaluation[R]. Washington，D. C.：The World Bank，1998.

行自中央到地方要通过省、地、县、乡、村等多层服务管理部门，才能落到政策目标对象少数民族学生手中，所以信息传递的误差不可小觑。各个区域和各个级别的监评部门对"优惠政策"的解读很可能存在偏差，甚至会导致混乱。因此，对于"优惠政策"，国家应该建立少数民族研究生教育系统级的监评机制，按照少数民族高层次人才在高校培养的周期，以 3~5 年为周期开展评价。实际上，马来西亚和印度尼西亚等国均采取这类分散决策的方式，在各级机构构建了健全的教育体系评价制度。值得重视的是，类似世界银行提到的，综合评价最后应当合并到国家教育综合评价系统中，才能高效实现监评的功能。

综上所述，本章通过分析现阶段我国少数民族研究生教育政策运行的环境，认为"优惠政策"是在科学理论的指导下制定出来的，政策集社会问题、民族问题及教育问题于一身，具有综合性和复杂性；此外，"优惠政策"的实施成效提升，需要配套与政策对应的措施，政策各子系统的协调和各级行政执行机构的实施也才可以得到保障。这些都决定了我国少数民族研究生教育招生政策监评体系必须有自身的特点。在此基础上，根据决策分散化、制度统一化、职责分层化、信息网络化的原则，提出了建立我国少数民族研究生招生优惠政策监评体系的机构系统方案和制度系统框架。

第四章 "优惠政策"监评指标系统研究

"一项好的政策可以在没有直接投资的情况下产生极大的社会效益和经济效益，一项坏的政策可以使巨大的政府投资化为乌有，甚至产生负面效应。"[①]我国少数民族研究生招生优惠政策执行了30多年，这一特殊的优惠手段，是政府在特殊的历史环境中为少数民族和民族地区经济社会发展而制定的研究生教育政策，以帮助他们加快发展研究生教育事业。当前，我国少数民族研究生招生优惠政策获得了哪些成效？在如今社会转型过程中，社会市场经济条件下，此项政策又将怎样调整以满足时代发展的需要？如何继续保持它对民族地区培养高层次人才的政策导向意义和效果？这些都需要对我国少数民族研究生招生优惠政策的成效开展监评，由此作为监测、评价和思考我国少数民族研究生招生优惠政策是否延续、改革或撤销的关键依据。

对政策成效开展评价和考量，应当按照一定的考察标准和监评依据，即政策评价的标准和指标。评价标准和对应指标成为对政策方案、政策实施和政策成效开展评价的标尺。只有依据科学的评价标准并挑选出对应的指标，才能对政策成效开展科学和规范的评价。少数民族教育优惠政策与民族地区经济社会发展息息相关，因此对这类政策成效的监评从一开始就表现了多元化的价值取向。学术界呈现了补偿观、差异观、多元观及适切观等价值取向。同时，多样的监评主体操持的价值观也不一样，本书在对现存的民族教育优惠政策监评标准和指标进行梳理的基础上，结合对"优惠政策"各方利益相关者的实地调研和搜索到的信息，尝试建构"优惠政策"监评指标系统。

---

① 袁振国. 教育研究重心的转移[J]. 教育研究，1999，（7）：11-14.

第一节 选建"优惠政策"监评指标系统的原则与方法

从政策的定义可知，任何政策都有其预先设定的目标和目的。"优惠政策"同样如此。为了考察政策执行过程中和政策完成后实现政策预设目标或目的的状况，应当构建一种参照系，即指标系统。指标系统通常由一系列彼此关联的指标组成，指标是监评系统的主要构成部分，它们表达了各类手段在一定环境下所造成的变化的标志，赋予了政策行为在实现政策目标的过程中的依据。这类预先设置的指标可以帮助大众明确政策结果同政策目标之间的相关程度和政策完成度。因此，指标系统在政策的监评过程中发挥了尤为关键的作用。

一、选择监评指标系统的原则

指标表达的是监测给定状态产生变化的变量，所以指标成为监评中考察政策行为的关键手段。指标不是目标，不能将两者混为一谈。目标是用规模或时间（往往是同时以这两类形式）表达的特殊的结果，而这种结果可能与投入、产出、成效或效益相关联。指标是用来实现中长期目标的一类标识，它自身并不是量化的目标。例如，一种民族教育精准扶贫政策，政策的目标在于解决民族教育脱贫问题，为了考察政策目标实现的情况，通常采用少数民族人均受教育年限作为指标，但目标则为用所选的指标对政策的量化。为了考察政策的关联性、行为和效益等，有必要挑选相应的指标并按照政策目的和目标构建合适的指标系统。

指标是代表政策发生改变的变量，它往往具备两类表达方式。一类为直接指标，也就是能够直接表达政策改变的特点。例如，投入产出指标比较容易准确收集。类似这种具备客观测试标准的事实和事务，对它开展测量统计比较容易，都能够采取直接指标来考察。即使这样，挑选恰当的监测指标也并非一帆风顺。例如，直接利用"死亡率"来考察精神疾病治疗对策的成效，它必须通过较长时间才能获得，在小规模内其监测值是不具备强有力的解释性的。所以，在此时即使能够挑选直接指标进行考察，但更加可行的手段是选择另一种"代理指标"。也就是说，在政策监评过程中，要获取有效指标难度很大，如对于民族教育政策对少数民族和民族地区经济社会发展的影响，其结果就很难开展直接的测量和考察，如此状态下，就有必要采取对应的间接指标，或用"代理指标"来表达和考察。例如，考察上述情况下的心理健康成效，选择受过训练的精神科医生的就诊率、治疗仪器可使用率及使用频率等，这些能够视作"间接指标"。通过"间接指标"进行考察，最关键的是必须明确间接指标与直接指标之间的关系。

即使我们能够通过直接指标和符合要求的间接指标来表现政策的改变，但考虑到"优惠政策"自身政策行为的多元化和目的的多样化，构建一种健全的监评指标系统实属难事。为了让被挑选的指标可以满足监评的要求，对此项政策的监评应树立严格的作风并且应在执行过程中依据对应的标准来增强监评自身的规范化。按照彼得森的说法，在其余公共政策领域还没有类似教育政策研究的具体理念和技术[1]。所以，教育政策监评的原则就应当基于公共政策评价的一般原则。公共政策评价指标研制一般依据 SMART 原则，"优惠政策"监评指标体系能否健全同监评结论的精确性紧密相关。按照少数民族研究生教育现状，研制这一政策监评指标体系应当依据科学性、系统性、有效性、可行性和可比性等原则。

（一）科学性原则

选定指标应当依据科学性原则，在按照理论基础挑选指标时，要准确掌握指标的维度，要能够代表着指标的本质；此外在研制指标过程中，对指标的命名、选项、界定、单位、本质和计量手段等，都必须拥有足够的信效度。

（二）系统性原则

"优惠政策"的监评由事实维度和价值维度两方面构成，所以对挑选的指标体系应当拥有充足的覆盖度，可以代表评价的系统性特点。构建的监评体系应当拥有规范的分层，能够划分成一级指标、二级指标、三级指标等几种层次；此外，我们在挑选监评指标时，应当注意保持一定的差异性，并具有相对独立性，回避一些含义相近或相关性较高的指标。

（三）有效性原则

"优惠政策"监评指标体系必须从政策本身的内涵和组成结构出发，可以切

---

① 肖远军，李春玲. 教育政策评价的概念、类型初探[J]. 西华师范大学学报（哲学社会科学版），1995，（6）：49-51.

实有针对性地表现此项政策的事实执行状态，而且要同被监评的政策价值取向和目的统一起来。在计量分析中，往往采取效度来说明指标体系有效性的程度。

（四）可行性原则

建立监评指标体系的目标在于就"优惠政策"的执行成效开展有效的评价，可行性原则要求选取的指标体系具有可操作性，相关信息数据具有可获得性，能够利用文献搜集、调查问卷或实地考察等方式获取；信息数据要可计量，应尽可能地挑选能够转化为可测量信息的指标。

（五）可比性原则

政策成效的监评是基于指标体系对政策成效的影响开展的研判过程，只有确定各项指标的内涵、用途等情况，从纵向和横向上对监评结论进行对比，才能更好地掌控政策水平及发展方向。另外，同一级别的监评体系也应当具有可比性，避免各项指标作用重复，要能够综合、切实地展示政策成效的监评情况。

以上五个原则比较全面地概括了"优惠政策"应当贯彻的根本原则，其中要尤为关注差异性，掌控此项政策的本质方可实现符合各方利益相关者诉求的监评。

二、选择指标和建立指标系统的方法

选择和构建政策监评指标系统的环节，并非在政策启动后才予以实施。相反，这个环节必须从开始制定政策时就纳入其中。在政策制定阶段就应当设计监评指标。在构建指标系统时还必须同时思考以下几种问题：①何为政策的目标？②政策对象是谁，他们的诉求或期盼是什么？③预计政策结果会产生什么改变？④政策目标将怎样有效地实现？⑤以何标准来判断政策是否成功？通过提出和解答以上问题，构建问题树和目标树，从中挑选能够代表政策变化的监评指标。为了构建满足事实的有价值的指标系统，还应当对这些备选指标按照以下原则进行进一步筛选：①指标能够明确表达政策的短、中、长期目标吗？（如短期目标是培养少数民族高层次人才，中期目标是提高高层次人力资源利用率，长期目标是促进少数民族和民族地区经济社会发展）②指标能够被目标对象与各利益相关方认可吗？③信息采集的投入效益如何？只有当这些原则都满足之后，才能将这些备选指标作为最后正式的监评指标。

在设计政策时，政策的各个利益相关方（包括今后会参与到政策实施的部门和目标对象）也要一起挑选监评指标。在政策实施阶段，因为政策环境的改变，经各方同意可以对所选的监评指标进行调整。各方的参与有助于提升他们对所设计的政策结果的认可度和责任心。数量与质量指标均需要按照所评价的政策的特征来确定。例如，效率是一个简单易得数量指标，但倘若考察发展性、公众对环境变化的适应情况、公众的认知和活动等则应当采用质量指标来评价。此外，还有其余一些手段（如快速评价、目标对象评价、结构性研究等）能够把质量评价指标转变为数量评价指标。一些过程由于投入过大、问题太过突出或时间冲突，其状态很难衡量，则可以用代替指标判断政策发展的趋势和潜在的问题。

伴随着公共政策评价的完善，教育政策监评指标的选择手段更加多样化。公共政策评价采取定性研究与定量研究相结合的方式对公共政策带来的价值进行对比研究，如政策分析、评价研究、社会研究等，关键在于解决好事物自身的性质同技术本身相符程度的问题。所以，要选择恰当的"优惠政策"监评指标，必须从一开始就明晰此项政策的本质与执行状况，挑选恰当的方法。"优惠政策"的不确定性和模糊性，以及在现阶段具有的强大生命力，使选择让各方都满意的指标系统几乎难以实现，只有与相关参与者不断调和，才能研制出一种满足现实的、可行的、有价值的指标系统。

第二节　构建"优惠政策"监评指标体系

政策监评的目标是持续地挖掘、研究、调整政策与实际实施中存在的偏差，以便让政策达到更好的效果。指标系统要能完整地记录和描述政策规划、政策实施过程、各阶段的成效、政策效益和效果等方面的改变，所以，构建"优惠政策"监评指标体系应密切联系以上需求。

一、"优惠政策"的监评标准

本节首先从探究我国民族教育政策评价分析标准的历史发展情况着手，以政策结果为导向来分析"优惠政策"执行成效的特征，在此基础上提出"优惠政策"的监评标准。

（一）我国民族教育政策评价分析标准的演进

我国民族教育政策评价分析标准主要经历了"均等观—差异观—多元观—适切观"的发展过程。

1. 民族教育政策评价的均等观

按照美国学者古贝及林肯的观点，政策评价已经发展到第四代。第一代评价无视价值观；第二代评价要求价值中立；直到"主张社会实验"的第三代评价，才开始纳入评价主体的价值涉入问题。"价值无涉"及"价值涉入"是一个相互对立的观点，牵涉科研问题的伦理要求。科研工作中价值无涉是指研究人员不受主观价值及指标的干扰，完全客观；而价值涉入则代表研究人员在工作中事先就形成了一定的价值选择。换句话说，政策评价必定存在"对错"及"是否适切"的问题。评价主体对政策的认识和基于的不同利益视角，导致了评价主体在政策评价时操持多样化的价值选择。"政策定义对政策评价的结论和过程都会产生影响，所以，政策评价结论在很大程度上受到政策评价人员采纳哪种定义的影响。"[1]并且，政策评价人员对政策理解不一致，导致政策分析过程的不一致，继而导致评价结论的多样化。鉴于此，古贝把"第四代评价"界定为"回应性的建构性评价"，即注重强调"利益相关者的诉求、冲突和博弈等回应性表述"[2]。在教育政策评价发展进程中，评价主体所持的价值取向由一元转变为多元，最为典型的是均等观、差异观、多元观及适切观等。

如果评价主体对民族教育优惠政策持均等观的价值取向，这表示他们对政策的理解更加倾向于"将教育资源在各族人民中均衡配置"的政策为好政策。教育公平的认识情况比较多样，按照前文所述，部分学者从法律视角把教育公平解读为受教育权利公平，也有一些学者把"教育公平"、"教育权利公平"及"教育机会均等"等关键词混用。中华人民共和国成立后，研究者对教育公平的理解逐步从"受教育权利公平"转变为"教育机会均等"。一些研究人员指出，中华人民共和国成立之初的教育经历了使"革命要求"和"公平要求"相融合的过程。在马克思主义教育理论的指导下，本着遵循社会公平正义的社会主义基本原则，教育公平的意义十分重大。在现实中，教育公平的问题仅仅在工农子女范围内存在，表现为阶级内部矛盾。而在"文化大革命"时期，强制调整城乡教育资源分布的行为，使对教育公平的追求逐步发展为"企图破坏

---

① 袁振国. 教育政策学[M]. 南京：江苏教育出版社，1996：158.

② 陈庆云. 公共政策分析[M]. 北京：北京大学出版社，2006：202.

和超越'文化资本'的积累，用'革命'的手段转变工农群众的文化弱势地位"的一类失败的探索。这一阶段之后，教育公平的目标逐步从教育权利公平调整为教育机会均等①。

西方国家对教育公平的研究大多以教育机会均等为起点，学界普遍认为这种研究视角始于詹姆斯·科尔曼（James Coleman）在 1966 年撰写的《教育机会均等》的报告（一般称作《科尔曼报告》），这个报告对美国教育界产生了深远的影响。该报告认为，学生家庭成长环境（社会经济地位）的影响要比学校教育资源投入的影响更大，由此引发了公众对教育公平的新思考。在他看来教育机会均等可以从四个标准界定：①教育系统的进入均等；②参与教育的机会均等；③获得的教育结果均等；④教育对将来生活状况的影响均等。现代社会，研究人员关于这一问题的探讨，也大多基于《科尔曼报告》的视角。部分学者从经济学、政策学、法学等视角，挖掘教育机会均等的理论基础、政策架构、立法依据等；也有部分学者通过丰富的田野调查认识到，不同民族和区域的学生由于家庭的因素，其接受教育的机会存在差异；还有一些学者按照政策实践状况，判断政策对教育机会均等所发挥的功效。国内研究人员从多学科的研究视角判断这一标准的科学性、可行性和理论性等，结合庞大的田野调查数据和调查报告来判断其实施状况。均等观在历史上相当长的一段时间内占据着教育政策评价的主体地位。

2. 民族教育政策评价的差异观

在罗尔斯看来，社会实现公平正义需要遵照机会公平和差异相结合的原则，而机会公平原则比差异原则更优，这就是罗尔斯公平正义论的第二原则。均等观更倾向于一种"同质的平等观"，而同质的平等观和差异的平等观却表达了两种截然不同的正义要求。同质的平等观代表了原始的公平，而差异的平等观则代表了现实的公平，因为它承认了每个人都有自己特殊的价值和实现这种价值的权利②。英国政治哲学研究人员巴利在提及教育问题时，认为受教育对象之间存在"累积性的优势和劣势"之别，他从民族、家庭社会经济状况、长辈受教育水平等方面，探讨了受教育对象之间的"先天"差异是如何逐渐积累起来的。在他看来，公共政策能够为这种状况提供转机，"要制定能够转为对向方向的巨大的利益链接，由此限制上代的优势传递到下一代的行为"③。事实上，在多民族国家或地区，居于偏远山区的、教育背景和主流文化差异很大的民族，常常在以主

① 杨东平. 从权利平等到机会均等——新中国教育公平的轨迹[J]. 北京大学教育评论, 2006, （2）: 4.

② 劳凯声，刘复兴. 论教育政策的价值基础[J]. 北京师范大学学报（人文社会科学版）, 2000, （6）: 10.

③ 巴利 B. 社会正义论[M]. 曹海军译. 南京: 江苏人民出版社, 2006: 86.

流文化的要求为博弈原则时，处于"先天的"弱势地位。因而，出现了以"补偿"为原点的教育政策价值选择。

民族教育优惠政策存在的差异取向除了一般的教育公平意义之外，还表现在对民族教育水平本身存在的差异现象的认同。一般而言，各个民族在历史发展中出现教育差异的因素主要表现在：①文化背景。主要是地域、气候、植被等地缘差异，使得民族之间的生存方式需满足生态要求，由此引发了多样化的文化，产生了不同的区域性认知。但不管是在学校教育中，还是在评判不同民族或区域的教育发展状况时，所采纳的判断标准基本上以主体文化的知识和价值体系为主，这就使某些少数民族处于相对弱势地位。②经济元素。事实上，民族地区通常居于内陆腹地或边境地区，经济发展水平落后，造成了教育资源稀缺、设备不完备等现象。③政策原因。主要表现为国家教育投入的力度方面，政府扶持是补偿经济差距的重要渠道。④社会元素。区域本身对教育的重视程度不同。例如，由于高等教育扩招导致学历泛滥等问题，极易引发新一轮的"读书无用论"。

差异观在认识到教育发展水平差距的事实上，为民族教育优惠政策的科学合理性进行了正名。教育发展的状况在我国汉族和少数民族之间存在差异，而民族教育的发展情况也尤为复杂，确实存在部分民族的教育还处于扫盲状态，但也存在一些民族的教育水平多年前就超出了汉族水平。例如，根据各族人民接受教育的年限状况来看，我国满族平均受教育年限最高，20世纪90年代初就达到了7.42年，而2005年则提高为8.64年；汉族居于次位，2005年达到7.98年；居于末位的民族是苗族，仅达到5.84年。其余民族的平均受教育年限都很低。对各族人民中获得较高教育水平的人口比例进行分析可以发现，汉族在20世纪90年代初仅有12.3%的人获得了高中及以上教育；满族人中获得此类型教育的比例高达15.6%；回族人中获得此类型教育的比例为12.3%，与汉族持平；维吾尔族获得此类型教育的人口比例仅为10.7%；其他民族获此类型教育的人口比例均低于8%。2005年，回族人口中此项比例上升至全国各族人口中的最高水平，增长至23.6%，其次为满族（21.8%）和汉族（21.1%），维吾尔族是14.6%，壮族、苗族分别已经发展为14%和9.6%。[①]所以，把民族教育单一地划分为"民汉"的方式已无法满足日新月异的教育现状。"民族教育在纵向（单一民族内部）及横向（各民族之间）上都发生了改变，社会分层及资源分配必须进行重新调整和配置。"[②]国内研究人员提倡在民族教育优惠政策调整中，把学生民族、生源地、教育阶段等因素综合考虑，改革为有差别的、阶梯式的教育政策优惠区。

---

① 王美艳，Hannum E. 1990年以来中国各民族人口教育发展研究[J]. 人口学刊，2012，（3）：60-71.

② 滕星，马效义. 中国高等教育的少数民族优惠政策与教育平等[J]. 民族研究，2005，（5）：10-18.

3. 民族教育政策评价的多元观

学界普遍认为,多元观的价值取向在差异观的基础上进行了深化。研究人员对教育政策评价多元观的认识存在差异。一种观点认为,评价教育政策的价值选择多元化的根本原因在于教育政策本身的多元价值。例如,孙绵涛教授指出,"教育政策的价值是多方面的,多元的教育政策价值需要多元的教育政策价值取向"①。而另一种观点认为,由于教育政策评价的主体是多元的,因此对教育政策的评价也是多元的。另外,还有一种观点指出,因民族教育政策对象的特殊性,要求采取多元角度来评判该项政策,这一认识同多元文化教育理念紧密联系,指出教育政策应该为这种理念的达成做贡献。例如,王鉴教授认为,我国民族教育政策法律法规保障了少数民族的受教育权,尤其是他们迈向主流社会的受教育权,"忽视对民族教育在传承和发展少数民族文化中作用、角色的规范"②。事实上,还有第四种观点,该观点众多教育政策评价多元认识都应当划归为多元正义思想的表现。

美国政治哲学家沃尔泽(Michael Walzer)从利益配置的层面对社会正义进行重新解读,并提出了对罗尔斯正义原则的批判。在他看来,现实社会是一个复合平等体,正义是多元化的。从利益配置的视角出发,任何一种物品都无法成为支配的措施,对社会不同物品(社会的善)的配置,要坚持多样化的标准、原则,并通过多种组织实现③。同时,他指出社会公正表现为"通过对社会成员的忠诚来共享信息过实质生活",他认为,一旦公众出现了对"社会的善"配置上的问题和冲突认识时,社会正义就应当为这些不同的声音提供表达的场所,并采取替代性配置。

从沃尔泽的观点能够得出,多元观是在认可公共善的配置的基础上,对不同的物品需要不同的配置手段。沃尔泽这种多元正义论对配置的理由做出了说明,"目前的政治是过去政治的延续,它为正义的配置提供了一种无法回避的事实"④。这类多元正义的基本表现方式为,在以往配置的条件下,在一定时间范畴内对社会公共善进行配置。然而,多元正义观还要求"对任何一种物品的配置是否公平正义应当随着时代的发展而发生改变"⑤。这就说明多元正义观是一种动态变化的认识。

因政策评价主体对政策的认识受认识深度和立场等因素的影响,研究人员操

---

① 孙绵涛. 试析教育政策伦理的局限性——一种后设伦理学分析的视角[J]. 教育研究, 2012,(7): 6.
② 王鉴, 秦积翠, 栾小芳, 等. 解读中国多元文化教育[J]. 贵州民族研究, 2007,(1): 149.
③ 沃尔泽 M. 自由诸领域[M]. 褚松燕译. 南京: 译林出版社, 2002: 15-25.
④ 沃尔泽 M. 自由诸领域[M]. 褚松燕译. 南京: 译林出版社, 2002: 35.
⑤ 丁道勇. 基于多元正义原则的教育公平观[J]. 教育科学, 2012,(6): 10-14.

持的政治哲学观点的正义同大众认识的正义存在差别，在现实中易造成"外来标准同本土正义标准相抵触的现象"①。但因为"社会的善"的配置在各个领域内是多样化的，对社会正义适切的标准不一定就适切于教育领域。对于教育领域内的问题，不仅要照顾社会与教育之间的紧密联系，还要关照教育相对于社会的独立性。"教育均衡发展的需要，是一种以反对和去除差异为特色的分配方案。然而，现代教育理论正是承认差异为特色的。教育领域对均衡的期盼是对社会需要的满足，对自身'个性要求'的摒弃。"①站在教育本身的多元角度进行教育政策评价是教育政策评价多元观的一种新认识。

4. 民族教育政策评价的适切观

教育政策是教育系统中的公共政策，由于"教育政策行为的特别化和教育政策资源分配的特殊化"②，教育政策分析就体现出与一般公共政策分析的不同之处。我国民族教育优惠政策是党和国家为了促进教育均衡发展，对少数民族和民族地区的教育采取的各类优惠措施。作为教育政策领域中的一项特别举措，它基于加快民族教育事业发展的战略需要，具备事实上的背景。因为这类教育优惠措施在政策目标、实施目标等方面的特点，对其开展研究的视角也必须同公共教育政策的研究区别开来。过去的很多研究成果中，"研究者往往注重对政策工具本身的分析，而忽视对政策环境的研究"③。政策评价的复杂性源自政策订立、实施、评估全过程的复杂性，并且遭到评价主体价值取向的限制。通常来讲，教育政策评价主体包含政策制定者、分析人员、相关利益群体和一些无关群体。政策制定者主导的政策评价注重对政策成效的考量；分析人员主导的政策评价注重学科；利益相关者关注受益程度；而利益无关者则注重政策执行的优惠以及是否导致"逆向歧视"等问题。以促进教育均衡发展为目标的我国教育政策，肩负着实现教育公平的历史使命。只有政策全过程适切，优化教育资源分配，才能让政策手段发挥最好功效。就我国民族教育优惠政策来讲，分析人员应当掌握政策理论与实践对民族教育发展的价值和意义。

我国民族教育优惠政策的理论与实践承担着我国教育事业及民族事业兴旺发达的重要任务。宏观层面上，"我国各个民族在历史发展进程中有着不同的文化背景，这也是各民族在生产生活方式上存在的区别于其他民族的理念、观点、习性、价值选择和行为特征"④；微观层面上，"用民族作为区分优惠对象的唯一

① 丁道勇. 基于多元正义原则的教育公平观[J]. 教育科学，2012，（6）：10-14.

② 刘复兴. 教育政策的四重视角[J]. 清华大学教育研究，2002，（4）：18.

③ 彼得斯 B C. 公共政策工具：对公共管理工具的评价[M]. 顾建光译. 北京：中国人民大学出版社，2006：47.

④ 吴晓蓉. 我国民族地区学校教育质量提升对策研究[J]. 民族教育研究，2009，（6）：80.

原则已无法满足弱势群体的现实要求"①。对不同背景条件下的对象相同对待，本身就是一种不公。教育公平是教育民主化的标准之一，而且是考察国家教育发展水平的关键指标②。如果不同民族之间存在背景条件上的差异，那么，鉴于社会公平正义的原则，就应当在实际的竞争或受教育过程中实现教育过程的公平，即在教育过程中受同样的对待③。换句话讲，倘若一个政府在执行教育倾斜措施之前存在民族之间的不公或结构上的差距，则执行优惠政策就具备合理性。部分研究人员根据对教育发展与教育公平之间的联系的理论探讨，提出了这样的假设：教育公平并非一种固化的原则，而是一个"非线性的发展过程"④。所以，为了达到这一要求，民族教育优惠政策就变成了国家管理者用来帮助民族发展的主要工具，用来促使教育公平的愿景与现实国情的需求保持一致。

教育政策在教育理论与实践中起到了纽带作用，在教育实践中发挥着引导作用。只有当教育政策的执行实现了重要效应，才能展现其价值。教育政策的高效实施是一种以过程为导向，复杂性的结合。在实施教育政策的过程中，应重视政策实施的有效性，应按照政策的真实状态持续开展改革，以便让政策得到持续改良。教育政策有效性的提升不仅是教育资源优化分配的需要，也是教育公平最大化的要求。适切性就成为我国民族教育优惠政策高效实施的保障。"每一种教育状态都是教育政策的体现……教育政策应是解决教育公平与效率之间问题的逻辑起点。"⑤经济领域概念模式中关于资源配置提出了"效率与公平"，而教育领域内的效率问题则与经济领域中描述的"投入-产出"比率的效率并非相同。"教育作为一种人的再生产方式，作为民族发展的途径，其效率直接体现为它对个人进步与民族进步的正面效应。教育可以促进个人的进步，从而推动民族的进步。"⑥然而，"教育公平和效率的主要矛盾集中体现在对教育资源分配的诉求上"⑦。所以，在教育资源受到限制的情况下，提升教育效率也成为促进教育公平的一种方式。教育优惠政策下的教育资源配置是存在差异性的配置，基于教育水平发展不均衡的现状，针对教育水平差距的补偿分配。教育优惠政策适切是科学、合理地安排有限教育资源的保证。

适切是我国民族教育优惠政策的逻辑原点和最终目标，同时是该措施高效运行的重要保障。"此类措施应当符合民族教育的发展要求，应当符合民族教育事

---

① 谭敏. 中国少数民族高等教育入学机会研究[M]. 福州：福建教育出版社，2012：224.

② 盛连喜. 新世纪教育理念："尊重的教育"笔谈[J]. 东北师大学报（哲学社会科学版），2001，（5）：6.

③ 周志平. 优先政策与教育公平[J]. 河北师范大学学报（教育科学版），2004，（7）：5-11.

④ 谢维和、李乐夫，孙凤，等. 中国的教育公平与教育发展（1990～2005）[M]. 北京：教育科学出版社，2008：7.

⑤ 石火学. 教育政策视角下的教育公平与效率问题研究[J]. 清华大学教育研究，2010，（10）：29-34.

⑥ 褚宏启. 教育公平与教育效率：教育改革与发展的双重目标[J]. 教育研究，2008，（6）：7-12.

⑦ 杨东平. 教育公平是一个独立的发展目标[J]. 教育研究，2004，（7）：30.

业的要求"①。此外，适切观还有一种含义，即"一种条件 B 运用于一种工作 W 上，如果 B 增强了实现 W 的目的 P 的可能性，那么 B 就适切于 W"②。因此，如果我们对此类政策进行监评，就应该对政策的执行结果能否增强实现政策目标的可能性给予高度关注。

（二）政策结果导向："优惠政策"执行成效的特征

从政策结果导向出发，我们在考察"优惠政策"执行成效的真实状态时，应当充分考虑此项政策的特殊性。

1. "优惠政策"的价值特性

"政策的性质在很大程度上体现了政策的目标。"③我国少数民族研究生招生优惠政策作为一类教育公共政策，其特殊性主要表现在目标上的特殊和自身的特征。"优惠政策"的首要特征就表现在它的政策属性上；另外，它同一般公共政策的差异还表现在"民族""优惠""教育"层面。①此项政策作为政府制定的措施，表达了政府权力意志；②此项政策以社会成员的民族构成为基础，从政策对象上区分，可归为民族政策；③此项政策的具体内容包含在研究生教育系统内，属于一种教育政策；④此像政策同普通的公共教育政策不同，是一种优惠措施。

社会普遍认同政策是阶级发展到一定时期的产物。教育系统内，政府有职责确保儿童受教育的权利，如要给予适龄儿童法律上的保障，给予义务教育安排，投入相关教育资源，投入相关的师资力量和后勤保障等。尽管这样，儿童仍然受到家庭环境因素的制约，很难有效运用现存的教育机会。所以，"教育政策的功能已经拓展到保障所有儿童，不管其成长背景怎样，在教育过程中都拥有同等的机会，包含其习得的知识或怎样将这些知识应用到以后的就业上，尤其是在市场竞争中"④。"优惠政策"的政策属性是其本质属性，其作为国家制定并保障执行的政策，对民族教育发展起指向作用，它具备鲜明的政策目标、科学的政策程序，以及在实施过程中的系列保障手段。

"优惠政策"是民族发展的一项重要措施，体现了民族发展和个体发展这

---

① 徐杰舜，吴政富. 试论新中国民族教育政策的特点[J]. 当代教育论坛，2006，（5）：28-29.

② Hjørland B，Christensen F S. Work tasks and socio-cognitive relevance：a specific example[J]. Journal of the American Society for Information Science and Technology，2002，53（11）：960-965.

③ 彼得斯 B C. 公共政策工具：对公共管理工具的评价[M]. 顾建光译. 北京：中国人民大学出版社，2006：47.

④ 法雷利 J P. 教育政策与规划[M]. 刘复兴，等译. 重庆：西南师范大学出版社，2011：115.

两层含义，而对于民族发展和个体发展之间的关联，应当从平等思想和资源配置两个方面入手进行分析。从平等角度出发，应当评估群体公平同个体公平两个方面。马戎教授基于我国各民族的历史发展背景状况，指出我们现今所提倡的"民族"（nation）应当为"族群"（ethnic）。由于历史原因造成了发展的不平衡、不充分等问题，在多民族国家中，还存有一种类似"社会分层"（social stratification）的"族群分层"（ethnic stratification）现象。基于推动族群均衡发展的角度，他提出要"从'争取各族资源分配上的公正'（即不考虑社会分层问题而主要考虑'事实上的公正'）原则逐步朝着'争取个体之间竞争机会的公正'（即将'法律上的公正'由政治、法律方面延伸至教育、经济方面）原则发展"①。而在利益分配方面，即使"优惠政策"的受益方是个体，但应当看到，个体获得政策关照的各类资源均是源于群体的利益，在获得特殊的研究生教育资源后，只有把个体自身的人力资源投入群体发展中，才能体现政策的价值。

"优惠政策"是一种促进少数民族和民族地区经济社会发展的重要手段，在历史沿革中确立了政策取向，逐渐发展为一类成体系化的政策系统。在社会发展的不同时段展现出不同的价值需求。中华人民共和国成立之初，党和国家为了给民族地区培养大批少数民族管理人才，制定实施了民族教育优惠政策。改革开放后，此项政策的工作重点又转变成按照少数民族实际情况，培养各类专业人才。而现今，我国民族教育遭遇多种新问题，政策执行背景也同样出现了很多新的情况，因此，此项政策应把少数民族研究生教育的工作重点转移到"全面增强少数民族和民族地区整体教育发展水平"②上来。

"优惠政策"是一种在研究生教育系统进行再配置的手段，实际上是对研究生教育优质资源的再分配，其往往以提高对少数民族研究生教育的投入、提高少数民族考生获得研究生教育的机会等方式，实施各类带有优惠性的政策。一般来讲，教育优惠政策具有的资源再配置价值几乎都是过渡性的，当政策目标达成，教育发展的水平得到提升，这一优惠性教育措施的补偿价值就可以取消了。所以，民族教育历史沿革中，此项政策也将逐渐被促进民族教育内生动力的指导措施所取代。美国政治学家罗威将政策划分为四类：管制型、分配型、再分配型及组织型③。这一政策分类的基本原则包含两个方面：第一，公共行为造成的两类强制性措施，即政策行为的后果是直接的、长远的；第二，政策运用的特别化，即用于区别政策影响的区域是个

---

① 马戎. 民族社会学——社会学的族群关系研究[M]. 北京：北京大学出版社，2004：535.

② 张诗亚. 我国高考招生中少数民族考生优惠政策的新思考[J]. 民族教育研究，2010，5（21）：7.

③ Nicholson N. Policy choices and the uses of state power: the work of Theodore J. Lowi[J]. Policy Sciences, 2002, 35（2）：163-177.

体层面还是整体层面。根据这一政策划分的方式，"分配型"政策是一类针对个体且带有长远价值的措施；而"再分配型"政策则是针对整体层面且带有直接价值的措施。美国教育学家范斯科德指出，"教育政策的根本目的在于对教育政策的价值进行再分配"[①]。根据罗威的政策划分原则，教育政策是一类对个体发展有长期影响（间接影响）的分配措施，教育政策的执行将对整个社会权利结果和群体机会的改变造成直接影响，并且表现为低特异性。再分配措施既包括利益再分配又包括权利再分配，一般与"公平与效率""社会福利""公正公平"等密切联系。例如，在英国的教育发展历史中，曾出现"教育优先区"这种教育倾斜措施。20世纪60年代出台的《卜劳顿报告》指出"家庭背景是儿童学习成长中最为关键的制约因素，儿童年龄越小受到环境影响的程度就越大"[②]。所以，为了给家庭背景处于弱势的儿童更多的关心，政府应当对其在学校投入、社区环境等方面做出更大努力。而法国的"教育优先区"也是一类资源再分配的教育措施，"通常依据学校区域分布、社会背景、家庭成员工作和就业情况等外部因素，以及学前教育情况、小学辍学降级情况、外校转入比率、校园网络覆盖面等内部因素来订立"[③]，由此通过政府财政拨款的方式给予倾斜。这些"教育优先区"带有过渡性质，当它们的教育发展水平能够满足国家确定的普遍要求时，这些优先配置权就不再体现补偿教育发展差异的价值。

我国少数民族研究生招生优惠的特性之一即"优惠"。在研究生教育领域给予政策倾斜就是在该领域执行的一类具有倾斜性的差别化的措施。对少数民族给予特殊对待，为个体进步和民族地区全面发展提供适当的教育资源，并利用财政投入、教师培训、教育机会补充等手段，优先发展民族教育，降低弱势成员同主体社会在教育发展水平上的差距，进而达成在一定区域内的教育均衡发展目标。

2. "优惠政策"实施成效的特性

要明晰此项政策实施成效的特性，首先应当明确此项政策的性质，弄清它属于教育政策还是民族政策。根据前文所述，"优惠政策"是党和国家按照少数民族和民族地区经济社会发展状况及国家整体教育发展水平等提出来的，目的是帮助民族地区同国家整体统一协调发展。所以，本质上这一政策是教育政策和民族政策的合体。这一政策也是一项公共政策措施，不仅表达了一小部分群体的诉

---

① 吴遵民. 教育政策学入门[M]. 上海：上海教育出版社，2010：25.
② 吴清山，林天祐. 教育名词浅释——教育优先区[J]. 教育资料与研究（台湾），1995，（5）：49.
③ 法雷利 J P. 教育政策与规划[M]. 刘复兴，等译. 重庆：西南师范大学出版社，2011：1924：115.

求，还体现了公共教育政策的特性，表达了自身的特殊使命。

　　"优惠政策"实施成效的特殊性首先表现在政策安排的特殊性，参考美国政治哲学研究人员佛兰德·柯伯思有关教育政策活动特殊性的观点，可以得出：①"优惠政策"是一种成千上万人参与的极为复杂的工作，有自身的历史文化背景、合法惯例及专门术语，政策安排丰富多变，完全掌握"优惠政策"的本质是困难的；②从某种意义上，大众对教育系统的认识比其他各系统都更熟悉，对"优惠政策"更加关注，大多数公众对教育系统均有一定的接触和认识，而且都积极参与学校的安排，"每类个体都是教育政策专家"；③教育系统的权利比其他任何系统的权利都要分散，"优惠政策"不但在不同的权力机构内产生和实施，并且在同一权力机构内也存在特别复杂的利益配置；少数民族研究生教育过程自身具备多重价值，在不同的教育机构中目标又不够明确，所以，教育政策成效评价具有先天劣势；④研究生教育是一类劳动密集型行业，导师、管理人员及后勤部门所付出的人力资源的开支特别高。这就导致"优惠政策"及对其的分析与其他公共政策相比有显著的差异。

　　"优惠政策"同其他公共政策最大的差异表现在政策对象的不同。作为"优惠政策"执行对象的研究生教育过程的本质要求是培养少数民族高端人才。在这一教育安排中，主客体之间一直维系了"人—人"关联。客体的人与客体的物带有本质上的差异，客体的人表现了双重内涵，即客体性和主体性。研究生教育过程的这类独特的主客体关联使得"优惠政策"不可避免地承认教育过程中人的主体角色和能动价值，注重人的独立性及人的价值选择，并且，应当看到教育过程中作为一类主体的研究教育人员同作为另一类主体的受教育对象之间的主体间性。从这一角度看来，"优惠政策"同其他任何公共政策相比带有更加特殊的价值。研究生教育利益的表达必须依靠教育对象的个体能动的、积极的参与，必须依靠教育人员、受教育对象之间的主体间性。

　　"优惠政策"执行成效的特殊性还体现在研究生教育利益配置上的独特性。一方面，"优惠政策"对受教育对象实施的利益配置不仅表现在经费、权利及角色等方面，还体现在对个体成长成才的机遇、条件和资格的认定上。"优惠政策"配置研究生教育利益的关键成效是个体身心都得到发展，并且对个体发展水平进行了权威认定，使其在社会市场竞技中收获其他物质和精神上的利益。另一方面，研究生教育利益对现代社会的个体均具有无法取代的价值。在社会市场竞争中，如果个体难以获得高效、公正、更好的研究生教育资源，难以获得研究生教育机会、教育权益及资格认定，那么他就无法在未来生活中得到更好的发展机遇。我们对该项政策成效的监评，必须重点关注社会大众对研究生教育利益的诉求，关注政策目标对象的利益的实现。

　　"优惠政策"的结果也表现了一定滞后性。此项政策执行后，政策作用的成效要通过一定周期才能体现出来。由于研究生教育过程所针对的目标是少数民族学生，研究生教育的影响在少数民族学生身上的体现是伴随个体的成长过程而逐步显现的。我国少数民族研究生招生优惠政策在执行相当长的一段时间后，在少数民族高层次人才成长起来并服务于少数民族和民族地区各建设领域时，其成效才会逐渐体现，而不像"禁止酒驾"这样的交通管理措施能够起到立竿见影的效果。"优惠政策"结果呈现的滞后性普遍存在于政策运行的整个过程中，也给此项政策的成效监评带来了极大的困难，并且在一定意义上导致仅对"优惠政策"的成效进行监评对完善此项政策帮助不大。

总之，公共政策的成效具有"社会性、多样性、相对性、迟效性"①的特点。"优惠政策"执行成效的社会性表现在这一政策是在我国范围内为公众的社会公益制定的，而在其他国家和地区是不存在的，它是在一个"小社会"范围内执行的；多样性表现在由于"优惠政策"执行的制约因素、层次、过程、社会环境十分庞杂，政策成效的监评方式和表现形式是多样的；相对性主要表现在政策价值是在比较中产生的；迟效性主要体现为政策成效的实现并非立竿见影，必须经过相当长的一段时间来检验。而"优惠政策"实施环境、优惠对象的复杂性导致这项政策带有文化性特征，主要表现为两个方面：①参与主体的文化性有差异；②社会文化变迁对它产生的影响。所以，"优惠政策"成效分析应当充分考虑此项政策的特殊性，只有这样才能从政策自身及政策利益相关者中合理探究此项政策的执行成效。

（三）"优惠政策"的监评标准

从上述分析中，我们掌握了民族教育政策评价分析标准的演进情况及"优惠政策"执行成效的特征，在此基础上，我们开始分析此项政策的监评标准。

1. 教育政策评价标准的嬗递与流变

政策评价初期，受逻辑实证主义影响，重点以测量作为政策评价取向。重视政策实施后的实际成效，依据严谨的"投入-产出"模式对政策实施后的绩效展开研究。政策评价人员认为政策的绩效均能够"观测"，无法"观测"的政策影响都并非政策执行后的绩效。评价政策成败的主要因素为效果（effectiveness）、效能（efficacy）、效率（efficiency）和充分性（adequacy）等，即"3E+A"标准。伴随公共政策评价分析的发展，一些研究人员指出政策实施环节对政策执行结果造成重要影响，政策的绩效高低、效能大小及效果好坏均要通过观测政策执

① 笪东升. 公共政策效益的概说与评析[J]. 西南政法大学学报，2004，6（1）：9-14.

行过程中的影响因素来决定，即要对政策执行过程进行评价。因此，政策执行过程的评价标准就要归入政策评价的标准范畴中。

　　伴随政策评价过程的不断发展，研究者逐渐发现政策尽管可以在实际层面获得一些"效果"及"效率"，但这些"成效"无法满足社会大众的需要，它仅仅满足了少数利益群体的需求。"3E+A"的政策评价标准尽管使用了量化的评价手段，但难以评判和分析政策的道德伦理及价值问题，所以，带有局限性的"3E+A"政策评价标准遭到了普遍质疑。直到 20 世纪 80 年代，政策评价分析人员提出将价值分析纳入政策评价范畴内，即在实现对政策效果、效率、效能予以评价的条件下，仍要对政策公正性、正义性及社会性等开展价值研究，探讨政策的合理性及正当性，以评判政策是否符合各方利益相关者的诉求，尤其是社会弱势群体。由此，政策评价标准由单纯的事实维度迈向同价值维度的结合，政策评价分析人员提倡在政策事实分析的前提下开展更加深刻的社会价值标准研究。

　　综上所述，可以将政策评价标准划分为两个大的层次：事实标准及价值标准。事实标准主要包含效果、效率、效能、效益及充分性等原则，一般是教育政策实施后的一类回溯性评价原则，"对政策的资源利用状况、政策实施环节及政策的成效开展规范的观测及判断"。价值标准通常包含政策合理性、公正性、科学规范性、合法性及发展性等原则，在完成政策事实分析的前提下开展，对政策价值目标及由于政策执行而造成的利益配置的格局调整等进行分析。每一类政策评价，必须首先按照政策评价的事实标准进行对公共政策的事实评判，之后方可延伸为对公共政策价值及目标合理性、利益配置的公正性、政策实施人员的道德伦理等问题的价值评价[①]。

　　对公共政策评价标准的探讨是分析教育政策评价标准的前提，较具影响力的是美国著名的教育政策研究人员米其尔有关教育政策整体环节提出的六大评价标准：①是否体现了各方利益相关者的诉求？②是否同学校工作目标相统一？③是否具有现实价值及实践意义？④是否与元政策或其余政策系统相矛盾？⑤实施此政策的效果和效率如何？⑥在政治和技术上能够实现吗？这六大标准是在政策评价标准与教育政策的特征结合的基础上得出的，包含了教育政策订立、实施及效果的评价标准。对教育政策的评价标准进行分析时，政策制定、政策执行过程及政策实施效果的评价标准的分析思路基本都是在这一模式的基础上。每个研究人员对教育政策评价内涵的认识不一致，他们对这类政策评价标准的理解也有所区别。部分学者指出教育政策评价标准应结合政策环节来研究，包含：预评价标准即教育政策目标是否合适，安排是否切实，实施是否规范，实施后的结果怎

---

　　① 高庆蓬. 教育政策评估研究[D]. 东北师范大学博士学位论文，2008：80.

样[①]。孙绵涛认为教育政策评价标准应该由四类原则构成，即教育政策投入、教育政策效率、教育政策效益，以及教育政策回应性（教育政策影响）等。有人基于价值哲学视角归纳教育政策评价标准，依据教育政策的价值分层划分为教育政策存在的标准（包含质和量的标准）、教育政策价值规范的标准（是否有利于教育发展）及教育政策价值必然性标准（是否有利于人的全面、和谐、自由的成长）。刘复兴则指出，教育政策的基本价值标准为：以人为本、教育公平、效益优化、可选择性、多样性及分权。[②]教育政策评价标准随着教育政策执行环境及政策观点的发展而改变的。高庆蓬在其博士学位论文《教育政策评估研究》中，梳理归纳了刘复兴的论点，指出教育政策价值标准的最高目标是"以人为本"，其余的教育政策价值标准都是这一标准的分解。"以人为本"的教育发展价值理念能够分解为教育利益、教育公平、教育自主三类关键的价值标准，由他们组成了教育政策评价的价值基础[③]。从教育政策实施成效的评价来看，除了要分析教育政策执行后的实际成效外，还应分析该教育政策执行所产生的影响，评判它是否符合规律性。教育政策实效性的评价标准意味着教育政策得到有效执行后获取的成效的多寡及造成的效应的强弱，是对教育政策事实成效的考量；教育政策执行后的影响评价标准则意味着对教育政策存在的好与坏的评判，是有关政策可否体现规律性的研讨，是基于价值维度对教育政策的评判。所以，教育政策评价标准大体上可以划分为教育政策的事实维度及价值维度两个方面的标准。

2. "事实"与"价值"相衔接的"优惠政策"监评标准

刘复兴教授在探讨教育政策的"有效性"的指出，"教育政策的效益不但展现了政策活动结果所得，更要求政策后果满足社会要求的正价值"[④]。教育政策成效评价的价值涉入是必然的，从本质上讲，任何一类政策自制定到实施都有一定的价值取向。例如，为什么要订立此项政策？此项政策有哪些优点和缺点？此项政策的关键受益对象是谁？此类问题都包含了价值涉入的基本要求。事实判断是每一类科研都应该实现的，分析者必须严格依据限定的标准实施分析，这也是分析事物发展规律应当坚持的基本原则。所以，把价值涉入与事实评判结合起来是符合情理的。我国少数民族研究生招生优惠政策成效的研究也遵从价值涉入与事实评判相结合的原则。此项政策作为一项民族教育优惠措施主要是以教育公平和研究生教育均衡发展为目标。因此，对此项政策成效的分析必须考虑其元出发点。在此项政策的制定、执行、评价及优化等事实过程中，应当始终坚持公平公

① 肖远军. 教育政策评价的标准探讨[J]. 浙江教育学院学报，2002，（3）：86-91.

② 刘复兴. 教育政策的价值分析[M]. 北京：教育科学出版社，2003：85.

③ 高庆蓬. 教育政策评估研究[D]. 东北师范大学博士学位论文，2008：70.

④ 刘复兴. 教育政策价值分析的三维模式[J]. 教育研究，2002，（4）：15-19.

正和以事实为依据的标准。本书将借鉴以往教育政策的评价标准，整合"优惠政策"的特殊性，把"优惠政策"评价标准划分成事实与价值两大维度。通过研究政策学的相关成果发现，大部分学者愿意利用"有效性""有效"等术语来代表政策的实施成效，通常包含政策效率、政策效果和政策效益等方面，但三者之间存在一些区别，效率主要表现的是政策实施后产生的结果与政策投入之间的比例关系，而效果主要表现的是政策实施后产生的结果而不注重政策的投入情况，效益则主要表现了政策活动的结果对社会产生的影响。所以，本章有关此项政策实施成效的监评是基于事实标准，利用能量化的指标，包含政策效率、政策效果和政策效益标准，对此项政策在特殊历史阶段所带来的成效进行事实评判，分析此项政策的执行成效。在对"优惠政策"进行事实评价的基础上，再就此项政策开展价值评判，思考此项政策价值目标的合理性及这一政策对民族地区整体教育发展的影响，由此来审视"优惠政策"对民族地区发展的整体事实影响，继而为少数民族研究生教育探索更好的教育改革途径。按照"优惠政策"特殊性和政策目标，此项政策的价值标准能够划分为政策合理性标准、政策公平性标准及教育发展性标准，采取这些标准对此项政策的合理性、公平性及教育发展性等进行定性分析，由此来评判此项政策的效果。

（1）效率标准。这是一个描述成本投入和产出之间的比率关系的经济学概念，在《辞海》中解释成"投入劳动的数量与产生的劳动成效之间的比例"。倘若投资成本低于产出，那么可以认为投资是有效率的，所产生的成果越多则效率越高。在教育政策评价分析中，教育政策评价的效率标准代表的是教育投入与教育产出之间的比率关系。我国少数民族研究生招生优惠政策是运用研究生教育优质资源相对丰富的高校或科研院所，为民族地区培养少数民族各类高级专业人才，解决少数民族教育投入不足等问题。因此，观测"优惠政策"的效率，能够将民族地区教育与研究生教育优质资源培养单位之间的投入和产出等方面进行对比，观测"优惠政策"可否从根本上为民族地区节省教育投入，实现更多的教育产出，在多大程度上实现了"优惠政策"的目标，这是度量"优惠政策"成效的一个关键标准。

（2）效果和效益标准。效果侧重于政策活动产生的结果，而在政策实施环节牵涉的成本及代价并不是它所考察的目标，利益体现了政策行为带来的好处，如经济或社会利益，关注点在于政策所造成的正向影响，当然也包括负向影响。以教育政策的过程来讲，效益标准强调了教育政策执行后的事实成效及所产生的利益。"优惠政策"是国家运用政策行为调控研究生教育资源与教育利益配置的民族教育措施，它不但肩负着为少数民族和民族地区培养高层次人才的使命，而且也担负着少数民族研究生教育事业发展的重任。此项政策从 20 世纪 80 年代执行至今已有 30 多年，带来了怎样的成效？对民族地区教育事业的发展产生了怎样的影响？谋得了哪些教育利益？在为少数民族和民族地区培养高层次人才的同时，是否有利于民族地区教育的改革与发展？这些都要求我们从政策活动带来的事实成效与政策产生的利益两个方面来进行考察。

（3）目标设立的合理性标准。这项标准意味着研究政策目标是否具备回应性与适当性。此项政策的目标是为少数民族和民族地区经济社会发展培养高级专门人才，随着民族地区的快速发展，政策目标又调整为给少数民族和民族地区经济社会发展与产业结构调整培养大量高层次人才。这一系列政策目标是否具备合理性？是否满足民族地区经济社会发展的要求？政策目标应当满足政策对象的社会需求，符合政策对象的利益要求。此项政策在多大程度上符合民族地区各利益相关群体的利益要求？其关照的程度和范围应该成为政策回应性标准要解答的问题。此项政策执行以来可否得到政策目标的积极回应、同国家在民族地区实施的其他政策能否相互协调构成政策体系等问题也是我们考察此项政策实施成效的重要标准之一。

（4）公平性标准。教育政策对教育利益进行配置的合理性标准即教育公平性标准。政府通过对少数民族和民族地区学生实施教育财政拨款和"优惠政策"，用政策途径保障这类处于社会弱势地位的群体能够在研究生资源配置中获得应有权益。"优惠政策"最初是为了给予民族地区的少数民族照顾，随着民族地区经济社会的发展及国家的整体进步，照顾范围已拓展到部分从事民族工作的汉族学生。在民族地区各社会群体和汉族学生的教育利益配置中，政策应采取差异对待的方式，确保教育资源分配可以满足民族地区各类利益群体的诉求。此项政策作为国家宏观调控措施以公正、公平的态度和方式在不同的社会群体中分配教育利益是政策能够持续实施的基础。倘若政策只能给部分人带来利益，但无法让更加需要政策关照的利益相关者受益，则此项政策就有可能导致教育利益配置不均衡现象恶化，这对少数民族研究生教育的蓬勃发展造成了阻碍，最终将导致此项政策的目标难以达成。

（5）教育发展性标准。这项标准是用来考察教育水平高低及效果好坏的价值标准，随着少数民族的发展和教育水平的不断提高，社会对教育的需求也逐渐提升。与之相对应，教育发展形态也发生了重大变革和转变以适应社会发展的要求。从"有学上"转变成"上好学"，教育发展形态开始从量上拓张型迈向质上提升型，从外延式扩张转变成内涵式质量提升。教育发展是一种教育追求，是从低一层次的发展状态迈向高层次发展状态的不断攀升、循序渐进的过程。由于社会历史和地理环境等因素的制约，少数民族和民族地区内生动力相对低下，民族教育培养人才的效率和质量堪忧，在国家发展的特殊历史阶段要依赖宏观层面的政策调控，而"优惠政策"就是国家运用这些研究生教育优质资源的培养单位来为少数民族和民族地区更好、更快地培养高层次人才。此项政策的教育追求不仅表现在规模上的扩张和人才数量上的提高，还采取系列倾斜手段来加快民族教育从数量到质量上的跨越式发展。所以，评价"优惠政策"执行成效可以利用教育发展性标准来进行重点观测。

二、构建"优惠政策"监评体系指标系统

如何进一步构建"优惠政策"监评体系的指标系统是本书研究的核心内容，我们通过对已有的教育政策评价指标的分析，结合评价指标的构建方法，尝试建构此项政策监评体系的指标系统。

（一）已有的教育政策评价指标

对教育政策执行后获得的成效开展监评的重要依据是采取适切的评价标准。而开展政策监评的关键点则在于按照评价标准构建适切的评价指标，这种指标是为了监评教育政策所构建的观测工具。此类指标的构建是各类政策评价的必备环节，而教育政策监评指标应当归纳到政策评价指标范畴内。学界有关教育政策评价指标的分析和探讨一般采用政策评价指标。有关这种类型的指标类别，政策分析专家们站在不同的视角提出了不同的观点，可以归纳为以下三类主要模式：第一类是定量指标，重点"从评价学的视角研究，将指标视作一类能够用来测度和量化的可行性评价原则，基于可监测或可计量的原则设计评价内容"[1]。第二类是定性指标，其代表评价对象无法用测量工具直接测度，需要对监评目标进行客观描述和研究来获得监评结果。第三类是定量指标与定性指标相结合的模式。运用某一单一指标很难实现对政策的综合系统的监评，定量与定性相结合的方式可以让政策评价更为系统化。政策指标的概念是 20 世纪 80 年代由美国公共政策学研究者麦克瑞（Duncan MacRae）提出的。他努力提倡政策指标建构的关键性，在他看来，政策指标代表的是能将公共统计信息用于公共政策方案的测度工具。政策指标主要有三类价值：①纯经济效益的价值，即政策投入同效益之比；②主观福祉性的价值，也就是用来观测政策目标对某类政策的满意状况，利用走访座谈与调查问卷的研究手段开展评价；③公正性的价值，即政策配置利益的公正性，重点考察政策是否对弱势群体给予必要的关注[2]。本章按照"优惠政策"的事实和价值两大维度的五种评价标准，以"优惠政策"的政策目标和"优惠政策"的各类利益相关对象对政策的反馈信息为基础，以学界已有的教育政策评价

① 袁振国. 教育政策学[M]. 南京：江苏教育出版社，2000：354.

② 李允杰，丘昌泰. 政策执行与评估[M]. 北京：北京大学出版社，2008：245-246.

指标为原点，试图构建监评"优惠政策"执行成效的监评指标。

　　根据现有的文献资料，目前还没有具有较高适切性的教育政策评价指标体系，随着教育政策评价研究的持续发展，一些研究人员也给出了许多具有参考价值的意见。分析这些政策评价指标的相关研究成果可以发现，一些研究人员通过教育政策议题给定、政策规划、订立、实施、结果等整个过程来建立评价指标体系，如李慧仙在学术论文《论我国教育政策评估的全方位改革》中，以公正与效率的统一、过程与结果的统一、现今与长远的统一为标准，建立了一套政策评价体系框架。如表 4-1 所示，其建立的教育政策评价指标体系主要包含"议题评价、方案评价、执行评价及结果评价"的对应指标，其中，教育政策执行后的评价指标方面，重点对政策效果（政策目标达成情况）、政策效率（政策投入同政策产出之间的比率）、政策影响（政策当前、长远、区域及综合的影响）及政策满意度（政策目标对象对政策的回应状况）四类二级指标进行评价。然而，她所建立的二级指标均为定性指标，这是不合适的。定量指标同定性指标相结合的设计手段是指标设计基本原则之一。

表 4-1　李慧仙的教育政策评估指标体系

一级指标	二级指标	内涵说明
议题评价	迫切性	教育问题在客观上的严重性
	可行性	政策实施在政治、经济、文化、技术、人员上的可行性
	价值	教育政策实施给目标对象、教育系统和社会产生的利益
	成本	政策实施可能给个人、群体和社会在物质、精神上带来的得失
方案评价	目标合理性	目标是否明确、具体、可行
	公平性	各阶层利益受到保护的状况
	一致性	与教育领域内外的其他政策的一致程度
	责任明确性	政策各环节责任人的明确程度
	表达清晰性	文本表述清晰
	政策资源可调动性	人力、财力、信息、权威资源可供利用的程度
执行评价	政策的传达、发动	通过多种途径向政策的目标群体与全社会宣传政策的目标、内容、意义等信息情况
	政策的落实	专门的机构、人员、制度保证政策执行的状况
	政策实施的持续性	政策实施前后一致
	政策资源的事实运用状况	人力、财力、信息、权威资源的实际利用情况
	执行人员间的联系	政策人员分工合理、责权明确及有效的沟通与协调
	执行人员的工作态度、方法、能力	执行人员的敬业精神、责任心、组织能力
	政策监督	专门机构对违背政策的行为进行查处、对政策本身的失误进行修订的情况
	偶发事件的影响	非人力可控制因素的影响（如自然灾害、战争等）

续表

一级指标	二级指标	内涵说明
结果评价	效果	政策的目标实现度
	效率	政策成本同政策结果的比率
	影响	政策的目前、长远、区域及综合的影响
	满意度	政策目标对象对政策的回应情况

资料来源：李慧仙. 论我国教育政策评估的全方位改革[J]. 现代教育科学，2004，（1）：17-19，33

　　还有些学者按照教育政策评价标准，把教育政策主客体和政策环境作为评价目标[①]，然后对每类评价对象给出对应的评价指标，如王素荣在《教育政策评估指标体系研究》一文中指出，教育政策评价和评价标准对评价指标的构建造成了重要影响，根据教育政策评价目标的特性，将一级指标设置为教育政策主体、教育政策客体及教育政策环境，之后按照评价标准建立具体指标，如表 4-2 所示。但是，她所建立的教育政策评价指标体系内的二级指标实际上也是评价的目标，三级与四级指标具有不确切性，可行性很低。以上均为对教育政策评价指标尝试性的建构分析，具有一定的参考意义。

表 4-2　王素荣的教育政策评估指标体系

一级指标	二级指标	三级指标	四级指标
教育政策主体	制定主体	复合程度	
	辅助制定主体	参与程度	
	参与主体	执行程度	
教育政策客体	教育体制政策	制定指标、执行指标、反馈指标	质量指标、数量指标、尺度指标
	教育质量政策	制定指标、执行指标、反馈指标	质量指标、数量指标、尺度指标
	教育经费政策	制定指标、执行指标、反馈指标	质量指标、数量指标、尺度指标
	教育人事政策	制定指标、执行指标、反馈指标	质量指标、数量指标、尺度指标
	国家学制政策	制定指标、执行指标、反馈指标	质量指标、数量指标、尺度指标
	课程与教学政策	制定指标、执行指标、反馈指标	质量指标、数量指标、尺度指标
	教师教育政策	制定指标、执行指标、反馈指标	质量指标、数量指标、尺度指标
	考试与评价政策	制定指标、执行指标、反馈指标	质量指标、数量指标、尺度指标
	招生与就业指导政策	制定指标、执行指标、反馈指标	质量指标、数量指标、尺度指标
	学校语言文字政策	制定指标、执行指标、反馈指标	质量指标、数量指标、尺度指标

---

① 王素荣. 教育政策评估指标体系研究[J]. 教育理论与实践，2006，（3）：9.

续表

一级指标	二级指标	三级指标	四级指标
教育政策环境	社会环境	毛入学率、家庭教育投入总额、家庭教育投入占家庭收入比重	
	政治环境	教育投入占 GDP 比重	
	经济环境	生产总值和人均可支配收入	
	文化环境	普通高校总额、在校大学生总量	

资料来源：王素荣. 教育政策评估指标体系研究[J]. 教育理论与实践，2006，（3）：8-10

随着教育政策分析的不断深入，教育政策评价指标的研究也取得了很大的进展，高庆蓬就通过整理相关公共政策评价的研究成果，并根据教育政策评价标准，探索建立了一套教育政策评价指标体系，该体系是一个包含政策评价目标、评价标准和具体评价指标的考察政策事实和价值的三维框架。如表 4-3 所示，在他看来，教育政策评价指标体系应坚持政策事实（事实维度划分成教育投入、公共环节、教育效率和效益三类评价标准）和价值（价值维度划分为教育公平、教育发展和政策目标科学性三类评价标准）两种维度，合计 6 类评价标准，评价标准下又设置对应的具体指标[①]。在这种教育政策评价指标体系中，以政策指标需要为起点，运用了可以考量教育政策成效且能体现政策主体价值取向的教育统计指标及教育监测指标，对"优惠政策"实施成效监评体系的建构具有重要参考价值。

表 4-3 高庆蓬的教育政策评价指标体系

目标层	标准层	指标层
教育政策评估	教育投入	财政性教育经费占 GDP 比例（%）
		生均教育经费（元）
		财政拨款在三级教育中的分配比例（%）
	公共环节	政策宣传的充分性（等级）
		政策实施手段的有效性（等级）
		政策监督、反馈的完备性（等级）
	教育效率和效益	学校平均规模（人数/校）
		生师比（%）
		各类教育达成率（%）
		人均受教育年限（年）
		教师学历合格率（%）
		办学条件达标率（%）

---

① 高庆蓬. 教育政策评估研究[D]. 东北师范大学博士学位论文，2008：97.

续表

目标层	标准层	指标层
教育政策评估	教育公平	生均经费差异（基尼系数）
		入学率差异（基尼系数）
		平均受教育年限（基尼系数）
		弱势群体的利益补偿指标（等级）
	教育发展	各级教育普及率（%）
		各级教育入学率（%）
		学生毕业率（%）
		学生对学校活动的满意度（%）
	政策目标科学性	目标和问题的契合度（等级）
		大众对教育的满意度（%）

资料来源：高庆蓬. 教育政策评估研究[D]. 东北师范大学博士学位论文，2008

（二）用德尔菲法明确"优惠政策"监评体系指标系统

结合当前对教育政策评价指标的研究情况，依照我国少数民族研究生招生优惠政策的特征，以事实标准及价值标准为维度，构建监评"优惠政策"的指标体系。评价对象为"优惠政策"执行后取得的成效，属于政策的后评价（后果评价），重点关注政策的结果，包含政策产出及政策影响。政策产出表示了政策采取某类方案的预计成果，包含目标对象及受益对象所得到的服务、物品或其他各种资源。政策影响代表了政策活动结果所引发的大众在活动和态度层面的事实改变[①]。对于"优惠政策"来说，政策影响代表的是"优惠政策"在研究生教育优质资源培养单位的教育发展情况与政策对民族地区教育的影响，以及少数民族在教育行为和对待教育态度层面的改变，这两个层面的监评关键在于以下六类要素。

1. 政策效率

从民族地区教育同研究生教育优质资源培养单位的教育之间投入及产出等方面开展对比，评估"优惠政策"是否从事实层面为民族地区降低了教育投入、获得了更大的教育产出，重点观测招生单位的基础建设投入、办学投入及生均教育投入等元素。另外，评估研究生招生单位在执行政策的过程中，其培养服务与民族地区相比较，在多大程度上符合"优惠政策"的实施目标。

---

① 邓恩 W. 公共政策分析导论[M]. 谢明，杜子芳，等译. 北京：中国人民大学出版社，2002：366.

2. 政策效果

政策效果是"优惠政策"执行的直接结果，也是政策实施的事实效果和政策实施的成果（政策对象的状况或政策执行背景的改变），以及"优惠政策"的效果对政策预设目标的达成情况。"优惠政策"人才培养状况是此项政策最直接的成果，其监评模式也更为直接，关键在于梳理相关的教育统计数据，利用统计分析手段判断"优惠政策"是否可以实现政策的目标，培养的少数民族高层次人才是否可以满足民族地区经济社会发展的需要。

3. 政策效益

政策效益代表的是"优惠政策"的执行对民族地区教育事业的影响，主要包含提升少数民族和民族地区教育发展水平、学校规模的增长、教师队伍的提升、边远山区和农牧民受教育比例提升和少数民族教育观念的转变等。

4. 政策目标合理性

政策目标合理性一般表现为回应性和适应性两类。回应性标准代表了"优惠政策"满足特殊群体的诉求、取向和喜好的情况，以及其受益的范围和程度。而适应性标准在考察教育政策的效益、效率、充分性、公正性及回应性的基础上，对政策目标的价值和支撑此种政策目标的基本假设是否能够成立展开思考，且从整体上判断政策目标和政策本身对社会是否适切、合理和必要。

5. 政策公平

政策公平指教育资源配置的公平性。权利、机会、利益、价值、收益及成本在民族地区不同群体和成员之间的配置及规划是否符合公正公平的基本原则和伦理道德标准。检验"优惠政策"福利配置情况，能否给民族地区的弱势群体带来更多的倾斜及更为优惠的政策关照，以提升弱势群体教育水平。

6. 教育发展性

教育发展性代表教育发展不仅是在量上的增长（规模扩大），而且是在教育全局层面发生质的改变，是"从较低层次转化成更高层次的持续改变的过程"。该指标可以反映政策办学规模与教育质量的联系，以及政策能否促进民族地区的教育发展等。

德尔菲法又称专家调查法，在各类评价指标和具体指标的确定和构建过程中应用广泛。该方法是 20 世纪 40 年代由赫尔默（Helmer）与戈登（Gordon）等提出的，美国兰德公司将其应用得十分成功，使此法获得了各界的积极采纳。"跨学科科学分析中有很多概率性元素……基于在跨学科分析的周期与测量结果对分析过程的影响，在跨学科分析过程中综合运用这一方法能够获得良好的效果。"①此法利用如图 4-1 所示的流程，收集了各个专家对同一问题的意见和理解，通过重复性的咨询和调整构建了综合指标体系。德尔菲法可以归纳专家的建议和意见，实现结果的一致性与可行性，此方法在科研中用途广泛，具有较强的可行性。本书就是利用这一方法来构建指标体系。为了让本书的分析科学规范，在运用德尔菲法之前，笔者搜集了很多相关资料，抽取这些信息中已经构建的一些指标体系，力争将专家组样本最大化。因为现实因素，在实际运作中聘请了 20 位政策评价研究专家组成专家组，并且邀请了 10 位政策分析方面的博士，开展了座谈和交流。将最终结果整合，获得了判断矩阵。

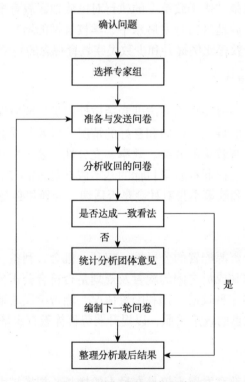

图 4-1　德尔菲法运行程序

　　根据学界现有的关于教育政策评价指标与标准的相关研究成果，结合我国少数民族研究生招生优惠政策的实际，应用德尔菲法结合政策分析对应专家的建议，基于教育政策评价的事实与价值两大维度，将我国少数民族研究生招生优惠

---

　　① 刘学毅. 德尔菲法在交叉学科研究评价中的运用[J]. 西南交通大学学报（社会科学版），2007，（2）：22-23.

政策实施成效划分为效率、效果、效益、目标合理性、公平性、教育发展性等 6
大评价标准。在两种维度下设置目标层级标准，把事实元素与价值元素统筹分
析，分别采取定量研究和定性研究相结合的评价。代表事实维度的指标一般使用
定量研究手段，对相应指标进行计量分析，使指标体系具备可行性；代表价值维
度的指标一般使用定性研究手段，确定各级指标的含义及相互联系。我国少数民
族研究生招生优惠政策监评体系指标系统的框架如表4-4所示，表4-5和表4-6分
别为一级指标和二级指标及其评价标准。

表 4-4　我国少数民族研究生招生优惠政策监评体系指标系统框架

目标	一级指标系统	二级指标系统	三级指标系统
我国少数民族研究生招生优惠政策执行成效 A	事实维度 A_1	政策效率 A_{11}	研究生教育优质资源培养单位办学与民族地区办学的比较 A_{111} 研究生教育优质资源培养单位教育效果与民族地区教育效果的比较 A_{112}
		政策效果 A_{12}	"优惠政策"办学规模 A_{121} "优惠政策"招生规模 A_{122} 培养人才的数量和质量 A_{123} 培养人才的结构和层次 A_{124}
		政策效益 A_{13}	目标群体需求与政策诉求的契合程度 A_{131} 政策结果对民族地区各方面（社会政治经济文化等）的影响 A_{132}
	价值维度 A_2	政策目标合理性 A_{21}	最初设计的政策目标是否正确 A_{211} 是否符合社会发展和教育管理的要求 A_{212} 是否兼顾社会多方利益，政策目标群体的回应情况 A_{213} 目标实现的具体要求是否恰当，设立的目标是否引起了社会价值冲突 A_{214}
		政策公平性 A_{22}	弱势群体利益补偿指标（等级）A_{221} 政策利益在民族地区各群体中的分配状况 A_{222} 政策制定是否权衡了相关群体的利益 A_{223} 政策执行过程中利益相关者的利益分配是否公平 A_{224}
		教育发展性 A_{23}	教育政策对教育发展促进作用 A_{231} 政策对民族地区教育问题的解决程度 A_{232} 政策是否有利于提高民族地区的教育质量 A_{233} 政策对整个民族地区教育和人全面发展的影响 A_{234}

表 4-5　一级指标及其评价标准

一级指标	指标描述	评价标准
事实维度	"优惠政策"评价为执行后取得的成效，属于政策后评价，重点关注政策的结果，包括政策产出和政策影响	主要考察少数民族高层次人才在直接参与此项政策时，在政策效率、政策效果及政策效益等层面对政策产出和影响的综合评价
价值维度	"优惠政策"是国家为促进民族地区发展，促进国家和谐发展而出台的民族教育政策。政策的出台理应为国家和社会的发展服务，因此考察此项政策的成效必须分析政策实施的合理性、公正性和教育发展性等	主要考察"优惠政策"的实施在目标合理性、政策公平性、教育发展性等方面所带来的影响

表 4-6　二级指标及其评价标准

二级指标	指标描述	评价标准
政策效率	测量"优惠政策"的效率，能够将民族地区教育与研究生教育优质资源的培养单位之间在投入与产出等层面进行对比，评估政策能否从根本上为民族地区节省投入，实现更多教育产出，这是度量此项政策成效的一个重要标准	利用民族地区教育同研究生教育优质资源培养单位的教育之间的投入与产出之比，重点观测培养单位的基建投入、办学投入及生均投入等层面，分析政策在多大程度上实现了政策的目标
政策效果	主要是"优惠政策"执行的直接结果，即政策实施的事实效果和间接成果（政策对象的状况或政策环境的改变），及此项政策效果对政策预设目标的达成情况	"优惠政策"人才培养状况主要体现在办学规模、招生规模、培养人才的数量和质量、培养人才的结构和层次等几个方面
政策效益	代表了"优惠政策"执行后，对民族地区教育事业的影响，主要包含少数民族和民族地区教育发展水平的改变、学校数量的变化、师资力量的改变等方面	主要考察政策目标群体的需求同政策诉求是否相符，契合程度怎样，以及政策结果对民族地区各方面的影响
政策目标合理性	主要包含回应性及适应性。回应性代表了此项政策满足特殊群体诉求的情况，而适应性则从整体上判断政策目标对社会是否适切、合理及必要	目标合理性层面主要考察政策初衷是否正确、是否符合社会发展和教育管理的要求、是否兼顾到社会多方利益，以及是否引起了社会矛盾等
政策公平性	政策公平代表政策对教育利益配置的公平性。权利、机会、资源等在民族地区不同群体和成员之间的划分是否符合公平正义及道德伦理等基本原则	公平性主要检验"优惠政策"资源配置情况，能否给民族地区的弱势群体带来更多的倾斜和更为优惠的政策关照，以提升弱势群体教育水平，促进民族团结进步
教育发展性	代表教育发展不仅是在量上的增长过程（规模扩大），更重要的是在教育整体上产生质的变化，是"由低级形态转变为高级形态的不断变化的过程"	主要考察此项政策对教育发展的促进作用，对民族地区教育问题的解决程度，以及政策是否有利于提高民族地区教育质量和对人全面发展的影响等层面

（三）以层次分析法确定"优惠政策"监评体系指标权重

在"优惠政策"实施成效的研究过程中，各级指标所处的层次不一样，对政策实施成效分析结果的影响状况也是不同的，因此只能通过赋权来处理这些问题。确定权重的技术手段十分丰富，但层次分析法在政策研究中的应用最为广泛。

1. 层次分析法简介

层次分析法（analytic hierarchy process，AHP）兴起于 20 世纪 70 年代，由美国运筹学专家托马斯·塞蒂正式提出。"由于它在处理复杂的决策难题时具有很高的实效性，很快就在全球范围内得到广泛运用。其应用领域已经跨越了经济规划与管理，广泛运用于资源调配、活动规范、军事领域、交通运营、教育培养、医疗健康、环境治理等各个行业。"[①] "这是一种将定性研究和定量研究结合起来的方式，是一种多目标决策研究技术……把综合难题划分为许多层次与许多元素，将两个指标之间进行对比，构建矩阵，利用算法计算最大特征根和特征向量，获取各级层次的权重。"[②] 现代信息技术研究专家秦吉在《现代统计信息分析技术在安全工程方面的应用——层次分析法原理》一文中，详细介绍了这种技术手段的原理与算法，使其运用更为广泛[③]。随着技术手段不断优化，又衍生出一些改良方法，如改进层次分析法、模糊层次分析法、灰色层次分析法等，增强了此技术手段的运用。本书利用几何平均法对"优惠政策"执行成效分析指标进行权重分析。

2. "优惠政策"执行成效分析指标的权重分析

在实际操作中，对"优惠政策"执行成效分析指标重要性程度的确定，采用专家调查法，邀请政策执行成效研究方面的专家进行深度访谈及调查，为他们详细解释层次分析法的基本标准和操作步骤，并辅助他们认识"萨迪相对重要性等级表"，依据此表中各个标度的详细内涵（表 4-7），对各级指标在其所处的层次内进行两两对比，确定重要性等级，通过对比的结果，构建出判断矩阵。

---

① 缪晓慧. 层次分析法在高校教师教学绩效评价中的应用[J]. 当代教育实践与教学研究，2018，（9）：140-141.

② 郭金玉，张忠彬，孙庆云. 层次分析法的研究与应用[J]. 中国安全科学学报，2008，（5）：158.

③ 秦吉. 现代统计信息分析技术在安全工程方面的应用——层次分析法原理[J]. 工业安全与防尘，1995，（5）：44-45.

表 4-7　萨迪相对重要性等级表

标度	定义	含义
1	同样重要	两元素对某准则同样重要
3	稍微重要	两元素对某准则，一元素比另一元素稍微重要
5	明显重要	两元素对某准则，一元素比另一元素明显重要
7	强烈重要	两元素对某准则，一元素比另一元素强烈重要
9	极端重要	两元素对某准则，一元素比另一元素极端重要
2、4、6、8	相邻标度中值	表示相邻两标度之间的中间值
上列标度倒数	反比较	后者比前者重要

在实际技术方面，让他们对各级指标的重要程度进行评分，计算出均值，构建判断矩阵，利用几何平均法测算矩阵的最大特征值及特征向量，之后对判断矩阵进行一致性检验，通过持续调试，最后确定符合要求的矩阵，测算"优惠政策"执行成效的指标权重。

（1）建立递阶层次结构。

这是层次分析法中最重要的一步。首先，将"优惠政策"执行成效问题分解成指标系统元素的各组成部分，将这些指标系统元素按属性分为若干组，以形成不同层次，如表 4-4 所示。

（2）构建判断矩阵。

在此步骤中，专家通过反复回答问题进行决策。按照他们认为的各级指标的重要程度进行评分，然后计算出平均值，得到两两比较判断矩阵，如表 4-8~表 4-16 所示。

表 4-8　一级指标两两比较判断矩阵

一级指标	A_1	A_2
A_1	1	1
A_2	1	1

表 4-9　指标 A_1 的两两比较判断矩阵

A_1	A_{11}	A_{12}	A_{13}
A_{11}	1	1/5	1/3
A_{12}	5	1	4
A_{13}	3	1/4	1

表 4-10　指标 A_2 的两两比较判断矩阵

A_2	A_{21}	A_{22}	A_{23}
A_{21}	1	1/3	4
A_{22}	3	1	5
A_{23}	1/4	1/5	1

表 4-11　指标 A_{11} 的两两比较判断矩阵

A_{11}	A_{111}	A_{112}
A_{111}	1	1/2
A_{112}	2	1

表 4-12　指标 A_{12} 的两两比较判断矩阵

A_{12}	A_{121}	A_{122}	A_{123}	A_{124}
A_{121}	1	2	1/5	1/2
A_{122}	1/2	1	1/4	1/3
A_{123}	5	4	1	3
A_{124}	2	3	1/3	1

表 4-13　指标 A_{13} 的两两比较判断矩阵

A_{13}	A_{131}	A_{132}
A_{131}	1	3
A_{132}	1/3	1

表 4-14　指标 A_{21} 的两两比较判断矩阵

A_{21}	A_{211}	A_{212}	A_{213}	A_{214}
A_{211}	1	2	1/3	2
A_{212}	1/2	1	1/3	1/2
A_{213}	3	3	1	3
A_{214}	1/2	2	1/3	1

表 4-15　指标 A_{22} 的两两比较判断矩阵

A_{22}	A_{221}	A_{222}	A_{223}	A_{224}
A_{221}	1	1/2	1/3	1/4
A_{222}	2	1	1/2	1/3
A_{223}	3	2	1	1/2
A_{224}	4	3	2	1

表 4-16　指标 A_{23} 的两两比较判断矩阵

A_{23}	A_{231}	A_{232}	A_{233}	A_{234}
A_{231}	1	1/2	1/3	1/4
A_{232}	2	1	1/2	1/3
A_{233}	3	2	1	1/2
A_{234}	4	3	2	1

（3）层次单排序和一致性检验。

计算权重就是计算判断矩阵的特征值最大值，并且求解它所对应的特征向量，得到层次单排序，取得准则层对于目标层的重要性数据序列。进而得到最优决策。

指标 A_1 的权重计算步骤如下所示。

利用判断矩阵求出权重系数：

$$\varpi_i = \left(\prod_{j=1}^{n} A_{ij} \right) \frac{1}{n}, \ i = 1, 2, \cdots, n; \ j = 1, 2, \cdots, n$$

求得 $\varpi_1 = 0.405\,5$ ， $\varpi_2 = 2.714\,4$ ， $\varpi_3 = 0.908\,6$ 。

利用公式：

$$\omega_i = \frac{\varpi i}{\sum\limits_{j=1}^{n} \varpi j}, \ i, j = 1, 2, \cdots, n$$

求得一级指标的权重系数的测算结果如下所示：

$$\sum_{j=1}^{4} \varpi j = 4.028\,5 ;$$

$\omega_1 = 0.100\,7$ ； $\omega_2 = 0.673\,8$ ； $\omega_3 = 0.225\,5$ 。

测算判断矩阵的最大特征值 λ_{max} 。计算公式为

$$\lambda_{max} = \frac{1}{n} \sum_{j=1}^{n} \frac{\left(\sum\limits_{j=1}^{n} A_{ij} \omega_j \right)}{\omega_i} \ i, j = 1, 2, \cdots, n$$

据此，能够测算一级指标的最大特征值：

$$\lambda_{max} = 3.085\,8$$

测算一致性指标 CI 和一致性比率 CR。公式如下：

$$CI = \frac{\lambda_{max} - n}{n - 1}$$

当 $n = 2$ 时， 2 阶正互反矩阵总是一致的，所以不需要进行一致性检验。当 $n > 2$ 时，用 CR 表示矩阵的一致性。CR=CI/RI。RI 的取值能够从表 4-17 中获得。

表 4-17　平均随机一致性指标

阶数	1	2	3	4	5	6	7	8	9	10
RI	0	0	0.58	0.90	1.12	1.24	1.32	1.41	1.46	1.49

测算求得：CI=0.042 9；

当 n=3 时，RI=0.58，CR=0.074 0；

CR < 0.1，因此，一级指标的判断矩阵与一致性检验符合要求。

相应地，对其他指标的判断矩阵分别进行分析，求得层次单排序和一致性检

验步骤如下：

一级指标的层次单排序，一致性检验是

$$n = 2, \lambda_{\max} = 2, \omega = (0.5, 0.5), \text{CI} = 0$$

二级指标的层次单排序，一致性检验是

A_1 的层次单排序，一致性检验是

$$n_1 = 3, \lambda_{\max}(1) = 3.085\,8, \omega_1 = (0.100\,7, 0.673\,6, 0.225\,5), \text{CI}(1) = 0.042\,9,$$
$$\text{CR}(1) = 0.074\,0 \text{；}$$

A_2 的层次单排序，一致性检验是

$$n_2 = 3, \lambda_{\max}(2) = 3.085\,8, \omega_2 = (0.279\,7, 0.626\,7, 0.093\,6), \text{CI}(2) = 0.042\,9,$$
$$\text{CR}(2) = 0.074\,0 \text{；}$$

三级指标：

A_{11} 的层次单排序，一致性检验是

$$n_3 = 2, \lambda_{\max}(3) = 2, \omega_3 = (0.333\,3, 0.666\,7), \text{CI}(3) = 0, \text{CR}(3) = 0 \text{；}$$

A_{12} 的层次单排序，一致性检验是

$$n_4 = 4, \lambda_{\max}(4) = 4.101\,8, \omega_4 = (0.131\,3, 0.088\,7, 0.546\,5, 0.233\,5), \text{CI}(4) = 0.033\,9,$$
$$\text{CR}(4) = 0.037\,7 \text{；}$$

A_{13} 的层次单排序，一致性检验是

$$n_5 = 2, \lambda_{\max}(5) = 2, \omega_5 = (0.750\,0, 0.250\,0), \text{CI}(5) = 0, \text{CR}(5) = 0 \text{；}$$

A_{21} 的层次单排序，一致性检验是

$$n_6 = 4, \lambda_{\max}(6) = 4.121\,3, \omega_6 = (0.231\,0, 0.115\,5, 0.490\,1, 0.163\,4), \text{CI}(6) = 0.040\,4,$$
$$\text{CR}(6) = 0.044\,9 \text{；}$$

A_{22} 的层次单排序，一致性检验是

$$n_7 = 4, \lambda_{\max}(7) = 4.031\,0, \omega_7 = (0.095\,3, 0.160\,3, 0.277\,6, 0.466\,8), \text{CI}(7) = 0.010\,3,$$
$$\text{CR}(7) = 0.011\,4 \text{；}$$

A_{23} 的层次单排序，一致性检验是

$$n_8 = 4, \lambda_{\max}(8) = 4.031\,0, \omega_8 = (0.095\,3, 0.160\,3, 0.277\,6, 0.466\,8), \text{CI}(8) = 0.010\,3,$$
$$\text{CR}(8) = 0.011\,4 \text{；}$$

根据以上求得的 $\text{CR} < 0.1$，能够判断上述都通过了一致性检验。

（4）层次总排序。

采取同一层次所有层次单排序的结果，能够测算对上一层次来讲，本层次所有因素重要性的权值，即层次总排序。

各指标的权重如表 4-18 所示，表内总排序就是各个指标相应的综合权重。

表 4-18　综合权重

一级指标系统	权重	二级指标系统	权重	三级指标系统	权重	总排序
事实维度 A_1	0.5	政策效率 A_{11}	0.1007	研究生教育优质资源培养单位办学与民族地区办学的比较 A_{111}	0.333 3	0.016 8
				研究生教育优质资源培养单位教育效果与民族地区教育效果的比较 A_{112}	0.666 7	0.033 6
		政策效果 A_{12}	0.6738	"优惠政策"办学规模 A_{121}	0.131 3	0.044 2
				"优惠政策"招生规模 A_{122}	0.088 7	0.029 9
				培养人才的数量和质量 A_{123}	0.546 5	0.184 1
				培养人才的结构和层次 A_{124}	0.233 5	0.078 7
		政策效益 A_{13}	0.2255	目标群体需求与政策诉求的契合程度 A_{131}	0.750 0	0.084 6
				政策结果对民族地区各方面（社会政治经济文化等）的影响 A_{132}	0.250 0	0.028 2
价值维度 A_2	0.5	政策目标合理性 A_{21}	0.2797	最初设计的政策目标是否正确 A_{211}	0.231 0	0.032 3
				是否符合社会发展和教育管理的要求 A_{212}	0.115 5	0.016 2
				是否兼顾社会多方利益，政策目标群体的回应情况 A_{213}	0.490 1	0.068 5
				目标实现的具体要求是否恰当，设立的目标是否引起了社会价值冲突 A_{214}	0.163 4	0.022 8
		政策公平性 A_{22}	0.6267	弱势群体利益补偿指标（等级）A_{221}	0.095 3	0.029 9
				政策利益在民族地区各群体中的分配状况 A_{222}	0.160 3	0.050 2
				政策制定是否权衡了相关群体的利益 A_{223}	0.277 6	0.087 0
				政策执行过程中利益相关者的利益分配是否公平 A_{224}	0.466 8	0.146 3
		教育发展性 A_{23}	0.0936	教育政策对教育发展促进作用 A_{231}	0.095 3	0.004 5
				政策对民族地区教育问题的解决程度 A_{232}	0.160 3	0.007 5
				政策是否有利于提高民族地区的教育质量 A_{233}	0.277 6	0.013 0
				政策对整个民族地区教育和人全面发展的影响 A_{234}	0.466 8	0.021 9

第三节　"优惠政策"指标数据的收集

　　监评的关键工作是按照指标数据收集信息，以此来改进政策决策与管理服务的水平。一般而言，指标数据可以从两个方面进行收集，一方面是直接收集，另一方面是按照现存的其余数据进行测算。所以，指标数据的收集与测算是监评的一项基础性工作。

收集和测算指标数据有三类目标："描述""解释""预测"。从指标本身情况来看，它只拥有描述的作用，而其他两种用途都必须对数据进行处理才能实现。因此，数据的精准度对经处理后的监评信息的精准度有着决定性的影响。所以，收集与测算指标数据在监评工作中发挥着重要作用。在实践运用中，因为政策受很多不可控的条件制约，监评者还必须考虑到那些没有纳入指标体系的数据（对政策可能有影响的数据）的影响。

一、监评指标的数据源

监评系统内指标数据一般由定性和定量两种形式的数据构成。在我们收集这些数据的过程中，必须全面考虑各层次可能的有效数据来源。事实上，在构建监评指标系统时就必须思考这些需要收集的数据的可靠性。通常情况下，"优惠政策"监评指标的一手数据来源包括以下几个方面。

（1）政策的事实维度信息通常能够在周期性的政策管理通告与财务审计通报中获取。对此类数据的关注点应当集中在数据信息审核上，全面研究数据信息的精准度与合理度等。

（2）利用一些技术手段将需要收集的数据源纳入政策实施的过程中。例如，通过政策自身的参与考察能够得到培养少数民族人才的情况，利用政策实施者定期填报的少数民族高层次人才培养状况数据基础信息，按照各种详细的人才培养方案观测人才培养质量的情况等。采取这种方式，能够高效降低监测投入，并收获可信的信息。

（3）开展小样本的少数民族个体及其家庭成员的深度考察。其中，家访过程中的调查方式应当以具体的、开放式的交流为主，避免大规模的问卷形式的调查。

（4）开展大规模样本的少数民族高层次人才对象的抽样分析。在开展这种分析时，尽量使用封闭式、有可选择性的问卷调查的方式。

（5）关于相关培养单位或科研单位的状态，可以采取走访关键信息者的方式获得。这些对象多为高校或科研机构负责研究生招生工作的领导或工作人员，如分管研究生院院长、招生科负责人等。这些人对高校或科研机构的人才培养、教师队伍、制度建设等基础信息十分熟悉，对培养单位或科研单位急需解决的问题、挑战等也都可以给予一些可行性的建议。

（6）对关键信息者进行调查和实地走访，能够得到相关基层单位（如定向地区、委培单位、培养单位等）的用途与地位层面的关键信息。

除此之外，监评指标数据还能通过国家统计部门、政府相关行业、教育科研单位及民间部门等多种途径获得。然而，应当引起重视的是，在实际的数据采集过程中，可以完全满足监评指标要求的数据不可多得，大部分信息需要监评者采取整合、区分、演算、建构等手段给予加工和完善。

二、数据样本规模的大小同数据的精准度之间的关联

监评指标数据的整理也必须遵循成本效益的要求，大中规模的调研在人力、物力和财力上的花费都是相对高昂的，所以，我们可以利用分层抽样或随机抽样的方式让样本变小，合理减少资源投入。此手段是按照基本指标变量将调查目标（如少数民族研究生、民族教育行政管理部门等）参照其在该项指标上的类似度（同质性）划分成几种类型，之后在这些类型中抽取小样本开展分析。例如，本书在调查"优惠政策"执行成效时，将调查对象首先按地域、院校类别、少数民族研究生类别、其他对象类别等进行分层，再对各层中的对象按相似性标准进行分析，不仅能较好地降低样本规模，而且还能获得可信度较高的结果。实际样本的大小应根据对主要变量可能的变化率的估计和要求的调查结果反映现实性的可能的程度确定，而不是根据抽样的机会影响来确定。抽样的机会制约也就是抽样误差，从统计学角度讲，这一误差越大，则预估就越失真。如果要降低这一误差，就需要增大样本规模，同时也会增加成本。

另外，还有一些因素不支持在政策监评指标数据搜集中运用大规模样本抽样。抽样误差只是调查误差的多元渠道之一，在样本取样中还包含许多非抽样误差，如访谈的遗漏、答复的随意性、记录的不准确性等。

第四节　"优惠政策"监评体系的方法系统研究

在"优惠政策"监评体系内，组织机构系统是监评体系的硬件保障，监评制度系统是负责管理监评组织机构运转的软件基础，利用监评指标系统收集与测算出的信息与资料仍仅仅是对政策的行为及效果等方面的"描述"，还必须对指标系统内的信息与资料进行加工，给予它"解释"与"预测"的能力，如此才可以实现监评体系归纳成功与失败经验、排查与研究问题、探索处理问题的措施等方面的目标。因此，方法系统也是一个健全的监评体系不可或缺的构成单位。在此基础上，本节就"优惠政策"监评体系的方法系统问题展开研究。

政策监评体系的方法系统可以理解为用来监测与评价信息整理和研究、数据

采集和加工的技术与措施。可以实现这种目标的措施很多，如抽样法、直接参与、统计归纳、建模研究等。本节集中按照我国少数民族研究生教育政策的特征就现行的国际上主要的政策监评方法开展分析。

一、比较分析法

比较分析法是一种传统的直观分析法。结合不同的对比参照目标，该方法通常能够划分为项目前后比较分析及有无项目比较分析。项目前后比较分析（before and after comparison）通过对比项目执行前后同一指标的改变情况，按照指标的改变程度来明确项目实施的效果与影响。这些指标在项目评估过程中通常同前期可行性分析及评价过程的预测结果进行对比，或者同部分已确定的标准及同类项目的指标进行对比，以明确项目能否实现预期效果。如果指标之间确实存在差异，则需要研究产生差异的原因，及时归纳项目成败经验。有无项目比较分析（with and without comparison）是对项目事实产生的状况同如果不存在项目最有希望产生的状况进行比较，以便衡量由于项目的实际执行而造成的改变，且由此评判项目的确切效果、效益及影响。所以，本书认为该研究手段在监评项目实效性层面发挥着关键作用。不管是前后对比研究还是有无项目比较研究，设置参照对象都是比较研究可以获得准确结果的前提要求之一。

比较分析法逻辑缜密、可行性强，能够直接对项目行为带来的效果进行描述，清晰呈现项目行为的成效，其结论对项目各利益相关者都有很好的说服力，所以，该方法是项目监评中各层面均运用的最普遍的手段。其不足之处在于，由于少数民族和民族地区差异很大，难以挖掘出可以同项目样本保持一致的非项目参照样本，即两者的起点不一致；而此种差异无法解释项目样本与参照样本的区别；项目样本和参照样本受到的各类元素的影响也不相同，也就是两者的内在潜在影响因素不一样；另外，项目样本和参照样本在项目实施过程中有可能受到除项目以外其余因素的干扰，也就是两者的外部环境也不一致；项目样本和参照样本受人为因素的制约，如国家为了均衡各方利益，在利益配置过程中通常会在该项目以外考虑向参照样本区投入其余项目。综上所述，这些因素增加了对比研究方法处理信息的难度。为了避免这种缺陷的制约，监评者在实际操作中要具备对环境的敏锐性及对各级元素的研究和评判能力。

二、逻辑框架法

逻辑框架法（logical framework approach）是美国国际发展署（U.S. Agency

for International Development，USAID）在 20 世纪 60 年代末为规划项目而开创的一种技术手段。它的基本前提是，一旦必需的外部要求得到实现，项目行为的投资、生产、目的、目标之间都存在因果逻辑联系；并且，一切投资、生产、目标、目的均可以采用一定的技术或措施进行测度。在利用这一手段开展评价时，必须研制逻辑框架表。此表给出了项目每一环节的详细目的和要求，以及达成目的的行为和其影响元素；在项目实施过程，监评者通过在此表中记录各类行为和影响元素的事实状态，对事实状态与预测状态进行对比，能够较早地构建起预警系统（early warning system），较早发现问题，研究制约因素，给出解决意见。

作为一种综合、系统地研究和分析问题的思维框架，逻辑框架法在项目立项决策、可行性研究、过程评价、结果评价中都普遍使用。它可以对关键因素和相关问题做出系统的、符合逻辑的判断。此法同样具有先天缺陷。一方面，该方法为动态研究法，项目在实施过程中的外部环境将与时俱进，这给逻辑设计的合理性提出了更高的要求。另一方面，对逻辑框架指标判断的要求高，如果指标量不足，则很难全面测度；如果指标量太大，则收集信息的投入太大，可行性不强。最后，倘若逻辑设计太过缜密或刻板，那么运用该手段开展监评就不利于创新。

三、参与式监评方法

参与式监评方法（participatory evaluation methods）的一般思路在于，通过相关利益者在项目监评过程中的不断参与，全面纳入大众的建议，同相关利益者保持良好的协作共赢关系，帮助他们对项目的实施保持认可感与责任心，提升项目目标对象的自我判读与发展能力，实现项目的科学发展。一般情况下，该方法的基本步骤如下。

（1）进行项目相关利益者分析（stakeholder analysis），此环节是监评的原点，其目标在于认识项目所牵涉的群体的特点和他们参与项目的状态，以此来判断哪些对象能够列为研究目标，并判断什么时段开展研究。

（2）开展项目目标对象评价（beneficiary assessment），组织项目目标对象进行交流，基于目标对象的视角收集反馈消息。

（3）开展参与式评价，在明确参与者范围和整合目标对象意见的基础上，组织各个利益相关者一同研究交流，迅速明确难点，整理和研究效果，继而给出优化对策。

参与式监评方法是项目监评的重要方法。该方法强调相关群体，特别是项目直接干预对象参与其中，保障信息的真实可靠性，对项目执行的事实状态给予真实展现。其缺陷在于，大众的建议通常很难统一，统一思想通常需要消耗大量时间；并且，因为是集体评价，参与者可能以自身的利益为原点进行评价，给出的对策可能缺乏公平性和公正性。所以，参与式评价手段难以取代专家的判断，要同其他监评方法联合使用。

如表 4-19 所示，这三类政策监评方法是"优惠政策"监评数据和信息收集、处理、分析的主要手段。但"优惠政策"监评体系的方法系统绝非只有这些内容。事实上，一切有利于政策监评体系发现问题、分析问题和解决问题的手段都应该是少数民族研究生教育监评体系的方法系统中应予关注和利用的对象。在监评工作中利用以上各种方法时，一方面要利用各种方法自身的优势，另一方面，还需注意将各种方法有机结合起来，才能达到正确、有效、全面地发现问题、分析问题和解决问题的目的。表 4-19 所列的三类监评方法中，参与式监评方法应用广泛，虽然实施起来有些困难，但功能十分强大。鉴于其方法和技术的复杂性，本书基于学术的视角和课题组所在民族院校的区位因素，运用此方法对"优惠政策"执行成效进行客观监评，有利于凸显监评的客观性与公正性，进而为修订和完善"优惠政策"提供决策参考，为保证此项政策的连续性、稳定性和科学性提供政策依据。以下对此项政策参与式监评的利益相关者进行分析。

表 4-19　"优惠政策"监评方法及其特点概览

监评方法	使用阶段	作用和特点	不足之处
比较分析法	政策后	逻辑严密，操作简单，能直观描述政策活动所起的作用，明确表达政策效果	耗时长，对设立对照控制要求高
逻辑框架法	政策中、政策后	验证政策设计的有效性，迅速挖掘政策的矛盾以便于优化；简单，直观	对逻辑假设正确性要求高
参与式监评方法	政策前、政策中、政策后	能调动相关人员参与政策的热情，便于共同挖掘问题，处理问题；参与者需要得到关注	耗时；所得结论不够公平公正，很难推广

四、"优惠政策"参与式监评方法的利益相关者分析

参与式监评方法的核心环节在于对"优惠政策"利益相关者进行准确界定，在此基础上，对各方利益相关者的利益诉求和冲突、冲突表现及原因、利益均衡的合法性等进行分析。

（一）"优惠政策"利益相关者的界定

20 世纪 90 年代初，教育部出台的有关全国硕士研究生招生工作相关要求中，首次明确提出"机构和职责"一词，指出由国家教委统一负责全国研究生的招生工作，具体统筹协调研究生招生；各省级教育厅考试院在国家教委的指导下统一负责本地区的研究生招生工作；而各高校作为招生机构负责执行招生工作。1995 年重新颁布的全国研究生招生工作的相关要求，又把"招生单位主管部门"纳入"机构和职责"范围内，由此构成了我国研究生招生工作的四级管理体系，一直延续至今[①]。从 1985 年 11 月国家教委等多部委联合发布《关于高等学校招收委托培养硕士生的暂行规定》以来，我国就非常鲜明地提出少数民族研究生招生优惠政策人才培养目标的总体布局和规划是由教育部、国家民委牵头负责。简而言之，教育部负责培养计划和研究生招生相关政策的拟定、监管和执行，协助解决在研究生招生工作中发生的问题，评估高校招生状况，总结经验、表彰优秀等；国家民委主要提供政策意见，监管国家政策的执行情况，协调和处理涉及民族宗教问题等层面的特殊责任。各省（自治区、直辖市）教育厅统一规划本区域年度人才需求计划和培养方案，强化与本区域人力资源部门、用人单位和教育部的联系，协助培养单位和用人单位处理好本区域生源需求等方面的任务，实施好生源地对人才培养的财政资助政策，由教育厅民族教育处具体负责考生签订定向培养协议工作；并协同教育部与委属高校组织好研究生招生工作，对研究生招生工作提出政策建议。人事部门承担少数民族科技骨干特殊培养工作的政策策划及组织保障工作。招生单位在教育主管部门的指导下，根据国家每年出台的招生政策，具体承担少数民族研究生招生的各项工作，在编制招生计划时要优先考虑民族地区经济社会发展对人才的需求，在报送学校招生计划时要同时报告本单位招收委托培养研究生的招生计划数。研究生阶段的教育管理和就业等常规性任务也由招生单位承担。此后，由于研究生招生工作的难度加大，在"优惠政策"的具体操作中基本上采取三级管理模式，即教育部和国家民委主要承担招生政策制定和统筹协调任务，各省（自治区、直辖市）教育厅考试院主要承担招生工作的组织和信息报送任务，而招生单位则承担具体执行招生录取和培养任务，其中省教育厅的职能相对单一，招生单位职能就较为综合，容易产生高层招考分离，基层招考统一的现象。

在招生单位负责研究生招生管理服务工作的部门通常包含：各高校或科研机构的研究生招生部门［一般为研究生院（部）招生办公室］、二级单位的负责部

---

① 罗敏. 基于资源配置的研究生招生机制研究[D]. 华中科技大学博士学位论文，2011：79.

门（通常按照学院或者学科来进行区分）、科研院所（通常以一级学科或二级学科为标准划分）。由于我国研究生教育一般采取导师责任制[①]，因此少数民族研究生和导师能够视作"优惠政策"的直接利益相关者。人力资源投资者通常是导师、研究生和各级管理人员。然而，此项政策的利益相关者绝非仅仅包含这些对象，除了他们以外，通常还包括政府、校友、捐资者、社会公众、媒介、金融界等。但是，以往的分析中界定的研究生招生公众利益相关者仍未健全。例如，孟洁博士认为行业（企事业单位和科研单位等）、家长并非直接利益相关者，其利益诉求能用其他利益相关者代表[②]。但是，基于"优惠政策"定向培养的特别要求，笔者认为行业（企事业单位和科研单位等）也是此项政策招生系统的直接利益相关者，也是组织架构内欠缺的构成单元，部分机构在研究生招生中出现了"搭便车"的情况，获得了更多的教育机会，却又不乐意投资。一些部门指出少数民族研究生教育的内涵已经不能满足少数民族发展的诉求，无法对招生要求产生制约，使其难以从少数民族研究生教育中受益。笔者认为，基于利益相关者的理论视角分析"优惠政策"，是搭建"优惠政策"组织结构的基础，而组织结构和招生权责的科学规范又是研究生招生系统中合理分配优质资源的保障，应该准确界定充分讨论。以此科学分析"优惠政策"招生组织结构的特点和矛盾，继而为此项政策的各方利益相关者利益配置的合法性打下坚实基础。

根据文献研究情况，结合米切尔和胡赤弟的分类方法，可以找到各方利益相关者与"优惠政策"之间的关联度，但难以明确各利益相关者之间的具体联系。根据何云景和高伟的分类方法，能够找出各利益相关者之间的实际关联，但无法明晰其在此项政策中的相对地位。在此基础上，本节将参考这两类分类模式，从教育资源流向的维度进行分析，把人力和财力资源区分开来，依据政策利益相关者在研究生培养和研究体系内的不同功能，把它们划分为"优惠政策"资源投入者、"优惠政策"受益者、"优惠政策"执行者等（表 4-20），进而探讨其利益诉求及利益冲突。

表 4-20 "优惠政策"利益相关者分类表

利益相关者		投入者		受益者		执行者	
		财力	人力	财力	人力	财力	人力
制定者：国家	1.教育部、国家民委、财政部等	▲			▲	▲	▲
	2.地方政府　少数民族研究生就业集中度高的行政区域	△			▲	△	▲

① 1953 年的《高等学校培养研究生暂行办法》规定：研究生的学习应在指导教师指导下进行；2010 年发布的《国家中长期教育改革和发展规划纲要（2010—2020 年）》的第七章第十九条提到，建立以科学与工程技术研究为主导的导师责任制和导师项目资助制，推行产学研联合培养研究生的"双导师制"。

② 孟洁. 中国研究生招生制度变革研究[D]. 华东师范大学博士学位论文，2009：132-136.

续表

利益相关者			投入者		受益者		执行者	
			财力	人力	财力	人力	财力	人力
制定者：国家	2.地方政府	少数民族研究生生源流失的行政区域	△					
		向部分中央部委所属院校投入科研项目的行政区域	▲		▲		△	
需求者：社会	3.定向/委培单位	支付学费的定向/委培单位	▲			▲	▲	
		就业集中度高的定向/委培单位				▲		
	4.科研单位	高校的科研组织						
		科研院所	▲		▲	▲	▲	
		与招生单位合作科研的单位						
	5.捐赠者	社会捐赠企业（奖助学金、奖教金）	▲					
		社会捐赠个人						
教育者：招生单位	6.科研体系	招生单位的科研机构	▲			▲		
		科研人员				▲		
		科研人员的招聘部门						▲
	7.培养体系	获得声誉提高培养条件的招生单位			▲	△	▲	
		导师				▲		
		研究生招生部门						▲
受教育者：少数民族研究生	8.获得文凭	获得奖助学金的少数民族研究生			▲	▲		
		获得科研补贴的少数民族研究生			▲			
		支付学费的少数民族研究生及家长	▲			▲		
	9.未获得文凭		▲					

注："▲"表示该类型的所有利益相关者，"△"表示该类型的部分利益相关者

（二）"优惠政策"利益相关者的利益诉求与利益冲突

现代社会不仅是由道德伦理组成的共同体，还是由一系列利益链维系的共同体[1]。随着社会共同体之间利益链的多样化发展，利益问题逐渐成为社会稳定与否的重点或社会结构稳固的关键要素。马克思就曾指出："社会个体通过利益链被连接起来。"[2]所以，当代社会关系本质上是一种政治、经济、文化、生态等各方利益关系的链接体。"优惠政策"作为国家解决少数民族研究生教育优质资源利益分配的主要方式，必将引起各类利益相关者的争论，而且这些利益相关者

---

① 李峻. 我国高考政策变迁研究——基于利益相关者理论的分析[D]. 华中科技大学博士学位论文，2009：49.
② 马克思恩格斯全集（第二卷）[M]. 北京：人民出版社，1995：154.

的利益诉求也呈现出多样化特点，所以，在"优惠政策"的改革过程中应重视对利益相关者的重点关注。

这也牵涉到一种基本原则，即"优惠政策"的利益相关者所表达的利益诉求是否满足社会要求，如果违反了社会要求，那么这种利益诉求本身就丧失了合理性及合法性。一般而言，学界普遍认同利用"综合性社会契约"论来回答这个问题。该理论认为社会契约是交易双方通过约定规范来限制交易行为的制度手段。依照这个观点，它能够被看作一个现代企业是由无数个显性和隐性的契约关系组合的人际关系的法律体系，而形成这种契约关系的个体或团体即企业发展的利益相关者。所以，企业发展应当正视利益相关者的利益诉求，而且要给予及时反馈，否则企业的生存将遭受考验，企业的可持续发展也会遇到阻碍[①]。即使本书探讨的"优惠政策"与企业发展相比存在本质差异，其制定执行过程也均关系到政府、高校、研究生和用人单位等利益相关者之间的利益，同样难以被各类显性和隐性的契约关系分离开来[②]，从另一个角度来看，这种契约关系构成了各方利益相关者之间的利益关系，他们不断相互认同和固化，产生了不同的利益诉求，并由这些契约关系表达出来，内容和信息上的不一致关系也通过"优惠政策"这一政策手段展现出来。

可以发现，政策决策者及执行者都必须依照这种契约合同关系来规范自己的行为。政策决策过程中，决策者必须综合考察各方利益相关者的利益诉求，特别是要把直接利益相关者的利益诉求包含进来。例如，政策决策者必须科学研究各方利益相关者在整个利益系统中的角色；探索弱势群体利益缺失的主要因素；思考怎样提高弱势群体的地位，以及怎样达到"优惠政策"教育公平的终极目标。

所以，根据这个理论基础来分析"优惠政策"就一定要明确每种直接利益相关者所持的利益诉求，并且弄清这些利益相关者实现自身利益诉求的具体方式。

1. 制定者：国家政府的利益诉求

政治学认为，政府是因社会契约关系的产生而存在的，这种观点最早出现在卢梭的代表作《社会契约论》中。政府本身是不存在的，但因为社会劳动分工的发展，公众之间的沟通交流增多，普遍要求建立一种公共事务的机构，用以对公众之间的互动行为进行评判和规范。因此，卢梭认为政府仅仅行使公众委托的权力，而这种权力来自于每个公民公共权力的让渡。基于此，政府"在行使行政权

---

① Donaldson T, Dunfee T W. Toward a unified conception of business ethics: integrative social contracts theory[J]. Academy of Management Review, 1994, 19（2）: 252-284.

② 显性契约指正式的约束机制，如规则、法律、法规等；隐性契约指非正式的约束机制，包括行为准则、习惯、自我行为规范等。

力的过程中不将任何个体或团体的利益考虑在内，而是保障公众的权益"①。在他看来，政府不存在自身的利益，仅仅是公众利益的代表，它的员工都是完美的利他主义者。美国现代政治学家亨廷顿同他的观点相似，但绝非卢梭这种理想主义者。尽管亨廷顿承认政策存在自身利益，但他指出政府利益的一切本质即公众利益，因政府"是组织制度化形成的东西。在一种复杂的政治体系中，各类政府机构和项目代表了公众利益的另一面"①。显然，他仅仅按照政府政治科学的角度阐释政府利益存在的问题。

但是，因经济学在战后迅速发展并获得了很多有价值的成果，研究人员大力推崇这一学科的研究方法。尤其是在政策科学的初创和发展阶段，经济学特别是制度经济学对其产生了重要的影响。20世纪80年代后，"新公共管理"研究范式直接受到制度经济学的影响。制度经济学的"经济人"假设及"理性的选择"等代表观点已被广泛运用到政策科学中。因此，在指出"经济人"假设的用公共选择学派阐释政府的利益诉求时，尽管政府具备很强的独立性，但也绝非一种超然的社会"空中楼阁"，而是由很多同一般平民一样的各级官员和员工构成。在现代经济体制下，这些官员绝非"不食人间烟火"，他们同公民一样存在自身的私利。他们可能为了私利而采取权力"寻租"和"设租"等行为谋取利益，也可能探求政治利益（如提升政府公信力、扩增机构规模、个体升迁等）和经济利益的最大化，政府这类追求自身利益的行为被称作"内部效应"或"内在特质"②。

并且，按照马克思的阶级分类方法来看待这一问题，能够发现，任何政府都是一定统治集团的利益代表。因此，政府决策必然具有一定的价值取向，一般首要表达统治集团的利益诉求或利益群体的利益诉求。但是，现代社会的阶级分化和对立不断弱化，政府的阶级特性同过去相比大幅降低。因此，政府也逐渐展现鲜明的独立性，其本身的利益诉求也在不断增长并愈演愈烈。"大政府在现代社会是如此之大，而其自身就是一个巨大的利益团体。"③并且行为理论学也认为，每个人的行为动机都逃避不了一定的利益诉求。同样，利益追求也是政府执政的基本条件和动力源泉。因此，政府同样具备"经济人"或"利益者"的属性，他们对所有公众利益的行为倘若没有利益的驱动，那么这种行为将是短暂无理性的。不管是阶级理论还是"经济人"假设或行为理论学，都指出政府的利益相关性。正如一些学者指出的，"在社会生活中存在三个市

① 蓝剑平. 政府利益内涵的理论分析[J]. 中共福建省委党校学报，2005，（1）：25.

② 郭华. 制度变迁视角的乡村旅游社区利益相关者管理研究[D]. 暨南大学博士学位论文，2007：58.

③ 弗里德曼 M. 法律制度——从社会科学角度观察[M]. 李琼英，林欣译. 北京：中国政法大学出版社，2004：222.

场：经济市场、政治市场和道德市场"①，而作为政府本身的政治生存即经济性、政治性及道德性的集合。这就证明政府是一个结合了政治利益、经济利益和道德利益的集合体。

虽然卢梭在《社会契约论》中并未给出政府利益导致的直接后果，但能够基于这种契约思想来分析政府行为。从这个理论角度可以发现，政府同公众之间本质上是一种契约关系（实际上这种契约关系主要由隐性和显性的契约构成，显性的契约主要表现为政府的法规制度形式，而隐性的契约主要表现为政府的公信度），而政府正因这种契约关系而独立存在。根据契约关系的要求，政府合法性的首要条件是要采取各类方式为公众提供公共服务，而公众也必须向政府纳税。政府为公众提供公共服务需要通过一些制度和政策来对资源进行分配，但是，倘若这些制度和政策的成效与公众的预期相违背，或是满意度过低，公众幸福指数很低，那么他们就会产生背弃和取缔政府的思想，这就是诺思提出的国家主要功能是为了以"公正"和"保障"的服务来兑换"收入"。

即使一定周期内，政府同公众的契约关系相对稳定，相关各方的权益和义务也较为清晰。但是，由于社会在不断变化，政府同公众之间的契约关系也将伴随社会的改变而发生变化。因利益双方的履约度及外界技术或者利益群体的势力对比发生了变化，导致双方的成本和收益也在发生改变。从另一个角度来看，政府赋予公共利益的能力，与公众所期盼的公共利益之间总是存在差距的，而这种差距始终伴随外部条件的改变而发生变化的。因此，"政府-公众"的契约关系是一种动态过程。另外，因为这种契约关系存在集体性的特征，难免会出现"搭便车"的现象。政府是一个综合体，而公众是分散的，欠缺有效的组织，因此，一旦政府难以兑现承诺或履约度下降，又欠缺与分散的公众有效及时的沟通对话机制，并且欠缺第三方来强制执行这种契约，当公众对这种契约关系的反感积累到一定程度时，公众就会联合起来采取对话、谈判甚至是暴力手段反抗政府，达到重新订立和修订政策的目标。

因此，政府应当采取政策方式回应瞬息万变的社会环境，平衡公众的利益，调整各方利益相关者的权益，以此保障自身的利益均衡。所以，政府的政策行为是平衡公众利益、均衡利益分配的工具。就此问题，政策研究专家德沃金指出，"我将这一原则称作'政策'，它们必须实现设定的要求，一般是在政治、经济或社会问题上，优化某些群体的诉求"②。因此，政府的政策行为表达了自身追求的价值，不管是为了重构社会利益格局，还是为了使自身利益得到保障。而政策的内容代表了政府的具体手段，让公众来设定自身的标准，并采取措施，在政

① 毛寿龙. 中国政府功能的经济分析[M]. 北京：中国广播电视出版社，1996：13.

② 德沃金 R M. 认真对待权利[M]. 信春鹰译. 北京：商务印书馆，2002：41.

策系统内协调本身利益的预期计划。

　　"优惠政策"是党和国家给予少数民族获取研究生教育优质资源的有效措施，涉及多方利益，自然会成为社会各界关注的焦点。一方面，"优惠政策"作为全国研究生招生考试的一种制度，不但符合为民族地区经济社会发展和产业结构调整培养大批高端人才的要求，而且是做好民族团结进步创建工作，搞好民族关系的主要措施之一，对维护各族人民繁荣发展和国家安定统一发挥了重要作用。政府机构按照实情订立"优惠政策"的具体手段，目标在于实现主体的利益诉求，进而使大众利益与国家整体利益保持一致。执行至今，该项政策措施的成效是有目共睹的。"文化大革命"阻碍了社会进步，但30多年前制定的"优惠政策"充分调动了社会向心力，可视为"社会的转折点"，"改变了一代人的命运，而这一代人也改变了中国的命运"①。

　　社会流动及社会分工是人类社会发展的必然要求。社会结构的持续发展要求与时俱进，倘若一种社会结构被固化，就会导致社会底层的人员产生反感和背叛情绪，难以继续维持政府安定团结的局面，最后有可能导致"政府-公众"契约关系瓦解。所以，政府应当维持社会群体之间的相对公平开放的状态，这既满足社会发展的要求，又有益于社会流动的有效开展。

　　招生选拔能够让人力资源得到充分利用，优化资源配置，推动社会经济环境不断改善，进而维持政府局势。高等教育重在研究各学科的前沿知识，目的是更好地推动社会生产力的发展和经济的快速进步。特别是在知识经济时代，这种功能更加明显，民族地区的经济社会发展同具有先进管理理念和科技知识的人才不可分离。而且为了强化民族地区治理能力和治理体系的现代化，高等教育还要承担培养大批管理人才的任务，帮助各个行业不断发展。然而，人才的培养建立在一定的选拔制度之上，"优惠政策"是公认的为民族地区培养高端人才的最有效措施。

　　中央政府不管是基于整体利益诉求的考虑，还是基于民族地区经济社会发展诉求的考虑，都是站在全局角度考虑问题。中央政府通过执行"优惠政策"能够实现民族地区经济社会的发展，满足民族地区产业结构调整对人才的需求，进而使民族地区发展更稳定。"优惠政策"的每一种改革都具有一定的历史因素，也是国家现行的"优惠政策"功能同国家经济社会和国际竞争要求不相调和的因素。基于政治、经济和文化的角度，政府帮助"优惠政策"不断调整，具有鲜明的政治属性。在历次政策改革中，即使中央政府一贯以利益调和者的角色存在，但终究是整体标准的设计者。中央政府选拔标准的变化导致投入改变及预期回报的变化，常常采取政策调整方式，维护国家稳定，保障少数民族研究生教育权

---

　　① 杨学为. 中国高考史述论[M]. 武汉：湖北人民出版社，2007：2.

益,促进教育公平及社会正义,从而达到维持自身道德形象目标。因此,中央政府的政治利益和道德利益是在"优惠政策"中表达的主要价值取向。

同中央政府相似,地方政府(一般为省级政府)也是一种经济、政治及道德利益的集合体,展现了很多与中央政府类似的利益诉求。然而,中央政府和地方政府在利益分配上的冲突,使地方政府的利益诉求表达特别复杂,而绝非单纯的政治、经济和道德上的利益整合。

按照逻辑原则,地方政府的存在必然就拥有一定的利益诉求。地方政府的利益诉求集中表现为本区域社会发展的要求,同时也是当地官员实现政绩的渠道,满足这些利益诉求就需要主导身份。然而在计划经济时代,地方政府一般仅仅构成了国家行政系统内的一个一级单位,而非独立的政治经济实体,无法获得和操控社会资源,是一种明显的权益从属角色。所以,地方政府一般只能遵循并实施中央政府的指令性方案,难以超越其管辖的范围和对象,难以订立同整体趋势相抵触的政策手段。它是"一种被动的客体、传达中央指令的中介,只能遵循中央政府给予的权力来表达国家整体利益"①。因此,在计划经济体制下,我们将国家、个体和集体视作三类利益主体,往往只是注意到不同所有制关系之间的利益差异,而模糊了地方政府的利益。

然而迈入市场经济体制后,国家给予地方政府更大的自主权,不管是政治层面还是经济层面,地方政府利益诉求的表达意愿也越来越强烈,自由市场竞争也越发激烈。我国渐进式改革过程中,国家逐渐放宽了地方政府管理国有经济的自主权,为地方政府发展非国有经济提供了更好的平台,之后现代企业系统得到发展,实现了政企分离,赋予了企业高度的自主权,把企业以往听命行事的机制改变成自主发展,较好地表达了企业在经济发展中的主体角色,开创了"有中国特色的市场竞争关系和经济增长方式"。因此,中央政府同地方政府之间不再是以往单一的上传下达模式。"不再单独依赖纵向的行政管理体系,已然变为一种独立的经济利益机构。"②由于公共资源的有限性,地方政府将最大限度地使区域利益最大化,并把政府官员的政绩作为其行为目标的主体。所以,地方政府在政策设计和执行过程中,通常表现了一定的地方保护主义特点,同中央政府进行博弈。中央政府与地方政府之间的利益关系已不再固守,而是在利益相关者之间不断调整。

政府的发展存在某些自身问题,如政府投入资源有限等,并且政府官员自身还存在很高的政治命运和经济效益的诉求等问题。因此,地方政府自身就表达了政治和经济的诉求。现代生活中,地方政府会努力为这些利益进行调整,受到利

---

① 柳俊锋. 中央和地方政府的利益博弈关系及对策研究[J]. 西南交通大学学报, 2004, (5): 15-18.

② 吴红雨. 地方利益、地方政府与地区一体化[J]. 中共浙江省委党校学报, 2003, (3): 61-65.

益的限制，因而地方政府将尽最大可能从社会资源中争取这些利益，以便缓解这种限制，为政府的发展拓展空间。由此地方政府将持续增加自身相对独立的利益角色，"经济人"的特点也表现得特别突出。

在市场经济体制下，国家给予了地方政府更多的自主权，它们应当为其合法性承担一定的责任。但是，这种合法性要求并非等同于中央政府的角色，它主要还是基于中央政府的授权。中央政府赋予地方政府的合法性到底以何种形式存在？国家经济体制转型时期，地方政府的一些自主权是因经济体制转变过程而逐渐获得的。一般而言，我国最早是在地方行政区域内采取市场竞争和经济增长的形式进行改革。之后，中央政府提供给地方政府的"合法性给予"的主要依据即经济发展指标。例如，地方政府主要领导的政绩评估、社会发展的水平情况、行政自主权范围等都与地方经济社会发展密切联系。

因此，在计划经济时期，地方政府的"经济人"角色特点被弱化，它对地方政府的行为偏好的影响，要比"道德人"特点来得更弱。但在过渡阶段，伴随社会主义市场经济体制的转变，地方政府的利益主体观念变得越发明显，它追求地方利益最大化的过程，常常超出了"道德人"的界线，表现出鲜明的"经济人"的特征。同时，地方政府具有"政治人"的属性，使它在表达自身"经济人"和"道德人"的特征时，也努力降低政治风险，展现出非常明显的"企业化"的短期行为特征。因而，地方政府的几种角色在经济体制转型阶段表现为，"道德人"的特点弱化，而"经济人"和"政治人"的特点则表现得更加突出。

当然，地方政府政治自主权的角色特点，从客观上要体现出一定的合法性要求，政府管理的绩效状况要受到本地公众的监督。政府权力也将受到人民的监督。一方面，政府的权力来源于社会公众，政府的行为也要符合公众的利益；另一方面，能够运用的资源越多，公众的支持度越高，则地方政府的行为就越有成效，就越能发挥更强的影响力和执行效果。由此，地方政府的行为要同社会公众的利益相一致，它们给公众提供的服务能否满足社会发展的要求，不仅在纵向上有关系，而且在现代信息技术条件下，公众更为关心横向上的对比，这也导致地方政府压力倍增。地方政府可以提供给社会公众的权利和服务的质量已经成为衡量政府绩效的关键指标。虽然"优惠政策"主要由招生方案、选拔体系和方式、录取方法等几类关键部分构成，但由于招生方案的指标划分是依据各地区市场份额的需要，因此必然会存在地区差异。而"优惠政策"的选拔体系和方式、录取方法等要求在全国范围内有"等约性"，不会对各地分配研究生教育优质资源形成影响。因此，从省级政府角度，"优惠政策"设计者主要是国家相关机构，依据招生方案的要求分配各地研究生教育资源。如果一些区域的招生方案同其他区域存在不对等，那么必将导致资源配置的不公。研究生教育资源本身具有有限性特点，因此其分配的合法性也会受限。在资源配置中，各地政府为了获得更多的教育资源而彼此竞争，资源集中的区域将获得更多的合法性，继而在政治上赢取更大的自主权。

简言之，地方政府的利益诉求是多样化的，重点在于地方经济社会发展的经济诉求和政府领导政绩要求的政治诉求。为了达到这些利益诉求目标，地方政府会在国家政策制定执行过程中同中央政府之间产生博弈行为。在这个过程中，某些地方政府地方保护的价值选择可能导致了整体活动的某些非理性状况。因为在"优惠政策"改革过程中存在"比较利益人"①，地方政府常常会在经济利益和政治利益之间做出一个最好的判断。

2. 教育者：招生单位的利益诉求

与地方政府类似，招生单位的角色在计划经济时代仍是一类附属品，没有自主权。它们没必要关注自身的招生方案，也不需要为它们的招生计划、录取方式、经费投入等问题而单独筹谋。所有的招生工作都是依据国家的整体布局开展，招生单位仅仅表现为执行者的角色。

1980 年之后，我国社会经济体制开始从计划经济转变为市场经济，招生单位随着这种改革，同样发生了巨大变化。1985 年中央出台的《中共中央关于教育体制改革的决定》首次提出了高校的自主权，1993 年颁发的《中国教育改革和发展纲要》对高校自主权的保障上升到了法规的层面。1998 年出台的《中华人民共和国高等教育法》将我国高等教育史上的政策经验以法律形式予以保障，明确提出"高等学校自批准设立之日起取得法人资格。高等学校的校长为高等学校的法定代表人。高等学校在民事活动中依法享有民事权利，承担民事责任"。由于招生单位法人地位的明确，高校办学自主权才得以实现。

所以，招生单位的自主权和独立性是高校法人地位的根本特征。独立性表示高校在财政上的独立，存在财政上的法人资格，享有高校的法人财产，可以在规定的权力范围内行使行政权，并要符合法律规定。招生单位这种法人角色是实现高效办学自主权的根据和法律保障。从法理层面，法人本质上是社会团体作为民事活动的主体所拥有的法人特点和自主身份。而招生单位作为教育团体，它的法人角色是包括一般法人的民事主体和教育主体的双重角色，是将招生权、培养权和自主权有机结合的统一体。招生单位的这种双重身份特点，表明其自身并非普

① 陈庆云教授提出公共管理中政府的"比较利益人"的假设。他认为，"比较利益人"的行为决策是对多重利益比较与权衡的过程，其目的是实现"比较利益"的最大化。比较性意味着个人在特定条件下，在具有一定冲突性的各种利益之间进行权衡和整合，寻求一个令自己满意的平衡点，以此作为行动的目标。详见：陈庆云，曾军荣，鄞益奋. 比较利益人公共管理研究的一种人性假设[J]. 中国行政管理，2005，（6）：40-45.

遍意义上的法人，而是具有法人特点的特殊法人角色①。

按照法人的法律界定要求，高校作为法人主体理应具备自身的办学自主权，在招生方式、办学手段、培养方案、课程安排、师资建设、职称评定及其他方面都应当更充分地表达自身的意愿和利益诉求。所以，在高校获得法人资格后，它同政府之间的关系也发生了改变，尽管政府依然是其主要的资源投入者，是学校办学经费的主要来源，但高校基本实现了独立。国家机关和地方政府一般是选择性地投入和支持高校，站在国家利益或自身利益角度出发，对高校造成了更大的投入压力。在高校普遍遭受经济压力的境况下，为了降低投入、增加经济利益，很多单位都开始操持经营理念，将教育活动的重心转移到经济效益上。高校在探寻经济效益的行为活动中，同一般的经济实体一样，它们行为的价值取向常常将利益作为基础，其活动动向和活动方式也常常将利益作为核心驱动力。但是，高校作为社会的"第三种机构"，其对利益的追求同企业对利益最大化的追求相比，存在本质上的差别。

物质条件是个体或机构得以生存发展的前提条件，欠缺这种条件高校就将面临消亡，也难以获得发展。可以认为，高校的驱动力本质上是对利益的追求。因而，高校也难以避免对物质利益的追求。特别是那些自负盈亏的高校，它们还要考虑自身的办学效益问题。故此，作为招生机构的高校，其利益诉求是发展的前提。即使我国教育法中明确指出高校并非营利单位，也不以盈利为目标，但这并不代表高校不能有利益上的诉求。在企业发展中，关系到的利益是收支之间的问题，而高校的利益诉求则是指在行为活动中的中间目的或阶段目标，其本质上的价值追求是人才培养及知识创新，由此获取更多的教育资源，直至收支平衡，维持良好的运作。所以，一些高校在招生中采用经营理念，有效管理、增加招生、提升办学效益和社会知名度，继而降低成本、提升自身竞争力的行为是能够理解的。

然而，高校终归不是一种单纯的商品生产机构，而是一种文化组织。"优惠政策"的维系不但要求经济上的投入，更加要求民族文化教育组织履行基本职责，即采取对少数民族高层次人才的培养，来传承知识、利用知识和创新知识。高校在经济效益追求的同时，也要将少数民族高层次人才的培养作为基础。倘若高校没有了人才培养的功能，那么它的合法性也就丧失了。从国际方面来看，高校发展水平的高低往往体现在其自身知识体系的创新及人才培养质量的高低上。知识运用和创新能力居优的高校能够获得更好的声誉，并且也能得到社会及政府更大的经济投入和支持；而反之就会落入被动状态。即便知识运用及创新能力由多类元素决定，但是，刚入学的少数民族学生其自身的能力水平、科学与人文素

---

① 许凤琴. 高等学校办学体制改革政策与法律[J]. 教学研究，2002，（3）：192-196.

养也是关键因素，其重要性甚至不低于教师素质的重要性。因此，更多的高校将注意力集中到生源质量上。例如，中央民族大学、北方民族大学、大连民族大学、中南民族大学等全国优秀的民族院校，按照国家要求设立了少数民族高端人才专项补贴、各类研究生奖助学金等来吸引优质生源。从2014年秋季入学，国家开始在全国各研究生培养单位中实施收费制改革，包含博士层次在内的所有类别研究生均缴纳学杂费。"优惠政策"招生范围的考生也需要缴纳学杂费，而后再通过参加评选各类研究生奖助学金来填补。

能够认为，高校一定程度上期待通过"优惠政策"保障办学规模，由此获得更好的经济效益，并通过招收符合学校发展要求的少数民族研究生来提升它们的知识创造能力，获取更佳的社会声誉，作为办学发展的合法性基础。因此，在"优惠政策"的改革过程中，高校的知识和经济效益是其核心利益。

3. 受教育者：少数民族研究生的利益诉求

少数民族研究生对利益的诉求是无可厚非的，倘若没有他们这种对利益的广泛诉求，那么就不会存在大量的学生情愿经受研究生教育的激烈竞争和备考的艰苦。因此，少数民族研究生的利益诉求主要表现为对研究生教育收益的考量。

由于现代社会对劳动的分工，人人都将遭受职业的挑选；而劳动分工的不断精细化，要求每个人都必须获得知识的转移。现代教育体系中，研究生教育是最高层次的知识转移形式。因此，个体是否获得优质的研究生教育资源，能在社会劳动分工中起到决定性作用，而实际上个体在现代劳动分工中的角色特点又体现了个体在社会中的地位。众所周知，研究生教育状况已然变成社会分层的重要手段。少数民族学生可否考取研究生、考取何种层次的研究生、报考的专业等都对他们一生的成长造成了重要的影响。"社会个体之间的差异决定了竞争的结果，如城镇与乡村的差异、头脑与身体的差异、本科与专科的差异、重点院校与普通院校的差异、热门专业与冷门专业的差异等。"[1]个人接受研究生教育不是以停留在学校读书为目的，而是在教育过程结束后能够充分发挥自身价值并得到社会认可，并以物质和精神待遇的形式体现。因此，"优惠政策"不但让少数民族学生获得了研究生教育的机会，而且更为关键的是，这一招生模式事实上发挥了在少数民族本科毕业生中第一次接受社会分工的作用。他们通过研究生教育培养后大多能够迈入民族地区上层社会的各级领域，而未被录取的学生，多数从事较低层次的管理工作或者服务型工作。即使少数民族学生未考取研究生，也还有很多其他的发展渠道，但获得研究生教育学习机会是一种比较理想的朝上流动的方

---

① 杨学为. 高考文献[M]. 北京：高等教育出版社，2003：588.

式，这是社会普遍关注"优惠政策"的根本缘由。少数民族学生通过"优惠政策"获取研究生教育资源的形式是一种双向通道，既能够获取较高的回报，又可以获得社会大众的尊重和认可。所以，能否获取"优惠政策"资源，直接关系到少数民族学生的个人发展和前途命运，自然成为每个少数民族学生个体及其家庭关注的核心问题。

研究生教育对个体的直接经济回报表现为个体收入的提高。个体收入是对个体劳动价值的充分肯定，直接反映个体劳动的价值。现代化生产和知识经济产业化的社会背景下，教育水平在个体劳动收入分配过程中占据了重要地位。国内外劳动人员的收入体系中，劳动人员受教育程度、能力与生产效率、素质水平等是决定单位时间内获得劳动报酬多少的主要依据。即使学历水平并非个体收入的唯一决定因素，但至少它是个体参与劳动生产过程的起点劳动价值的参考元素。一些学者调查发现，本科与高中毕业生一生的收入差距约 40%，而研究生与本科在一生中的收入相差也约为 40%。诚然，个体的受教育水平同收入有正比关系。此外，还有学者研究表明，个人接受教育后，能够收获的回报率达到 15%以上，而对社会的贡献率也可以超出 10%以上①。并且，研究生教育的收益还能够让人终身受益，具有长期性效果。亚当·斯密早在《国富论》中表明："当然，这也需要一定费用，但有希望偿还这些费用，并从中获益。"②在现代知识环境条件下，职业种类日新月异，新旧交替速度让人叹为观止。守住"铁饭碗"的思想难以在现代社会维持下去，社会需要多种行业的交替。然而，倘若个体的知识储备充分、学习能力强，那么他就能够顺应时代变化，而且还可以敏锐地探寻到新的出路。这项技能能够通过教育实现，研究生教育即可达到如此效果。因而，在新经济条件下，个体都将面临生存和发展的考验，只有通过高水平的教育才能够提升能力水平和知识储备，获得市场竞争制胜的人力资本。改革开放早期，市场经济尚未成熟，导致了一些"脑体倒挂"的问题，让一些目光短浅的群体忽略了研究生教育的功效。而现代社会的分配法则逐步演变为一种以知识为标准的体系中，社会普遍增强了对知识的追崇。导致这种反差的本质因素在于研究生教育的高效益已经体现出来，而且大众普遍认识到受教育者的利益发生了变化。

研究生教育对个体带来的经济收益还表现在理财能力上。挣钱的能力是由知识及劳动效率的大小决定的，而个体的理财能力则更多地是由个体的观念意识、思维方式等因素决定。即使这些因素表现为隐性，但个体的思维方式和观念意识的形成是一个长期的过程，同个体接受教育的程度密切相关。个体受教育的程度

---

① 张福珍. 扩大高等教育规模的社会功能探析[J]. 江苏高教，2000，（3）：25-27.
② 柏檀. 我国高等教育的经济学分析[J]. 江苏高教，1998，（6）：44-48.

越高，一般来说其理性思维及判断能力就越强，越能够依照自身的经济实力采取科学合理的投资和支出。"一个懂得理财和善于理财的人，在工作和生活中，往往能够对每一过程及时观察、果断判断，他们能够利用自身的知识能力，有效地规划时间，创造最大化的边际效益。"[①]

"优惠政策"的考生参加选拔的第二驱动力则在于对个体社会地位的利益诉求。从文化再生产资本论和教育社会学阶层流动论角度来看，现代社会个体的发展已然从过去"先天"发展性转变为"后天"发展性。个体的社会地位往往与教育水平的高低成正向关系，个体参与市场竞争的文化资本能够通过教育实现，由此寻得"好"工作，而"好"工作又表现出更好的经济利益。高品质的生活同高收入存在必然的因果关系，是个体进入上层社会的基础。

1967年，美国研究人员布劳和邓肯通过对国内职业结构的分析，提出了"个体地位实现模型"，认为每种职业在社会劳动分工中都有自身的地位和功效，社会成员采取就业方式获得权力、知识、资本及生产资料等资源，是个体成就的具体体现。个体的就业方式同其获取的社会资源及表现的社会地位密切相关，也是政治、经济及社会地位分层的重要参考标准。

研究表明，美国社会中对个体就业地位的最大影响因素在于个体接受教育的水平。马生诚指出，1911~1921年，日本人力资源中具备高等教育水平的占20%~50%，1928~1941年则增加到40%~50%，在1955年以后，达到了80%[②]。在我国，不仅古时就有"学而优则仕""万般皆下品，唯有读书高""书中自有颜如玉，书中自有黄金屋"的民谚，而且在现代社会劳动环境下，也更加强调了教育在个体经济收入和社会地位方面的关键意义。目前从民族地区人才供需状况来看，劳动力市场内尤为显著的特点是供小于求，尤其是民族地区经济社会发展和产业结构调整过程中高层次人才严重紧缺的问题。这对少数民族学生在就业和职业选择方面提供了更好的机遇，但高薪酬、高回报的就业岗位竞争却特别激烈。在现行的就业环境下，用人单位比求职人员拥有更大的可选空间。事实上，西部民族地区和少数民族群体的教育发展水平不足，人才培养的规模和质量不高、专业结构不对称，特别是缺乏高端人才；并且由于社会利益追求和价值观念的影响，很多高端人才从西部地区流入中东部发达地区，造成人才的严重流失，产生了入不敷出的局面，人才供给严重不足。总之，新时代下少数民族研究生教育发展的矛盾已转变为人民日益增长的对高层次人才的需要和不平衡、不充分的教育发展之间的矛盾。用人单位对高知人才的追求已经成为一种关键因素，影响着毕业生的就业观念。事实表明，高学历专业人才及

---

① 马永霞. 冲突与整合：高等教育供求主体利益分析[M]. 北京：高等教育出版社，2006：26.
② 转引自潘懋元. 多学科观点的高等教育研究[M]. 上海：上海教育出版社，2001：267-268.

知名高校毕业的研究生在工作收入、就业率和岗位重要性等方面，均比普通院校毕业的学生或低学历的学生更具优势。因此，是否获得研究生教育已然变成雇主识别劳动力的重要标准。

然而，教育资源尤其是研究生教育优质资源本身是一种稀缺资源。少数民族学生一旦通过了"优惠政策"的选拔，就能够获得研究生教育的机会。因此，少数民族学生期望通过"优惠政策"获得更多的接受研究生教育的优惠。

4. 需求者：社会的利益诉求

少数民族研究生教育的社会利益诉求集中表现为两个层面：①对少数民族高层次人才的诉求；②对科研成果的诉求。就民族地区用人单位的基本诉求而言，重点是获得可以为本部门给予长时间服务的高端人才，因而一些用人机构在某种程度上乐意采取委培的方式提升员工的职业素养[1]，当他们培养结束获得学历资格后，回归原单位继续服务，并由这些委培单位负责承担培养费，用人单位能够收获到高质量的人才队伍，可矛盾在于其投入的培养经费能否承担起高端人才培养任务的整个过程。

定向单位或委培单位就业集中的"优惠政策"生，在取得研究生教育培养的权利后再到非定向单位谋职[2]，其收获的教育资源是要求他们自主承担培养费的。如此，就有可能在研究生就业的市场体制与研究生招生的方案体制之间，形成一种"搭便车"现象，尽管采取对少数民族研究生教育转移支付投入的国家税收，而培养出来的少数民族高端人才时常在一些特定的行业、企业或事业单位中工作，但这些用人单位直接用来少数民族研究生教育的投入是很难兑现的。

科研机构通常包含科研院所与高校，它们均需完成研究生的培养任务。它们的利益诉求集中表现在对精英人才（长期的人力资源）的争夺，获得更佳更好的拥有一定研究实力的学生（短期的人力资源）。由于研究生具备双重能力（教育对象及初级科研人力资本），在研究生招生过程中，招生单位不只关注

---

[1] 1989 年科学研究机构的研究生国家招生计划，主要应按照本单位的实际用人需要来编制，一般不再负责为其他用人单位培养研究生，故委培计划主要是高校在承担。资料来源：教育部高校学生司. 1977—2003 年全国研究生招生工作文件选编[M]. 北京：北京航空航天大学出版社，2004：2.

[2] 1990 年招生文件指出：国家计划招收的研究生，毕业后的服务范围是高等学校、以基础研究为主的科研机构、由财政拨款的文化、医药卫生等公益事业单位、党和国家机关、解放军系统以及原国家经委等单位以经企〔1988〕240 文件公布的第一批大型工业企业。1994 年文件指出：定向或委培硕士生回原单位，非定向硕士生国家社会主义现代化建设的需要和学以致用的原则由国家安排就业，主要采取毕业研究生与用人单位在国家规定的服务范围内"双向选择"的方式，落实其就业去向，自筹经费研究生国家不负责分配。适当控制地区流向，到京津沪及其他沿海开放等城市工作的非当地生源的总人数原则上不超过非当地生源的 25%，原则上不予改派。1999 年研究生扩招之后，这种限制逐步放宽至取消。

他们的研究实力，更需思考维护公平的原则。所以，科研体系在初期投入研究生人力资本的资源是极其有限的，少数民族研究生教育主要还是依靠国家的整体投入。但现实的问题是，科研系统的投入与研究生个体在该体系中的贡献价值是否能够一一对应。

社会捐助者，无论是否是校友，均能够对少数民族研究生教育给予好的认同与价值目标的认可，或从中受益。这类企业或个体作为利益相关者对少数民族研究生招生优惠政策的利益表达主要体现为采取投入少数民族研究生教育的手段来提升自身的名誉。

（三）"优惠政策"利益相关者利益冲突的表现和原因

"利益属于社会关系范畴，是利益相关者之间为了表达各自的利益诉求，而产生的一种对立统一的关系。"[①]而利益冲突是利益相关者因利益问题导致的矛盾，继而引发的利益纠纷或利益竞争，是利益相关者在利益表达过程中彼此矛盾加剧所表现出来的一种对抗性的相互制约的过程。利益冲突的本质原因在于利益主体和利益客体之间相互调和的协作机制仍然还有需要不断完善之处[②]。

在当前的管理体制、权利配置结构及招生资源条件下，按照利益相关者各方的利益诉求、利益配置形式和现有的招生权力的非统一性特征，少数民族研究生招生优惠政策在招生过程中的利益诉求，仍然存在冲突和权利配置的矛盾，主要体现为以下几个方面。

1. 招生公权力属性同执行人员的个体利益发生的冲突

根据"优惠政策"权利组成情况，少数民族研究生招生权受《中华人民共和国宪法》《中华人民共和国高等教育法》《中华人民共和国民族区域自治法》等法律的保护，以维护公民的合法权益，确保研究生培养单位招收优质的少数民族生源，提供一种公开、公平、公正的招生考试环境。"优惠政策"的基本目标是给少数民族和民族地区经济社会发展培养一大批少数民族高层次人才，坚决拥护党的领导和国家方针、促进民族团结进步和繁荣富强，为民族地区产业结构调整做出贡献，逐步提升少数民族高层次人才的储备量，为国家扶贫攻坚战略和全面建成小康社会目标提供智力支撑。实现少数民族研究生教育机会公平，保障优质生源获取研究生教育的公权力得以实现。从国家各类高校的招生工作情况来看，国家与教育行政部门的强势介入，通常把招生工作当成被大众赋予的权力，由各

① 李风圣，吴云事. 公平与效率：制度分析[M]. 北京：经济科学出版社，1995：58.
② 叶普万. 制度变迁中的利益冲突及解决途径[J]. 经济体制改革，2004，（4）：49-52.

类行政管理机构及一些学术人员管理，该项权益作为行政主导选择权力的特征已经演变成一种常态。

一方面，少数民族的权益同招生权力紧密联系，权力的公共属性需要这类执行人员使用手中的权力维护好公平公正的选拔机制，确保有真才实学的考生获得研究生教育的机会；另一方面，招生权又同具体执行单位关联的利益对象或执行者的个体利益密切联系，这就使得被赋予招生权的个体或群体有可能会产生滥用职权谋求私利的现象。例如，研究生招生工作人员可能运用手中实权收受利益，部分导师会潜意识地为少数民族精英群体提供帮助，继而带来经济利益和社会利益。因为该类群体也在寻求个体经济利益的"经济人"最大化，就会在谋求本身权益最大化的过程中，屈服于群体利益或既得利益，如此将会使政策失去成效，甚至阻碍政策的实施。

2. 各方利益相关者的权利配置不明引发的冲突

招生权为一种公共权力，被多种主体掌握。虽然采取体系化的招生岗位和权责表达，而事实上掌握这些实权的是政府及考试机构（考试院）、招生院校和二级单位等。在招生计划订立及招生权力共同作用下，很难清晰明确各利益相关者的权利范围和有效程度。若政府介入过多，就可能影响招生院校行使招生权及招生工作运作，或是对院系学术人员有影响，从而对"优惠政策"有序招生造成干扰，造成各方利益相关者权责模糊的后果。

如果招生政策不具备科学性，对利益相关者的权责利益划分也不明确，那么就会在招生过程中因这种权利主体的多样化及界定不清晰化造成权利范畴和边界的模糊性，并且容易形成恶性循环，使利益相关者一方或多方的权利过大，产生顶层设计模糊、管理弱化态势，继而造成"优惠政策"发展的不合理。

3. 权力结构失衡、运行机制不一致带来的矛盾

与克拉克提出的"权力三角图"类似，第一管理权表达"政府"的能力，其影响要高于"高校"的自治能力及"市场"的调节能力。"优惠政策"权力结构的不均衡直接导致了各方利益相关者利益诉求之间的冲突。

少数民族研究生教育资源的配置中，政府位于决策者地位，通过招生考试选拔优秀人才。招生方案、专业设置、报考条件等各种具体规定都由政府设计。研究生教育的执行主要依赖政府的支撑和监管（资金保障、考试政策、其他资源等），即使政府创办民族高等教育的目标是给少数民族和民族地区经济社会发展培养高端人才，推动少数民族在国家现代化进程中加速发展，并提高高校的声誉及办学实力。但是，从整体看来，高校在国家赋予的政策环境内，采取对自身发展最有益的办学方式。在研究生教育利益分配过

程中，政府的权利角色太过明显，而培养单位和导师等利益相关者的"从属者"角色则表现明显。

研究生招生选拔环节中，培养单位通常扮演着招生环节的具体操作者角色，大多是依据国家订立的招生政策来开展工作，欠缺自主性，对录取条件和要求的决定权较弱，招生计划的改革欠缺培养单位的能动性和主动性，并且学术专家未被纳入招生计划、复试办法、命题方式等具体操作过程中，仅仅是按照招生任务完成招生计划。

这种招生方式的缺陷为，培养单位的自主权和学术专家的选择权难以体现，招生管理意识弱化，招生工作同社会发展要求、人才培养同科研工作等发生分离，使研究生培养方案同生源诉求不一致，专业结构、就业状态、用人要求等也产生了不和谐问题。招生计划、导师项目、学生主体、培养单位名誉等缺失关联性，最终导致培养单位和学术人员的利益诉求得不到表达。

另外，国家和大学的行政组织关于招生利益配置和权力运行采取科层制，这种"官僚化"的权力等级制度的鲜明特点为权责明确，利用缜密的政策和"硬性"的程序来维持，保障招生权的效力①。而大学中的学术组织和导师的利益诉求表现为人人平等，内部成员之间彼此独立、自主负责本领域的各类学术工作，自主性很强。这类群体通常依照自身的思考和判断来开展科研工作，而不一定严格按照管理者的意愿行事，这一群体按照学术原则分配资源，而不是依照科层制度，由上至下配置资源。

利用市场竞争与价格调控协调社会资源和市场资源的分配，提升群体与个体的积极性，发现和探索群体潜力，实现利益最大化。这种市场调节手段在"优惠政策"中集中表现在学费改革、科研投入等方面，以此调和少数民族研究生的利益需要，力争良性竞争、合理就业、供需平衡。

这种权力结构失衡、运行机制不一致带来的矛盾，导致"优惠政策"各方利益相关者的利益诉求难以均衡，权力越界行为时有发生，由此引发了一些利益冲突。

4. 利益表达机会差异造成信息不对称及理念上的矛盾

"优惠政策"招生系统由各方利益相关者共同作用，但它们的权责划分并非一样，存在主次之别。政府机构在招生系统中扮演主体角色，难以抛离政策掌控的实质特点，在执行政策体系行政权内起到主体功效。国家行政管理服务部门利用自身的权力，采取各类手段表达自身的利益诉求，对培养单位、少数民族学生、学术专家等利益相关者划分活动区域，并限制权利范围。少数民族学生、学

---

① 孟洁. 中国研究生招生制度变革研究[D]. 华东师范大学博士学位论文, 2009: 135.

术专家和培养单位与政府机构之间的关系，常常表现出义务明显强于权力的特点，学术专家通常不参与招生计划的制定过程，少数民族学生和培养单位均属于被管理者的角色，由此它们的利益诉求表达机会和表达方式就显得相对比较薄弱，很多重要的招生信息不对称，对"优惠政策"的认识不彻底，造成了对于政策在思想观念和价值取向方面的不统一。

目前很多学者专家认识到知识测评与能力水平的差异，认为在人才选拔过程中应更加重视对人才能力水平的考察，期望通过实施综合素质测评的方式来选拔人才，仅仅将考试成绩作为一种参考。但是少数民族学生和社会公众对教育公平的理解是依据考试成绩的高低和能力水平的大小来界定的。各方利益相关者在考生能力及知识水平上的认识不一致，欠缺沟通及利益倾诉的机会，彼此之间的利益诉求和价值观很难得到有效交流，从而使培养单位开展自主招生与少数民族学生智力分数公平需求之间很容易产生冲突。

"优惠政策"的协同发展，必须严格遵照各方利益相关者利益均衡的要求，在相对独立的条件下开展沟通，为了确保沟通的有效性，必须完善制度机制，保障利益相关者之间的合作关系。此外，还要尽量协调各方利益相关者的不同利益诉求，使利益冲突最小化，尽量降低利益相关者之间的沟通成本，在政策调整过程中努力保障各方利益相关者获得有效沟通渠道。

（四）"优惠政策"利益相关者利益均衡的合法性分析

从发展角度审视，对利益诉求的调整不能单纯依靠强制和实力来维护，而需要将利益转化为权利才能够持续发展[1]。然而权利是通过政策予以保障的，这就要求建立一种明确的能够随着时代发展而改变的制度保障体系，明晰利益相关者在不同状态下的权益范围及制约限度，明晰哪些可以为、哪些不可为等与政策措施密切联系的信息认知模式，弄清利益相关者的选择范围和发展动向。只有当利益相关者按照科学的标准将各自的利益诉求划分清楚，做出一定的退让，才有可能满足整体利益的最大化要求，实现共赢的政策设计。按照这种清晰的政策约定，能够有效减小利益相关者因利益诉求的差别而导致在博弈过程中产生的不明确性，让各方利益相关者产生利益合作关系。

1. "优惠政策"对利益相关者的约束功能

政策对利益相关者来说是一类活动蓝图，其价值主要体现在两大方面：①利

---

① 孟洁. 中国研究生招生制度变革研究[D]. 华东师范大学博士学位论文，2009：136.

益相关者活动自身；②在各级利益相关者之间发生的联系[1]。其中关于利益相关者活动自身，政策的价值又集中体现为一种制约机制。制约体现在两个方面：①限制；②保护。限制明确了利益相关者的权利范围，或是权力大小，明确了它们的利益诉求的选择区域。如果跨越了约定的权限范围，利益相关者将遭到制裁和惩罚，以此保障各级利益相关者不仅能获得权益更要履行职责。保护的目的在于维护各级利益相关者的权益不受损害，并以此维护各级利益相关者在履行责任的过程中能够合法享受其权利。

　　"优惠政策"的利益基础限定了它的内在约束，由于研究生教育资源有限，如果不给予清晰的政策约束，个体能力难以保障自身利益免受损失，也无法确保其他利益相关者不损害他人来满足个体需要。此项政策同时具有限制与保护的功能。限制就是明确区分招生利益分配及权益配置，各方利益相关者所享有的不同权利范围，明确谁有资格招生、招收怎样的对象、如何操作等职责。例如，构建招生工作监督与投诉体制，将社会大众和报考对象都纳入进来，约束个体、导师等利益群体的私利问题，实现教育公平，规避更大的利益矛盾。保护就是保障主体权益免受损害，保障利益相关者尽其责的同时享有合法权益。例如，维护招生的生源质量，维护公正的教育分配、维护招生工作的正常运转等。这样能促使"优惠政策"产生制约成效，为国家、社会、招生部门、导师及学生提供必要的安全感和预见性，降低在招生工作中打政策"擦边球"的问题。

　　2. "优惠政策"对利益相关者的激励功能

　　此项政策对利益相关者的激励功能体现在彼此之间的联系上，一般也展现在协作和竞争两大层面。协作即帮助和引导利益相关者之间形成并维持良性互动，推动社会实现利益诉求。而竞争是鼓励利益相关者基于自身利益，追求利润的行为活动，由此激发它们的创造力和潜力[2]。在政策激励下的协作和竞争表现出特别关键的效果，协作为竞争内的协作，而竞争则为协作中的竞争。只有协作和竞争实现统一，政策各方利益相关者的良性互动模式才能实现。

　　招生工作中利益相关者之间的博弈过程，是一种政策设计下激励培养单位、学生和导师为自身谋求利益的竞技过程。例如，在师生之间形成一种双选体制，鼓舞学生填报的积极性，从而减少投入，扩大教师的挑选空间，提高获得较好生源的可行性。此外，创建一种带有竞技性的教育资源招生机制，一方面，招生资源向教学水平高、科研能力强的导师倾斜，另一方面，对培养单位

---

① 盛洪. 为什么制度重要[M]. 郑州：郑州大学出版社，2004：64.

② 张俊宗. 现代大学制度高等教育改革与发展的时代回应[M]. 北京：中国社会科学出版社，2003：264.

来说，可以激励它们将优质的研究生教育资源分配到培养质量高、少数民族发展迫切需要的重点学科，集中支持重点学科、理工类应用型学科及新兴学科的成长和发展。

协作功能在招生过程中是利用政策的协调和发展，帮助国家机关和培养单位、导师、考生、社会市场之间构成一种良性的互动关系。在现行的教育条件下，让招生工作更加顺畅，帮助社会整体的招生利益诉求得到实现，确保高端创新型人才改革的实效性，并保障各界在配置研究生教育机会的过程中构建合理的平衡状态。协作也是为了激发所有利益相关者的主观能动性，改良政策决策、指标划分、招考环节、复试招生等过程的权益及利益的分配，减少整个过程的投入和浪费，提升服务绩效。

3. "优惠政策"执行的核心问题即利益问题

"优惠政策"制定是通过各方利益相关者利益诉求的表达和实现、权力的约束、过程的监督、环节的改良等，构建利益相关者在"优惠政策"范围内的改革保障体系。

"优惠政策"涉及的直接利益相关者主要包括政府部门、培养单位、少数民族研究生主体及定向单位等四类对象。当其参与到"优惠政策"的执行和改革过程中时，都有可能成为关键的参与者或是执行主体。正如"优惠政策"不同环节中的利益冲突和主要因素。利益相关者的不同利益诉求使得承担执行主体的主导作用可能不一致，"优惠政策"的执行要求采取不同的管理风格，这是根据管理者管理的行动体、管理的主导权、改革的方法和手段、改革的影响因素、时间、地点及各方利益相关者利益诉求的不同而区别开来的。而利益相关者论为"优惠政策"执行过程中人才供求状况的分析提供了一种理论分析框架，为政策的改良提出了一种新的理论途径。根据"优惠政策"改革过程中各方利益相关者利益诉求影响的主要因素，研究该项政策对各方利益相关者的约束和激励作用，充分证明了各方利益相关者利益均衡的适切性，继而为"优惠政策"利益配置的合法性正名，也为有针对性地给出完善"优惠政策"的改革创新策略打下了理论基础。

总之，我国少数民族研究生招生优惠政策是我国民族政策与教育政策的结合体，它以财政拨款支持、研究生教育资源配置等形式扶持少数民族研究生教育事业，增加研究生教育入学机会，提升少数民族学生的受教育比例。我国少数民族研究生招生优惠政策的延续，具备社会公平正义的象征价值。在我国公共政策体系中，民族政策与教育政策是党和国家的基本政策。按照现代公共政策学的观点，公共政策的施行是一个包含政策订立、政策执行、政策评价及政策改革等环节的综合过程。"由于各种因素，政策环节牵涉一系列伴随时空的变迁而变化的综合的互动元素"①，政策环节及政策成效受决策主体知识面、制定过程、政策施行环境、实施主体的利益偏好、政策对象的利益博弈等诸多因素的影响。政府投入一定的人力、物力和财力实施"优惠政策"，但是政策的目标并不一定可以实现，因而可能无法达到公众所期待的政策成效。"许多政府方案施行的经历表明，必须对公共政策的实际成效开展认真的评价。"②公共政策理论观点指出，"政策影响"与"政策产出"是两类不同的概念。在监评"优惠政策"影响之时，不能单纯观测政府的行为，而"应当判断出政府的各项举措对社会引起了哪些对应的改变"，对政策目标对象到底带来了何种影响。"政策评价即是为了认识公共政策的效果"，"我们不可以仅仅满足于掌握一只鸟煽动了多少次翅膀，而应当掌握这只鸟到底飞行了多远"。③"政策评价是为了判断政府所施行的政策在达成其预设目标上的成效，这一政策在多大程度上符合了政策指向问题的需求，以及这种成效的获得是政策本身的作用还是政策以外其他元素所导致的。"④

"优惠政策"作为一类公共政策，也有必要对其执行成效进行监评，以期从政策实践过程中不断发掘问题并及时改进，使其适切于不断发展变化着的教育环境。这样，才能更好地发挥"优惠政策"在推进我国研究生教育均衡发展中的重要作用。然而，政策执行成效的监评是复杂的，不仅因为政策自身订立、实施、监评过程的复杂性，还受到监评主体价值取向的影响。我国少数民族研究生招生优惠政策执行成效监评的主体可以是制定者、分析者、利益相关者，也可以是利益无关对象。制定者对政策执行成效的监评倾向于从政策收益考虑；政策分析者、教育分析者、社会研究者等监评主体关注其对应的学科视角；利益相关者关注政策是否能给自身带来额外利益；利益无关对象更加注重审视政策是否会在对某些对象优惠的同时导致"逆向歧视"问题。尽管如此，就我国民族教育优惠政策的评价，历史上也在逐步沿着"均等观—差异观—多元观—适切观"的评价分析标准演进。国内外的政策订立与评价，也在逐步由"寻优"朝着"寻适"的途径发展。

从以上观点来看，我国少数民族研究生招生优惠政策是一项具体的民族政策，其内容是否科学合理，政策的措施是否能够满足少数民族和民族地区的实际，政策执行的成效能否达到既定的目标，政策在执行过程中还存在哪些问题，政策有没有必要进行改进等问题，均需要采取规范的政策评价来解答。本书尝试从事实描述及价值评判两大维度，构建以政策效率、效果、效益、政策目标合理

① 萨巴蒂尔 P A. 政策过程理论[M]. 彭宗超，钟开斌，等译. 北京：生活·读书·新知三联书店，2004：3.

② 托马斯 R D. 理解公共政策[M]. 谢明译. 北京：中国人民大学出版社，2011：284.

③ 托马斯 R D. 理解公共政策[M]. 谢明译. 北京：中国人民大学出版社，2011：285.

④ 陈振明. 政策科学——公共政策分析导论[M]. 北京：中国人民大学出版社，2003：308.

性、公平性及教育发展性六项指标为主的"优惠政策"执行成效监评体系，由此合理地解答这些问题，更好地认识新时代、新环境下我国特色民族政策的坚持、完善及创新问题。

第五章 个案分析："优惠政策"监评体系的应用

公共政策选取的价值取向及执行规划是在未来的环境条件下实现的。由于政策执行的环境具有多元化和综合化特性，其时空环境的调整是一个动态过程。因此，即使在最初已经有了很多政策分析的基础，但政策预设目标仍然可能无法实现其价值取向。因而在政策实施阶段对政策执行成效进行调查研究有利于执行规划的优化调整，进而实现预设的价值取向。

"优惠政策"的执行对象主要包括少数民族在职人员和少数民族应届本科毕业生（包括少部分从事民族工作的汉族学生），其根据历史及现实的特殊环境，在认同和尊崇民族差异的条件下，更好地实现民族平等。我国西部民族地区长期处于经济发展相对落后的境况，而国内研究生教育优质资源又往往集中在发达的中东部地区。鉴于此，党和国家在全国研究生招生工作中，制定执行了我国少数民族研究生招生优惠政策。招生工作具体实施了"个人或委培单位承担培养费""降分录取""学生毕业后必须回归定向地区或委培单位就业""国家不提供工作岗位"，以及"同等条件，优先录取"等优惠手段。自政策执行以来，效果突出：从政治角度看，有助于维护民族团结和保障边疆民族地区社会稳定；从经济角度看，有助于提升少数民族的整体素质，缩小民族地区与经济发达地区之间的差距，推动少数民族和民族地区经济社会发展；从文化角度看，对强化各族人民之间的文化交流赋予了政策保障。我国少数民族研究生招生优惠政策的重要贡献是有目共睹的，然而，一项政策不可能是静止状态，必将伴随社会政治、经济环境和政策主客体价值观的改变而产生变化[1]。政策执行 30 多年来，因社会经济文化的发展及各族成员之间的平行流动及向上递进，"优惠政策"实施阶段出现了一些执行偏差，产生了一些问题，如"优惠政策"机会不公、少数民族优秀文化无法传承、"优惠政策"生违约行为较为

---

① 郑白玲. 特与不特——民族院校招生政策价值取向研究[D]. 西南大学博士学位论文，2008：47.

突出等，这些问题受到了社会公众及政策利益相关者的高度重视。因此，有必要利用上述构建的监评体系对现行的"优惠政策"执行成效展开调查，也只有这样才能把握问题症结，对症下药。

第一节　监评模型构建和调查取样

从心理学的角度看，监评过程是人的一种心智行为的结果，而这种行为表现出非线性的特点，我们能够利用模糊综合评价法来处理这一现象。

一、"优惠政策"监评模型构建

20 世纪 60 年代初，美国自动控制专家扎德（L. A. Zadeh）教授提出了模糊集合论的观点，以描述事物的不明确性。"这种方法即利用相关数理理论，对部分很难区分界限、难以量化的元素实行计量分析，以多元化的指标元素关于评价目标的等级为基础，开展综合评价的模式。"[1]所以，此方法是一类利用模糊数学的理论，就现实的综合评价问题给出部分评价的手段。其基本过程通常包括构建因素集合、确定权重集合、构建评价集合、单因素模糊评价、实施模糊评价等。

（一）构建影响因素集

影响因素集是评价"优惠政策"成效的一系列指标集合，它们都通常具有不同程度的模糊性，假定有 m 个影响因素，则因素集 $C = \{c_1, c_2, \cdots, c_m\}$。

（二）确定影响因素权重集

各类影响因素关于整个评价过程的影响程度并非一致，权重集是体现影响因素重要性差异的集合。权重集内部的元素对应于每一个影响因素集的元素，$W = \{w_1, w_2, \cdots, w_m\}$。确定权重的方法较为多样，本书第四章利用层次分析法计算出了每个指标的权重。

---

① 林森. 复杂系统评价方法研究——以科研系统评价为例[D]. 青岛大学硕士学位论文，2007：19.

（三）明确评价集

评价集是评价人员关于被评目标给出的评价结论的集合，$V = \{v_1, v_2, \cdots, v_n\}$，其中，$V_i(i = 1, 2, \cdots, n)$ 表示各类可能的评价结论。通常把评价人员关于评价目标的结论划分成"非常赞成、赞成、一般、不赞成、非常不赞成"五级层次。

（四）生成单因素模糊关系矩阵

单因素评价模糊子集集中体现了某一种因素对评价对象的影响状况。为了获得综合评价结果，必须明确每一个因素的单因素评价集，继而构建单因素评价矩阵 $\boldsymbol{R}$：

$$\boldsymbol{R} = \begin{bmatrix} r_{11} & r_{12} & \cdots & r_{1n} \\ r_{21} & r_{22} & \cdots & r_{2n} \\ \vdots & \vdots & & \vdots \\ r_{m1} & r_{m2} & \cdots & r_{mn} \end{bmatrix}$$

（五）实施模糊综合评价

按照每一个因素的权重集 W 及评价对象的单因素模糊矩阵 $\boldsymbol{R}$，求出评价对象的模糊综合评价结果 P，P 代表评价对象相较评价集的总体隶属关系，P_i 代表相较具体等级模糊子集的隶属情况。

$$P = W \times \boldsymbol{R} = (w_1, w_2, \cdots, w_m) \begin{bmatrix} r_{11} & r_{12} & \cdots & r_{1n} \\ r_{21} & r_{22} & \cdots & r_{2n} \\ \vdots & \vdots & & \vdots \\ r_{m1} & r_{m2} & \cdots & r_{mn} \end{bmatrix} = (p_1, p_2, \cdots, p_n)$$

该方法的优势在于：建模过程简易，易于掌控，对多因素、多层级的综合难题评价质量较高，可以较高质量地处理模糊化、无法计量的难题。适合处理各类非明确性难题，且通过其他数学方法或模型无法取代这种技术。该模型的运用十分广泛，在很多方面，利用此方法构建的实用模型获得了十分显著的成效。

以上分析了模糊综合评价的原理、整个环节及结论推广等基础知识，我们需要在理解它的条件下科学利用它。"优惠政策"执行成效的监评研究涉及很多因素，从多视角、多维度综合评价此项政策的执行成效不可回避一些主观判断及模糊之处。所以，利用模糊综合评价法开展监评可以使结论更具客观科学性和一致性。

二、调查取样和数据整理

对"优惠政策"进行监评首先要确定调查的基本方案，包含样本选择、问卷设计、调查方式方法，以及对此项政策成效的模糊评价过程。

（一）样本选择

本书研究选取调查样本主要基于两个角度：第一，调查点的挑选，应当把重心集中在政策实施的主要目标（少数民族聚居地）上，政策执行牵涉到这些地区学生的切身利益，他们对政策也尤为关心；第二，"优惠政策"的各方利益相关者应当将少数民族研究生教育资源比较集中的区域纳入考察范围，这些区域是贯彻和落实此项政策直接指向的受益目标。在取样过程中，本章依照已梳理的前期成果、各类教育统计数据及地方政府的官方信息进行取样，保障最终挑选的样本能够具有典型性和代表性。

本章以多阶段抽样的方式为主，依据以下几个阶段分别取样。

第一阶段：在全国整体层面上，本章重点将西部民族地区作为一级抽样对象，其原因在于两个方面：①西部民族地区是我国少数民族聚居的主要区域，这里生活着 44 个少数民族，且人口总量占少数民族人口总量的 4/5，我国少数民族研究生招生优惠政策的实施重点在这些地区；②在国家社会经济发展进程中，这些地区的发展相对弱势，经济上的被动导致教育上的资源短缺，研究生教育资源同少数民族学生对教育公平的追求产生了极为明显的矛盾。

第二阶段：本章将挑选的西部民族地区按照版图进行划分，以西北民族地区和西南民族地区作为二级抽样对象。依据国内行政区域规划，西北民族地区主要包含甘肃省、陕西省、青海省、宁夏回族自治区及新疆维吾尔自治区 5 个省（自治区），而西南民族地区主要包含云南省、四川省、贵州省、重庆市及西藏自治区 5 个省（自治区、直辖市）。教育部《2015 年全国教育事业发展统计公报》显示，我国共有研究生培养单位 792 个，其中宁夏、西藏及海南 3 地最少①；此外，民族地区拥有研究生培养资格的高校和民族院校是少数民族研究生教育的主要承担机构，特别是国家民委直属的民族院校和地方重点建设的民族院校，他们可以得到更多的研究生教育优质资源。因此，在选取的两个区域内，依据研究生教育资源相对集中的原则，挑选了这

---

① 教育部. 2015 年全国教育事业发展统计公报[EB/OL]. http://www.moe.edu.cn/srcsite/A03/s180/moe_633/201607/t20160706_270976.html，2016-07-06.

些地区中具有典型性和代表性的 4 个调查点，即云南省、贵州省、四川省及甘肃省，作为二级抽样对象。

第三阶段：选取了国家民委直属的民族院校和各地方重点建设的民族院校、定向地区和委培单位（企事业单位）等作为三级抽样对象。这些对象包含云南民族大学、贵州民族大学、西南民族大学和西北民族大学 4 所民族高校。

第四阶段：在三级抽样对象中，再利用分层随机取样的方法，在各年级学生中发放 1 400 份问卷，收回 1 326 份有效问卷。其中，云南民族大学下发 300份，收回 300 份，贵州民族大学下发 300 份，收回 300 份，西南民族大学下发 300 份，收回 300 份，西北民族大学下发 500 份，收回 500 份，合计收回 1 400份，收回率为 100%。经过筛选，云南民族大学有有效问卷 279 份，贵州民族大学有有效问卷 252 份，西南民族大学有有效问卷 295 份，而西北民族大学则有有效问卷 500 份，合计 1 326 份有效问卷，有效率为 94.71%。此外，研究还挑选研究生招生办管理人员 5 名、地方政府相关管理部门人员 4 名，并结合第四章对政策利益相关者的分析及调查的目标，对正在民族院校享受"优惠政策"的在校生和已经毕业的此类学生开展了访谈；对少数民族定向地区和委培单位进行了走访和调查。一方面，为研究的理论分析提供例证；另一方面，通过深入的田野调查和分析，挖掘问题，力争展现政策实施的真实情况，给出优化"优惠政策"的有效方案。

（二）问卷设计

1. 问卷设计的依据

本章调查问卷涉及政策问题的几类具体内容，主要依据预调查访谈和文献研究中的成果，以及第四章得到的"优惠政策"监评体系指标系统，采取 5 个层次评价集明确了调查问卷的基本问题，制定了问卷，具备一定的科学规范性及客观性。调查的核心问题是"优惠政策"价值维度的关键调查目标，包括政策目标合理性、政策公平性、教育发展性、政策与多元文化的关系、毕业生就业去向等方面。归并整理同类项后，采取定性分析的方法研究以下六个方面的问题：①对"优惠政策"的知晓度和内容认知度；②对"优惠政策"实施效果的满意度；③对"优惠政策"与教育公平之间的关系的认识；④对"优惠政策"与民族文化传承发展之间的关系的认识；⑤对"优惠政策"与多元文化发展观之间的关系的认识；⑥"优惠政策"毕业生的毕业选择及对政策的建议。而有关"优惠政策"事实维度的调查，一般采取定量分析的方法，根据已经构建的"优惠政策"监评体系指标系统，通过查找相关教育统计数据，结合调查问卷及访谈的结果进行综合描述。

为了更好地反映真实情况，在调查问卷发放环节中，课题组紧紧抓住实地考察的机会，对多位政策利益相关对象进行深度访谈，记录其对此项政策最真切的体会和判断，并依据教育科学研究方法中"问卷调查法"的基本原则，在意向量表测试的基础上，对问卷进行了多次预测和修改，获得了最终的正式调查问卷。本问卷既包括背景性问题，又包括主客观性和开放性问题。

2. 问卷的总体结构

本问卷主要包括三部分内容：①卷首语和填写说明；②目标人口学情状况调查，包括性别、民族、家庭所在地、年级等，这些都可以组成自变量，与主客观性和开放性问题进行对照检验；③调查"优惠政策"执行成效的选择题和开放性问题，主要是为了明确调查目标对这一政策执行现状和成效的认识态度和改进意见。

问卷总体分为三大范畴：第一，对"优惠政策"执行的基本认识，这主要体现在以下几个方面：①问卷第 6 题考察政策目标群体对此项政策的知晓度情况；②问卷第5题考察政策目标群体对此项政策具体内容的认知度情况；③问卷第 7 题考察政策目标群体对此项政策执行效果的整体满意度情况；④问卷第 8 题、第 9 题考察政策目标群体对此项政策与民族文化和多元文化之间关系的理解情况。第二，对"优惠政策"执行成效的评价，主要在问卷的第一部分。第三，"优惠政策"毕业生的毕业走向影响因素和政策改进策略，位于问卷第二部分。

3. 问卷的信度和效度分析

本书第四章构建了一套"优惠政策"监评体系指标系统框架，即使此监评指标系统可以较好地体现政策对应的理论和实践的价值，但在一定程度上仍然无法消除主观判断，因此，为了确保评价指标变量的可信度与有效性，有必要对评价量表进行信度和效度的分析。鉴于此，本章使用 SPSS 软件对问卷评价部分做信度和效度分析，以评价问卷的可信度与有效性。

信度是考察测量工具一致性与可信度的基础指针，是在非统一环境中监测结果一致性程度的指标[①]。

如表 5-1 所示，信度系数 α 为 0.994，信度系数高于 0.8，因此此监评指标系统具有较好的内部一致性。

---

① 范柏乃，蓝志勇. 公共管理研究与定量分析方法[M]. 北京：科学出版社，2009：177.

表 5-1 信度统计表

Cronbach's α	基于标准化项的 Cronbach's α	项数
0.994	0.996	20

效度是测量技术或措施可以衡量出的待考察的特征(或事物)的程度,从另一个角度来讲,即评价的有效程度。从统计学的视角研究,考察效度的方法较多,根据被评价目标的特质不同而选用不同的方法。本章集中利用效度考察中的结构效度来检验"优惠政策"监评指标的有效程度。结构效度代表着监测的结果所展现出来的某种结果同监测值之间的对应程度。

本章按照问卷调查的统计情况,利用 SPSS 统计软件对"优惠政策"监评指标进行因子分析,对每一指标变量进行 KMO 与 Bartlett 球形检验(表 5-2)。KMO 是用于比较偏相关系数和线性相关系数的指标,KMO 值越接近 1,表示效度越高。如表 5-2 所示,"优惠政策"监评指标体系的 KMO 值是 0.818,"优惠政策"评价效率的 KMO 值为 0.691,"优惠政策"评价效果的 KMO 值为 0.847,"优惠政策"评价效益的 KMO 值为 0.696,"优惠政策"评价目标合理性的 KMO 值为 0.808,"优惠政策"评价公平性的 KMO 值为 0.816,"优惠政策"评价教育发展性的 KMO 值为 0.868,由此,整体指标系数及其余二级指标的系数均已经超出了 0.6 以上,表示总体的效度处于较高水平。

表 5-2 "优惠政策"监评指标体系和二级指标效度检验

效度检验		"优惠政策"监评指标体系	"优惠政策"评价效率	"优惠政策"评价效果	"优惠政策"评价效益
KMO 检验		0.818	0.691	0.847	0.696
Bartlett 球形检验	近似 χ^2	82 000.306	2 607.872	10 021.035	2 852.976
	自由度	190	1	6	1
	p	0.000	0.000	0.000	0.000
效度检验		"优惠政策"评价目标合理性	"优惠政策"评价公平性	"优惠政策"评价教育发展性	
KMO 检验		0.808	0.816	0.868	
Bartlett 球形检验	近似 χ^2	10 825.862	8 825.388	7 383.915	
	自由度	6	6	6	
	p	0.000	0.000	0.000	

4. 问卷评价部分的统计结果

"优惠政策"执行成效评价统计表见表 5-3。

表 5-3 "优惠政策"执行成效评价统计表

评价指标	评价结果				
	非常赞成	赞成	一般	不赞成	非常不赞成
A_{111}	142	401	699	80	4
A_{112}	150	364	552	180	80
A_{121}	159	451	614	90	12
A_{122}	170	364	663	92	37
A_{123}	168	371	550	185	52
A_{124}	160	410	670	77	9
A_{131}	76	300	665	190	95
A_{132}	80	422	562	177	85
A_{211}	160	384	682	88	12
A_{212}	153	409	665	89	10
A_{213}	161	464	623	65	13
A_{214}	132	397	596	186	15
A_{221}	145	405	530	190	56
A_{222}	106	132	623	311	154
A_{223}	112	145	663	243	163
A_{224}	108	138	654	256	170
A_{231}	78	364	683	145	56
A_{232}	96	108	596	315	211
A_{233}	66	198	663	279	120
A_{234}	121	211	688	184	122

（三）调查思路和调查方法

本章根据调查方案的需要选取了"优惠政策"利益相关群体作为调查目标，并将他们划分为两类主要对象：一类是正在民族院校读研的在校生和已经就业的"优惠政策"生；另一类是政策制定部门领导、招生单位管理人员及定向地区或委培单位的负责人等。以这两种对象作为我们调查的主要目标是基于三个因素：①第一类调查目标包括少数民族学生和汉族学生，他们分别是"优惠政策"直接受益对象和受损对象，对"优惠政策"执行成效的主观体会和评价是最真实的，也代表了他们的利益诉求；②第二类调查目标囊括了"优惠政策"制定者、执行者及监督者，政策成效好坏与这些人是否作为紧密联系；③通过研究这两种调查目标，能够找出他们对"优惠政策"的主观看法，达到相互佐证的效果，并由此探索其共性特征，为政策的现状调查和改进完善提供充分的有价值的一手材料。

　　本章主要使用问卷调查法和访谈法。问卷调查的目标主要为第一类调查目标，鉴于该类目标规模较大且分布不均，所以使用问卷调查的方式，这样不但能够降低调查投入，而且可以收获更为全面的信息资料，保障信息资料的代表性和真实性。访谈法的前期预调查从第一类调查目标中挑选了 25 人，从第二类调查目标中挑选了 6 人，集中分析他们对"优惠政策"涉及的各项问题的看法，包含对此项政策最为关心和政策实施中急需解决的各类问题；在后期正式调查中以第二类调查目标为访谈对象，集中将此项政策的外部影响因素与问卷调查结果进行对比。

（四）政策成效模糊综合评价分析过程

1. 测算隶属度

此过程设置评语集 $V=$（非常赞成，赞成，一般，不赞成，非常不赞成）。利用因素集 C_i 到评语集 V 的一个模糊映射，能够得到一个模糊关系 $\boldsymbol{R}_i$，$\boldsymbol{R}_i$ 是一个模糊矩阵，为 C_i 的单因素评判矩阵。

政策效率方面的模糊关系矩阵是

$$\boldsymbol{R}_{11} = \begin{bmatrix} 0.1071 & 0.3024 & 0.5271 & 0.0603 & 0.0030 \\ 0.1131 & 0.2745 & 0.4163 & 0.1357 & 0.0603 \end{bmatrix}$$

政策效果方面的模糊关系矩阵是

$$\boldsymbol{R}_{12} = \begin{bmatrix} 0.1199 & 0.3401 & 0.4630 & 0.0679 & 0.0090 \\ 0.1282 & 0.2745 & 0.5000 & 0.0694 & 0.0279 \\ 0.1267 & 0.2798 & 0.4148 & 0.1395 & 0.0392 \\ 0.1207 & 0.3092 & 0.5053 & 0.0581 & 0.0068 \end{bmatrix}$$

政策效益方面的模糊关系矩阵是

$$\boldsymbol{R}_{13} = \begin{bmatrix} 0.0573 & 0.2262 & 0.5015 & 0.1433 & 0.0716 \\ 0.0603 & 0.3183 & 0.4238 & 0.1335 & 0.0641 \end{bmatrix}$$

政策目标合理性方面的模糊关系矩阵是

$$R_{21} = \begin{bmatrix} 0.1207 & 0.2896 & 0.5143 & 0.0664 & 0.0090 \\ 0.1154 & 0.3084 & 0.5015 & 0.0671 & 0.0075 \\ 0.1214 & 0.3499 & 0.4698 & 0.0490 & 0.0098 \\ 0.0995 & 0.2994 & 0.4495 & 0.1403 & 0.0113 \end{bmatrix}$$

政策公平性方面的模糊关系矩阵是

$$R_{22} = \begin{bmatrix} 0.1094 & 0.3054 & 0.3997 & 0.1433 & 0.0422 \\ 0.0799 & 0.0995 & 0.4698 & 0.2345 & 0.1161 \\ 0.0845 & 0.1094 & 0.5000 & 0.1833 & 0.1229 \\ 0.0814 & 0.1041 & 0.4932 & 0.1931 & 0.1282 \end{bmatrix}$$

政策教育发展性方面的模糊关系矩阵是

$$R_{23} = \begin{bmatrix} 0.0588 & 0.2745 & 0.5151 & 0.1094 & 0.0422 \\ 0.0724 & 0.0814 & 0.4495 & 0.2376 & 0.1591 \\ 0.0498 & 0.1493 & 0.5000 & 0.2104 & 0.0905 \\ 0.0913 & 0.1591 & 0.5189 & 0.1717 & 0.0920 \end{bmatrix}$$

2. 加权平均法——模糊综合评价

使用加权平均法进行模糊综合评价，基本过程如下所示。

（1）二级指标的模糊综合评价。

利用已经得到的权重及模糊矩阵，能够对二级指标进行模糊评价。

政策效率方面：

$$P_{11} = \omega_{11} \cdot R_{11}$$

$$= (0.3333, 0.6667) \cdot \begin{bmatrix} 0.1071 & 0.3024 & 0.5271 & 0.0603 & 0.0030 \\ 0.1131 & 0.2745 & 0.4163 & 0.1357 & 0.0603 \end{bmatrix}$$

$$= (0.1111, 0.2838, 0.4532, 0.1106, 0.0412)$$

政策效果方面：

$$P_{12} = \omega_{12} \cdot R_{12}$$

$$= (0.1313, 0.0887, 0.5465, 0.2335)$$

$$\cdot \begin{bmatrix} 0.1199 & 0.3401 & 0.4630 & 0.0679 & 0.0090 \\ 0.1282 & 0.2745 & 0.5000 & 0.0694 & 0.0279 \\ 0.1267 & 0.2798 & 0.4148 & 0.1395 & 0.0392 \\ 0.1207 & 0.3092 & 0.5053 & 0.0581 & 0.0068 \end{bmatrix}$$

$$= (0.1245, 0.2942, 0.4498, 0.1049, 0.0267)$$

政策效益方面：

$$P_{13} = \omega_{13} \cdot \mathbf{R}_{13}$$

$$= (0.75, 0.25) \cdot \begin{bmatrix} 0.057\,3 & 0.226\,2 & 0.501\,5 & 0.143\,3 & 0.071\,6 \\ 0.060\,3 & 0.318\,3 & 0.423\,8 & 0.133\,5 & 0.064\,1 \end{bmatrix}$$

$$= (0.058\,1, 0.249\,2, 0.482\,1, 0.140\,9, 0.069\,7)$$

政策目标合理性方面：

$$P_{21} = \omega_{21} \cdot \mathbf{R}_{21}$$

$$= (0.231\,0, 0.115\,5, 0.490\,1, 0.163\,4)$$

$$\cdot \begin{bmatrix} 0.120\,7 & 0.289\,6 & 0.514\,3 & 0.066\,4 & 0.009\,0 \\ 0.115\,4 & 0.308\,4 & 0.501\,5 & 0.067\,1 & 0.007\,5 \\ 0.121\,4 & 0.349\,9 & 0.469\,8 & 0.049\,0 & 0.009\,8 \\ 0.099\,5 & 0.299\,4 & 0.449\,5 & 0.140\,3 & 0.011\,3 \end{bmatrix}$$

$$= (0.117\,0, 0.322\,9, 0.480\,4, 0.070\,0, 0.009\,6)$$

政策公平性方面：

$$P_{22} = \omega_{22} \cdot \mathbf{R}_{22}$$

$$= (0.095\,3, 0.160\,3, 0.277\,6, 0.466\,8)$$

$$\cdot \begin{bmatrix} 0.109\,4 & 0.305\,4 & 0.399\,7 & 0.143\,3 & 0.042\,2 \\ 0.079\,9 & 0.099\,5 & 0.469\,8 & 0.234\,5 & 0.116\,1 \\ 0.084\,5 & 0.109\,4 & 0.500\,0 & 0.183\,3 & 0.122\,9 \\ 0.081\,4 & 0.104\,1 & 0.493\,2 & 0.193\,1 & 0.128\,2 \end{bmatrix}$$

$$= (0.084\,7, 0.124\,0, 0.482\,4, 0.192\,3, 0.116\,6)$$

政策教育发展性方面：

$$P_{23} = \omega_{23} \cdot \mathbf{R}_{23}$$

$$= (0.095\,3, 0.160\,3, 0.277\,6, 0.466\,8)$$

$$\cdot \begin{bmatrix} 0.058\,8 & 0.274\,5 & 0.515\,1 & 0.109\,4 & 0.042\,2 \\ 0.072\,4 & 0.081\,4 & 0.449\,5 & 0.237\,6 & 0.159\,1 \\ 0.049\,8 & 0.149\,3 & 0.500\,0 & 0.210\,4 & 0.090\,5 \\ 0.091\,3 & 0.159\,1 & 0.518\,9 & 0.171\,7 & 0.092\,0 \end{bmatrix}$$

$$= (0.073\,7, 0.154\,9, 0.502\,2, 0.171\,7, 0.097\,6)$$

（2）一级指标的模糊评价。

事实维度：

$$P_1 = \omega_1 \cdot \left(P_{11}, P_{12}, P_{13} \right)^{\mathrm{T}}$$

$$= \left(0.100\,7, 0.673\,8, 0.225\,5 \right) \cdot \begin{bmatrix} 0.1111 & 0.283\,8 & 0.453\,2 & 0.110\,6 & 0.041\,2 \\ 0.124\,5 & 0.294\,2 & 0.449\,8 & 0.104\,9 & 0.026\,7 \\ 0.058\,1 & 0.249\,2 & 0.482\,1 & 0.140\,9 & 0.069\,7 \end{bmatrix}$$

$$= \left(0.108\,2, 0.283\,0, 0.457\,4, 0.113\,6, 0.037\,9 \right)$$

价值维度：

$$P_2 = \omega_2 \cdot \left(P_{21}, P_{22}, P_{23} \right)^{\mathrm{T}}$$

$$= \left(0.279\,7, 0.626\,7, 0.093\,6 \right) \cdot \begin{bmatrix} 0.117\,0 & 0.322\,9 & 0.480\,4 & 0.070\,0 & 0.009\,6 \\ 0.084\,7 & 0.124\,0 & 0.482\,4 & 0.192\,3 & 0.116\,6 \\ 0.073\,7 & 0.154\,9 & 0.502\,2 & 0.171\,7 & 0.097\,6 \end{bmatrix}$$

$$= \left(0.092\,7, 0.182\,5, 0.483\,7, 0.156\,2, 0.084\,9 \right)$$

3. 模糊综合评价

根据 P_1，P_2 能够获得综合评价矩阵：

$$\boldsymbol{P} = \left(P_1, P_2 \right)^{\mathrm{T}} = \begin{bmatrix} 0.108\,2 & 0.283\,0 & 0.457\,4 & 0.113\,6 & 0.037\,9 \\ 0.092\,7 & 0.182\,5 & 0.483\,7 & 0.156\,2 & 0.084\,9 \end{bmatrix}$$

开展模糊综合测算，求出结果：

$$B = \omega \cdot \boldsymbol{P} = \left(0.5, 0.5 \right) \cdot \begin{bmatrix} 0.108\,2 & 0.283\,0 & 0.457\,4 & 0.113\,6 & 0.037\,9 \\ 0.092\,7 & 0.182\,5 & 0.483\,7 & 0.156\,2 & 0.084\,9 \end{bmatrix}$$

$$= \left(0.100\,5, 0.232\,8, 0.470\,6, 0.134\,9, 0.061\,4 \right)$$

4. 等级参数评价

此过程采取百分制开展评价结果的整合，把"非常赞成""赞成""一般""不赞成""非常不赞成"分别赋予"100""80""60""40""20"，结果如表 5-4~表 5-6 所示。

表 5-4　三级指标的综合得分

二级指标	三级指标	非常赞成	赞成	一般	不赞成	非常不赞成	分项值
A_{11}	A_{111}	0.107 1	0.302 4	0.527 1	0.060 3	0.003 0	69.000
	A_{112}	0.113 1	0.274 5	0.416 3	0.135 7	0.060 3	64.882
A_{12}	A_{121}	0.119 9	0.340 1	0.463 0	0.067 9	0.009 0	69.874
	A_{122}	0.128 2	0.274 5	0.500 0	0.069 4	0.027 9	68.114
	A_{123}	0.126 7	0.279 8	0.414 8	0.139 5	0.039 2	66.306
	A_{124}	0.120 7	0.309 2	0.505 3	0.058 1	0.006 8	69.584

续表

二级指标	三级指标	非常赞成	赞成	一般	不赞成	非常不赞成	分项值
A_{13}	A_{131}	0.057 3	0.226 2	0.501 5	0.143 3	0.071 6	61.080
	A_{132}	0.060 3	0.318 3	0.423 8	0.133 5	0.064 1	63.544
A_{21}	A_{211}	0.120 7	0.289 6	0.514 3	0.066 4	0.009 0	68.932
	A_{212}	0.115 4	0.308 4	0.501 5	0.067 1	0.007 5	69.136
	A_{213}	0.121 4	0.349 9	0.469 8	0.049 0	0.009 8	70.476
	A_{214}	0.099 5	0.299 4	0.449 5	0.140 3	0.011 3	66.710
A_{22}	A_{221}	0.109 4	0.305 4	0.399 7	0.143 3	0.042 2	65.930
	A_{222}	0.079 9	0.099 5	0.469 8	0.234 5	0.116 1	55.840
	A_{223}	0.084 5	0.109 4	0.500 0	0.183 3	0.122 9	56.992
	A_{224}	0.081 4	0.104 1	0.493 2	0.193 1	0.128 2	56.348
A_{23}	A_{231}	0.058 8	0.274 5	0.515 1	0.109 4	0.042 2	63.966
	A_{232}	0.072 4	0.081 4	0.449 5	0.237 6	0.159 1	53.408
	A_{233}	0.049 8	0.149 3	0.500 0	0.210 4	0.090 5	57.150
	A_{234}	0.091 3	0.159 1	0.518 9	0.138 8	0.092 0	60.384

表 5-5 二级指标的综合得分

名称	非常赞成	赞成	一般	不赞成	非常不赞成	分项值
A_{11}	0.111 1	0.283 8	0.453 2	0.110 6	0.041 2	66.254
A_{12}	0.124 5	0.294 2	0.449 8	0.104 9	0.026 7	67.704
A_{13}	0.058 1	0.249 2	0.482 1	0.140 9	0.069 7	61.702
A_{21}	0.117 0	0.322 9	0.480 4	0.070 0	0.009 6	69.348
A_{22}	0.084 7	0.124 0	0.482 4	0.192 3	0.116 6	57.358
A_{23}	0.073 7	0.154 9	0.502 2	0.171 7	0.097 6	58.714

表 5-6 一级指标的综合得分

名称	非常赞成	赞成	一般	不赞成	非常不赞成	分项值
A_1	0.108 2	0.283 0	0.457 4	0.113 6	0.037 9	66.206
A_2	0.092 7	0.182 5	0.483 7	0.156 2	0.084 9	60.838
总评价	0.100 5	0.232 8	0.470 6	0.134 9	0.061 4	63.534
分值	100	80	60	40	20	
总得分	10.050	18.624	28.236	5.396	1.228	63.534

三、方案实施

确定好调查方案后，就要开始实施，主要包括调查问卷的发放及对访谈者的培训。

（一）调查问卷的下发

通过前期公关工作，课题组与选取的目标高校达成一致意见后，先后于 2015 年 7 月 10 日~9 月 20 日和 2016 年 7 月 15 日~9 月 13 日赴调研地点，利用随机逐级取样的方式挑选调查样本、下发调查问卷，并且集中对问卷发放人员进行了培训。

（二）访谈者的培训

除了自行与调查目标进行访谈外，还得到了各个调查点的高校教师和省市教育行政部门几位校友的帮助。在进行访谈前对他们进行了系统性培训，重点就调查问卷的相关内容进行解释，并对访谈方式进行说明。按照拟定的访谈提纲对政策制定的相关部门、招生单位的研究生招生管理机构，以及定向地区或委培单位的负责人分别开展了访谈，包括召开座谈会、电话访谈、面谈等多种方式。

第二节　调查结果与个案分析

"优惠政策"自 20 世纪 80 年代正式实施以来，有力地促进了少数民族研究生教育的发展，"优惠政策"取得了历史性的成就。此项政策的实施缓解了少数民族研究生教育资金投入不足、师资力量薄弱等办学问题，为少数民族研究生教育节省了教育投资，提高了办学质量；为民族地区经济社会发展输送了众多的各类高层次人才，各级各类承担培养任务的单位已经成为少数民族高层次人才培养的主要补充渠道；"优惠政策"和其他教育援助政策构成了智力援助体系，全方位支援少数民族研究生教育事业的发展。

一、"优惠政策"的事实成效分析

纵观我国少数民族研究生教育政策的历史沿革进程,可以发现这是一个从单一模式演变成为多元模式的过程。"优惠政策"属于少数民族研究生教育政策体系中非常重要的构成部分,也同样具备这一特征,调查分析此项政策,我们就应当明确整个少数民族研究生教育体系的运行状况。

(一)"优惠政策"效率层面

教育政策效率指的是政策投入的劳动量同政策执行结果所取得的效果之间的比例关系,高效率的政策意味着用最小的政策投入收获最大的政策执行结果。目前,民族地区人口稀少,同中东部发达地区相比,集中举办研究生教育的条件不成熟,教育投入难以估计,办学战线过长会导致民族地区研究生教育投入产出效率低下。结合事实所限,国家在各类研究生培养单位集中执行"优惠政策",采取在中央部委所属重点高校分散实施的方式,为民族地区培养少数民族高层次人才。在教育政策评价研究方面,教育政策评价的效率标准代表了教育投入与教育产出之间的比例关系。事实证明,少数民族和民族地区利用中东部地区成熟的研究生教育资源办学的确节省了教育投入,教育经费、师资力量等研究生教育资源稀缺问题也得到了解决,学生在各个方面的发展比在民族地区内能够获得更好的保障。从西部与中东部研究生教育资源分布的对比情况来看,当前,研究生教育资源整体分布很不均衡,我国中东部地区研究生教育优质资源相对集中,而西部的研究生教育优质资源比较匮乏。所以,实施"优惠政策"能够收获更高的效率,也能够达成此项政策的目标。

1. 教育投入合理,践行效率较高

"优惠政策"在国内各级研究生培养单位已经得到实践,少数民族传统文化对研究生培养单位布局和设置的影响较大,教育投入巨大。要达到政策效率最大化目标则必须采取合理方式实施此项政策。一方面,国家采取了灵活的政策手段。在条件成熟的各级研究生培养单位中全面铺开,大多施行少数民族研究生与汉族研究生共同培养的形式。在现有的各类优质研究生教育培养单位实施"骨干计划",这种模式能够降低大范围创办研究生培养单位的投入成本,有效节约了研究生教育基础建设经费。另一方面,各级定向地区多方支持"优惠政策"的执行。在此项政策的各项开支中,政策已形成三方支持体系:国家承担全部研究生培养单位基建费和研究生培养费,定向地区或委培单位负责对家庭经济困难学生给予适当的学习和生活费补助，分担培养任务的研究生培养单位负责"优惠政策"教职工待遇和教学经费、研究生奖助学金等。例如，北方民族大学从 2011 年开始，每年投入专项经费 45 万元，用于课程建设，开设少数民族语言课程奖学金，对选修蒙古语、藏语、维吾尔语的成绩优秀的研究生进行奖励表彰[①]。此举降低了国家直接投入和民族地区教育费用负担，让"优惠政策"可以有效实施。此外，问卷调查和调研分析表明政策利益相关群体对此项政策的践行效率相对满意，"研究生教育优质资源培养单位办学要比民族地区办学效率高"这一问题的分项值达到了 69 分，处于一般评价层级之上，赞成之下。因此，国家通过合理有效配置资源，以最小投入达成了"优惠政策"战略目标。

民族地区的高校及民族院校的少数民族研究生教育培养能力非常有限，而且学科专业布局仍需优化，这使民族地区的研究生教育无法更好地满足地区经济社会发展的需求。2013 年，全国民族自治地方的高校拥有研究生培养资质的单位较少，主要集中在内蒙古、吉林、湖南、广西、云南、宁夏、西藏等 7 个省（自治区），民族自治地方的高校研究生在校人数为 8.6 万人，约占全国高校研究生在校生总数的 4.8%[②]。21 世纪初，全国民族院校共 13 所，其中，拥有博士和硕士一级学科授权资格的仅有中央民族大学，博士学位授权学科专业共 4 个，分别为中央民族大学的宗教学、人类学、中国少数民族语言文学（藏缅语族）及专门史；硕士学位授权学科专业共 84 个，其中，中央民族大学 19 个，中南民族大学 17 个，西南民族大学 18 个，西北民族大学 8 个，广西民族大学 6 个，云南民族大学 9 个，内蒙古民族大学 7 个；到 2006 年，民族高校内拥有博士学位授权资格的仍然只有中央民族大学 1 所，一级学科仅仅在以往的民族学学科基础上增加了 1 个中国语言文学学科；到了 2016 年，全国民族院校发展为 18 所，拥有研究生培养资质的院校为 12 所，其中，拥有博士招生资格的院校只有中央民族大学、中南民族大学、广西民族大学、西北民族大学、西南民族大学和内蒙古民族大学，民族院校硕士和博士一级学科授权点分布情况如表 5-7 和表 5-8 所示。因此，当前我国民族地区的院校和民族院校的研究生教育发展水平仍十分滞缓，研究生教育资源分布严重不足对民族教育的全面发展及少数民族高层次人才的培养产生了严重的影响和掣肘，这不但制约了边疆少数民族地区学子获得研究生教育的机会，而且还给各族人民在研究生教育中实现教育公平带来了严重影响。要加快民族教育的发展，保障西部民族地区在研究生教育优质资源配置过程中的公正性，就必须在研究生教育资源较为丰富的培养单位实施"优惠政策"。事实证明，"优惠政

---

① 国家民族事务委员会. 北方民族大学开设少数民族语言课程，进一步突出办学特色[EB/OL]. http://www.seac.gov.cn/art/2011/3/28/art_3956_116830. html，2011-03-28.

② 根据《中国民族统计年鉴（2013）》和《中国教育统计年鉴（2013）》相关数据整理。

策"的实施,有效解决了民族地区由于历史自然、区域分布等原因造成的研究生教育落后、办学成本巨大等问题,践行效率较高。

表 5-7 2016 年民族院校硕士一级学科授权点分布一览表

布点情况	哲学	经济学	法学	教育学	文学	历史学	理学
布点种数/个	1	2	5	1	3	3	7
布点个数/个	2	5	29	4	16	11	21
结构比例/%	1.42	3.55	20.57	2.84	11.35	7.8	14.89

布点情况	工学	农学	医学	管理学	艺术学	合计
布点种数/个	7	5	3	3	2	42
布点个数/个	18	8	8	13	6	141
结构比例/%	12.77	5.67	5.67	9.22	4.26	100

资料来源:民族院校高等教育基层统计报表及各院校简介

表 5-8 2016 年民族院校博士一级学科授权点分布一览表

布点情况	哲学	经济学	法学	教育学	文学	历史学	理学
布点种数/个	1	0	2	0	2	1	0
布点个数/个	1	0	7	0	3	1	0
结构比例/%	8.33	0	58.34	0	25	8.33	0

布点情况	工学	农学	医学	管理学	艺术学	合计
布点种数/个	0	0	0	0	0	6
布点个数/个	0	0	0	0	0	12
结构比例/%	0	0	0	0	0	100

资料来源:民族院校高等教育基层统计报表及各院校简介

2. 实施多元化教育措施,教育教学效率较高

"优惠政策"制定者是国家教育主管部门,由各级地方政府和培养单位具体负责落实并给予一定自主性。即使五大少数民族自治区都位于西部,但在全国范围内均分布有少数民族成员,各民族地区的民族教育发展状况很不均衡。故而,"优惠政策"必须由国家统一筹谋,确保各区域的少数民族均能够公平获得研究生教育优质资源。该政策从 20 世纪 80 年代开始实施,由教育部具体负责,并逐渐成为我国民族教育政策体系中极其重要的构成部分。如果满足教育的基本国策,中央也同意各地区按照各区域、各民族的现实状况执行,具备一定的灵活

性。例如，在"优惠政策"一些具体操作层面的环节中，实施"优先录取""按需招生""降分招生""按生源状况招生"等不同措施。这种类型的优惠行为已经变成了当地学校研究生招生政策的重要参考。我国少数民族研究生招生优惠政策也已经基本确立了由国家相关部门制定，各类委托培养单位按照地方实际承担培养任务，相互重叠、彼此统一的政策制定体系和实施体系。

研究表明"骨干计划"作为"优惠政策"中的一类主要措施，在政策实施之初，通过"骨干计划"报考的考生成绩很不理想，他们的文化基础比较薄弱且良莠不齐，同汉族学生相比还存在差距。针对"骨干计划"生学习基础比较薄弱、内部又有较大差异的特征，"骨干计划"政策按照少数民族学生的现实状况探索适合他们的解决方法，提升学生文化素养和学习能力。国家在具体落实"骨干计划"的政策中拟定了有针对性的培养方案。2013年以前，"骨干计划"政策要求硕士研究生均要参加"骨干基础强化培训班"的学习，按照学生现实状况设置补习教育。"骨干计划"规定在正规研究生教育阶段入学之前进行一年的基础培训，入学第一年将被安排到教育部指定的六所高校进行基础培训，在培训期间不涉及专业课，重点补习外语、数学、语文等基础课程，不同的基地制定的课程体系也不同。通过重视补差培训，加强对少数民族学生的学习能力、学习方法及行为习惯的培养，让他们可以尽快跟上研究生正式培养阶段的学习进度。而2013年以后，由于少数民族研究生教育的不断发展，"骨干计划"政策又调整为如果符合录取学校指定的普通计划复试分数线及复试录取要求的考生，能够不用参加基础强化培训而直接进入正式研究生培养阶段。

在每年教育部公布的当年硕士研究生进入复试的分数线中，都会单独为享受少数民族政策的考生划定录取分数线，如2010年和2011年"骨干计划"的录取分数线均为240分，2012~2016年的录取分数线均为245分。可以发现，"骨干计划"入学考试进入复试的分数线相对比较稳定，且单科分数要求也大体稳定在30~45分。相关调查显示，"骨干计划"政策历经了十多年的发展，硕士生的生源质量在不断提升[1]。以中央民族大学为例（表5-9），2012~2016年参加基础强化培训的"骨干计划"硕士生的入学总分呈现逐年上升趋势，且2014年入学考试总分的平均分已经突破了300分，同时，政治、英语的单科成绩也呈逐年上升趋势，这说明"骨干计划"硕士生的生源质量得到了较大提升，也有力证明了此项措施得到越来越多致力于民族地区经济社会发展的少数民族优秀学子的青睐，彰显出此项政策的实施成效。问卷调查和调研分析结果也表明，政策利益相关群体对此项政策的教育效果比较满意，"研究生教育优质资源培养单位教育效果与民

① 车峰，闫凯. 少数民族骨干计划硕士生基础强化培训的困境与路径选择[J]. 高等农业教育，2015，（5）：84.

族地区教育效果相比效率更高"这一问题的分值达到了 64.882 分，处于一般评价层级之上，赞成之下。事实证明，我国形成的从中央到地方的政策制定和执行体系，都紧密围绕"优惠政策"的战略目标，同国家整体发展要求保持一致，提升了"优惠政策"的执行成效。

表5-9 中央民族大学 2012~2016 年"骨干计划"硕士生入学考试成绩统计表

成绩	2012 年	2013 年	2014 年	2015 年	2016 年
总平均分/分	285.68	295.59	301.92	303.88	318.85
政治平均分/分	54.54	58.32	57.53	58.55	61.22
英语平均分/分	40.38	41.93	45.03	46.35	47.37

资料来源：根据中央民族大学研究生招生网站整理得到

（二）"优惠政策"效果层面

教育政策的效果代表的是政策执行的直接成果，重点体现在"优惠政策"教育规模、培养人才的数量和质量，以及此项政策为少数民族和民族地区经济社会发展输送的各类人才状况等方面。为民族地区社会发展培养所需的少数民族高层次人才是"优惠政策"的具体目标，所培养的人才数量和质量是考量此项政策执行成效的重要指标，数量及质量层面可以从此项政策在研究生培养单位中的办学规模和招生人数、人才层次和人才结构等方面进行考量。

1. 办学与招生规模稳步增长

明确一种政策是否有效的本质标准是此项政策的价值目标是否实现，即政策行为效果与价值目标是否朝着同一方向迈进。目前，"优惠政策"的价值目标主要有两个：①提高少数民族学生获得研究生教育机会的比例。执行此项政策30多年来，少数民族学生获得研究生教育机会的比例不断攀升。根据国家民委经济发展司和国家统计局发布的《中国民族统计年鉴》和《中国统计年鉴》的数据，能够看出，2005 年全国少数民族研究生在校生总量为 41 950 人，其中博士研究生（含科研单位）7 230 人，硕士研究生（含科研单位）34 720 人，少数民族研究生占比为 4.29%，而 2000 年全国第五次人口普查数据显示，少数民族人口总量占全国人口总量的 8.41%；2008 年，全国少数民族研究生在校生总量提高到 58 861 人，其中博士研究生（含科研单位）9 461 人，硕士研究生（含科研单位）49 400 人，少数民族研究生占比为 4.59%，年均增长率超过 40%。特别是最近几年，越来越多的少数民族学生获得了研究生教育机会，2010 年全国少数民族研究生在校生总量为 76 630 人，其中博士研究生（含科研单位）12 125 人，硕士研究生（含科研单位）64 505 人，少数民族研究生占比为 4.98%，根据 2010 年全国第六次人口普查数据，少数民族人口总量占全国总人口的 8.49%；2012 年底，全国少数民族研究生在校生总量达 99 441 人，其中，博士研究生（含科研单位）14 853 人，硕士研究生（含科研单位）84 588 人，少数民族研究生占在校生总量的 5.78%，在这短短两年内，少数民族研究生在校生总量提升了近一个百分点。②切实维护民族团结、有效保障民族平等。20 世纪 80 年代国家制定实施的《关于高等学校招收委托培养硕士生的暂行规定》，以及 21 世纪初实施的《教育部 国家发展改革委 国家民委 财政部 人事部关于大力培养少数民族高层次骨干人才的意见》，对少数民族研究生招生工作的基本依据和具体模式都给出了明确的要求，为少数民族和民族地区培养了一大批少数民族高层次人才（表 5-10、表 5-11）。

表 5-10　2000 年和 2010 年全国各民族研究生数量　　　　单位：人

民族	研究生人数		民族	研究生人数	
	2000 年	2010 年		2000 年	2010 年
汉族	847 561	3 955 659	柯尔克孜族	22	95
蒙古族	4 471	26 536	土族	69	546
回族	6 134	30 222	达斡尔族	132	678
藏族	833	4 964	仫佬族	79	455
维吾尔族	962	4 566	羌族	66	416
苗族	1 285	7 177	布朗族	4	46
彝族	801	4 276	撒拉族	14	93
壮族	3 273	15 980	毛南族	21	139
布依族	283	1 622	仡佬族	83	628
朝鲜族	3 241	9 675	锡伯族	272	1 195
满族	8 694	43 161	阿昌族	2	21
侗族	534	2 620	普米族	8	38
瑶族	538	3 554	塔吉克族	3	15
白族	835	3 550	怒族	1	22
土家族	2 568	14 567	乌孜别克族	16	44
哈尼族	88	507	俄罗斯族	14	138
哈萨克族	189	963	鄂温克族	27	129
傣族	100	526	德昂族	—	2
黎族	123	561	保安族	6	10

续表

民族	研究生人数		民族	研究生人数	
	2000 年	2010 年		2000 年	2010 年
傈僳族	24	172	裕固族	8	50
佤族	10	89	京族	21	62
畲族	181	1 024	塔塔尔族	8	19
高山族	6	40	独龙族	8	11
拉祜族	24	152	鄂伦春族	12	65
水族	35	228	赫哲族	7	68
东乡族	18	132	门巴族	4	10
纳西族	169	812	珞巴族	1	1
景颇族	5	40	基诺族	2	20

资料来源：全国第五次人口普查数据和全国第六次人口普查数据

表 5-11　2006~2018 年“骨干计划”历年名额分配表　　单位：人

年份	博士计划	硕士计划
2006	500	2 000
2007	700	3 004
2008	800	3 400
2009	1 000	3 700
2010	1 000	4 000
2011	1 000	4 000
2012	1 000	4 000
2013	1 000	4 000
2014	1 000	4 000
2015	1 000	4 000
2016	1 000	4 000
2017	1 000	4 000
2018	1 000	4 000
合计	12 000	48 104

　　“优惠政策”早期实施的“双少”招生政策模式从 20 世纪 80 年代开始执行，国家未单独划定招生指标，一般由各研究生培养单位自主掌握，但指标较少，而从 1999 年至今，“双少”招生政策的招生对象和录取规模都在持续变化，主要按照招生单位的生源状况决定，带有一定的灵活性。而“骨干计划”自 2006

年开始执行，初期招生指标偏少，从2010年至今，"骨干计划"的招生计划总量已经达到了年均0.5万人，其中硕士研究生每年计划招收0.4万人，博士研究生每年计划招收0.1万人。截至2018年底，累计计划招收硕士研究生4.8万人，博士研究生1.2万人。另外，通过问卷调查和调研分析也可以看出政策利益相关群体对此项政策办学和招生规模的效果的态度，"政策办学规模取得了很好的效果"及"政策招生规模合理有效"的分值分别为69.874分和68.114分，处于一般评价层级之上，赞成之下，说明大家对此项政策在办学和招生规模层面的满意度是比较高的。由此可见，"优惠政策"的实施为不断缩小少数民族与汉族之间的教育差距做出了重要贡献，为少数民族学生获得研究生教育优质资源的利益诉求提供了保障。通过定向培养，不但可以确保人才培养的层次，而且能够确保就业方向，有助于适应民族地区产业结构调整环境下对高端人才的急切要求，促进民族地区经济社会发展。简而言之，"优惠政策"执行以来，为民族地区输送了一大批少数民族高层次人才，对维护国家稳定、推动社会整体发展起到了强有力的智力支撑作用。

2. 人才层次与结构趋向完善

随着"优惠政策"的不断发展及实施政策的社会环境对高端人才诉求的不断调整，这一政策结合政策运行环境在相关内容上做出了人才培养结构方面的改革。"优惠政策"的具体内容在历史发展中曾经历了较大的人才层次与结构上的调整，如"优惠政策"中的"双少"政策实施之初，招生范围仅为少数民族学生，培养层次也维持在硕士阶段；2006年开始实施"骨干计划"政策后，将人才培养的层次提升到博士阶段；2010年，随着国家开始重视对专业型硕士的培养，"优惠政策"同样也开始招收专业型硕士学位研究生，进一步创新和发展了少数民族研究生培养的层次与结构，不断满足了少数民族和民族地区对高层次人才的更高要求。通过问卷调查和调研分析结果也可以看出政策利益相关群体对此项政策保障和完善人才培养的结构和层次所持的态度，"现行政策有效完善了培养人才的结构和层次"的分值为69.584分，处于"一般"和"赞成"之间，说明大家对此项政策在完善人才培养的结构和层次方面是比较满意的。

"优惠政策"对少数民族研究生培养的层次与结构上的调整，也体现在政策内容的不断完善，招生政策体系的日益成熟上。20世纪中叶，民族高等教育招生政策的基本原则是对少数民族学生采取"同等条件，优先录取"，80年代后，逐渐破除这一原则，转为多样化的执行标准，增添了"降分录取""配额录取"等措施。21世纪初，国家在少数民族研究生招生政策中不仅维系了原有的招生方式，还加入了"加分招生"等优惠措施，"优惠政策"的招生方式得到了不断发展。到目前为止，此项政策的基本形式包括：①硕士研究生"双少"招生政策重点实施"降分招生"的方式，在单科和总成绩要求方面相比普通计划考生要低出很多，如单科成绩为百分制的，"双少"政策的初试分数一般要比普通计划考生低 10 分左右，而单科成绩高于 100 分的，"双少"政策的初试分数一般要比普通计划考生低 40 分左右。此外，"骨干计划"政策统一执行"自愿报考、统一考试、单独划线、择优录取"的原则。历年来，除农学外硕士研究生的最低录取要求不论在总成绩还是单科成绩方面，"骨干计划"都要低于其他学科门类。②坚持以"少数民族为主，兼顾汉族"为招生基本原则。长期以来，少数民族研究生招生优惠政策中"双少"政策的招生范围仅为少数民族学生，而"骨干计划"政策的招生范围除了少数民族学生外，还包括少量从事民族工作的汉族考生。③开展"统一培养"与"补习教育"相结合的研究生培养模式。从 1985 年开始执行"双少"政策以来，录取的硕士研究生必须按照招生要求在培养单位学习，不管是否为在职人员，都应当全脱产在培养单位学习，而在整个硕士研究生的培养过程中，都执行与普通计划硕士研究生同样的研究生培养方案，未做任何区分。2006 年开始实施的"骨干计划"政策招收的硕士生需按照政策要求到指定的基础强化基地学习，"骨干计划"博士不需要参加补习教育。但从 2014 年秋季入学开始，国家对"骨干计划"硕士研究生的培养模式进行了调整，如果初试成绩符合招生单位划定的普通计划的复试要求，就无须赴基地学习而直接进入研究生教育的正式阶段。④国家或委培单位承担培养经费。"双少"招生政策模式，采取由委培单位承担学生培养经费的方式，但部分委培单位不愿支付委培学生的培养费，通过同委培生协商解决，一般均由委培生本人承担。而"骨干计划"招生政策模式则统一享受中央级高校财政拨款政策，基础强化培训基地的各项经费也统一由国家下拨。⑤在中央部委招生工作中，教育部要求培养单位和主管单位"对新疆、西藏等边疆民族地区、少数民族聚居区、研究生教育及科技实力相对弱势地区要实施优先发展，适当照顾师资力量薄弱高校及科技力量急需增强的委托单位的要求"。在编制学校招生方案时，要求"应同时报送本单位招收委托培养硕士研究生的招生计划名额"。⑥坚持"定向招生、定向培养、定向就业"的总原则。⑦在国家重点高校和民族院校中，原则上为少数民族考生保留一定的招生名额。如"双少"招生政策模式的招生计划一般不设上限，但受到教育部统一下拨的本单位硕士招生总指标的约束，占总指标的一部分。现行的"优惠政策"根据录取要求在形式上大体可划分为三种类型：民族特惠、全面普惠及区域优惠，彼此交叉互联。在不同阶段"优惠政策"集中或偏向其中一种或几种类型。当前，"优惠政策"主要执行"降分录取"和"配额招生"两种方式，重点施行单位为国内重点高校和民族院校。通过这些具体操作方式来保障少数民族研究生的入学比例。

　　3. 输送各类高层次人才服务民族地区

　　截至 2016 年底，我国少数民族研究生招生优惠政策中的"骨干计划"政策确定了 21 个省（自治区），以及五类少数民族人才培养重点单位作为生源范围，而"双少"政策的生源范围也被确定为内地 10 个省（自治区）的少数民族应届本科毕业生和国家公布的民族区域自治地方的少数民族在职人员。在教育部下达的 2017 年"骨干计划"招生通告中，明确将全国 160 多所高校和科研院所作为博士培养单位，其中，国家各部委属院校合计 132 所、科研院所共计 3 所、地方院所达到 25 所；而在硕士层次，全国累计 216 所高校和科研院所招生，其中，国家各部委属院校合计167所、科研院所合计3所、地方院校达到46所。①自 2006 年"骨干计划"实行以来，梳理历年教育部下达的招生方案可以发现：截至 2016 年底，"骨干计划"实施十年来，国家各部委属院校、科研院所及地方院校累计招生 5.3 万人，其中，博士研究生 1.3 万人，硕士研究生 4 万人。绝大多数"优惠政策"毕业生都回归了定向地区就业，分布于民族地区急需人才的农牧地区、边疆地区或各类企事业单位、教育文化机构中，并在西部大开发的各条战线上发挥着重要作用。

　　以四年的培养周期（基础强化培训基地 1 年）为预期，到目前为止此项政策的硕士毕业生人数已达到 2 万人左右（部分专业硕士研究生的培养周期为 2 年）。对于这些已经毕业的研究生的就业状况，目前国内并未进行过全国性的量化统计。但根据"骨干计划"历年来的招生指标发展状况来看，2010 年之前，招生指标每年呈递增势头，硕士研究生增量显著，自 2010 年开始整体保持稳定水平。这就是说，教育部在"骨干计划"开始实行的头一个五年规划内，采取持续强化对少数民族高端人才的培养力度。即使尚未得到全面的"骨干计划"毕业生的就业数据，但可以肯定的是，此项措施对更多的西部地区特别是少数民族学生的深造之路提供了更多的希望。尤其是研究生奖助学金体系的不断完善更是为很多贫困家庭子女解决了后顾之忧。

　　根据相关调研结果可以发现，国家和地方政府对招生的基本信息、基础数据都较为详细地向社会公开，但在就业层面，特别是各地区"骨干计划"毕业生就业流向的相关数据的公开则较为滞后，未曾就现行的"骨干计划"毕业生实际就业质量进行一个全面的分析评价。从系列研究生论文或期刊文献中也尚未发现对就业问题和现状的详细调查信息。一方面，对 2012 级中南民族大学、武汉大学、

---

　　① 教育部. 教育部办公厅关于下达 2017 年少数民族高层次骨干人才研究生招生计划的通知[EB/OL]. http://www.moe.edu.cn/srcsite/A09/moe_763/201609/t20160930_282901.html，2016-09-29.

华中科技大学等 8 所国家民委或教育部直属高校的 344 名"骨干计划"学生的就业现状（意向）调查结果显示：133 名已经毕业的"骨干计划"生有113 人已经实现就业，回归定向地区的有 95 人。此外，对 182 名"骨干计划"应届毕业生开展就业意向调查发现，118 人倾向于回归定向地区就业，60 人计划省外就业。计划赴外省就业的人数要高出此项计划毕业生实际的外省就业人数。从目前能够获取到的湖北省民族宗教委员会统计的"骨干计划"毕业生就业状况来看，截至 2013 年 9 月，武汉大学、华中科技大学等 8 所高校的"骨干计划"政策累计招生 3 814 人，其中少数民族博士生 733 人，汉族博士生 311 人，少数民族硕士生 2 699 人，汉族硕士生 438 人，生源范围囊括全国 20 多个省份。2009 年，"骨干计划"政策首届毕业生就业。2013 年，湖北省 8 所高校中湖北籍的"优惠政策"毕业生共 250 人，回归定向地区（单位）的就业人数为 249 人，其中博士生 61 人，硕士生 188 人[1]。从官方统计的数据能够发现，湖北省的 8 所高校中湖北籍毕业生除 1 名学生外，其他均已全部返回定向地区就业。问卷调查和调研分析也表明，"现行政策保障了培养人才的数量和质量"的分值为 66.306 分，处于"一般"和"赞成"之间。但是该指标在整个"优惠政策"执行成效监评体系中占有重要作用，权重占 0.184 1，为权重最大的指标，说明大家对此项政策保障人才培养的数量和质量方面的满意程度不高。新时代下民族地区少数民族高层次人才"短板效应"仍然存在，"优惠政策"按照少数民族和民族地区实际发展需要，将多种学位类型的研究生培养模式共举，偏重培养理工类、应用型人才。"优惠政策"人才培养层次与结构、专业类型更加完善。此项政策的实施效果比较明显，政策人才培养的目标已初步实现，为民族地区输送了大量高层次人才，推动了少数民族和民族地区的快速发展。

（三）"优惠政策"效益层面

教育政策的实施过程和实施效果都有可能影响到不是政策目标的直接群体及环境，部分影响不在政策预估效果之内，转化为政策的附加效果，也就是产生了政策外部效益，包括正向效益与负向效益[2]。教育政策效益是关于政策实施成效好坏的一类关键指标。教育政策专家刘复兴教授认为，在教育政策的"有效性"方面，教育政策效益要重视政策行为的后果，更需要政策结果符合社会的正价值取向，即需要政策结果对社会带来有益影响[3]。教育政策实施后，如果可以发挥

---

① 国家民委. 湖北省少数民族高层次骨干人才培养计划已培养研究生 3 814 名[EB/OL]. http://www.seac.gov.cn/art/2014/5/30/art_92_205721.html，2014-05-30.

② 陈庆云. 公共政策分析[M]. 北京：北京大学出版社，2006：200.

③ 刘复兴. 教育政策价值分析的三维模式[J]. 教育研究，2002，（4）：15-19.

良好的效果，就会使政策执行对象及实施过程发生一些变化，有益的影响就带来了政策正效益，而反之，则为政策负效益。本节集中就"优惠政策"对民族高等教育领域的影响做出分析。

1. 对民族高等教育事业的正效益

"优惠政策"是党和国家在发展民族高等教育事业过程中实施的民族教育政策。从20世纪80年代创立以来，此项政策共计完成了28届研究生培养任务，绝大多数毕业生已返回民族地区参与各项建设，为少数民族和民族地区经济社会发展提供了重要的人才保障。事实证明，此项政策是党和国家具有战略价值的教育扶贫决策，它推动了民族高等教育事业的改革和创新。此项政策一直承担着民族高等教育中少数民族高层次人才的培养任务，对民族地区高等教育事业的发展起到了重要作用，对少数民族研究生教育产生了正向效益，主要体现在以下三个方面。

（1）有效满足了民族地区的发展和协作要求。20世纪80年代初，国家就实行了开设民族班的措施，要求在国内重点院校创立民族班，自此成为高校举办民族班、培养少数民族专业人才及发展民族高等教育的持久性措施，并且成为内地其他高校创办民族预科和民族班的办学形式的典范，依据降分录取原则，为民族地区的发展培养大量专业人才。1980年，教育部在全国研究生招生工作中，提出了对少数民族学生单科降分的优惠方式，主要在英语成绩上，这是国家第一次在研究生招生中对少数民族实行的优惠措施。1984年教育部和国家民委又联合出台了《教育部、国家民委关于加强领导和进一步办好高等院校少数民族班的意见》，该意见指出："实践证明，根据边疆民族地区的实际需要，在高等院校举办民族班，是全面贯彻党的教育方针，加速民族高等教育的发展和进一步落实党的民族政策，增强民族团结的重要步骤；是为落实本世纪末和下世纪初国家建设重点转移到大西北和大西南，积极进行智力开发，培养各少数民族建设人才的有力措施。"①在此基础上，1985年出台的《关于高等学校招收委托培养硕士生的暂行规定》标志着"优惠政策"正式出台。1993年又出台了《全国民族教育发展与改革指导纲要（试行）》，要求国家各级各类高校都应当按要求招收全国各民族学生，并要做好年度招生规划，实现培养目标。在2015年8月召开的第六次全国民族教育工作会议上，国务院出台了《国务院关于加快发展民族教育的决定》，该决定认为："党和国家历来高度重视民族教育工作。经过各地和有关部门的共同努力，民族教育事业快速发展，取得了显著成绩，教育规模不断扩大，办学条件明显改善，教师队伍素质稳步提升，学校民族团结教育广泛开展，双语

① 教育部，国家民委. 教育部、国家民委关于加强领导和进一步办好高等院校少数民族班的意见[EB/OL].
http://tzb.xznu.edu.cn/90/94/c1279a37012/page.htm，2011-09-20.

教育积极稳步推进，教育教学质量不断提高，培养了一大批少数民族人才，为加快民族地区经济社会发展、维护祖国统一、促进民族团结做出了重要贡献。"①会议还要求应进一步加强对少数民族高层次人才的培养工作，努力建成一支政治素养高、学术造诣深并兼具国际影响力和话语权的少数民族优秀人才队伍。目前，国务院公布的民族区域自治地方的少数民族在职人员，以及报考地处十个省（自治区）的培养单位的少数民族应届本科毕业生，均能报考少数民族研究生招生优惠政策中的"双少"招生政策，而且研究生培养单位的招生指标中对这一政策的学生学位类型不做限制，"骨干计划"政策的招生范围和招生对象更加广泛，涵盖了各级各类少数民族学生。问卷调查和调研分析结果表明，"政策结果对民族地区各方面（社会、政治、经济、文化等）产生了积极影响"的分值为63.544 分，处于"一般"和"赞成"之间，说明大家对此项政策执行结果在对民族地区产生积极影响方面的满意度是比较高的。

（2）少数民族家庭的教育观念产生了很大的改变。问卷调查结果表明，"目标群体需求与政策诉求的契合程度很高"的分值为 61.08 分，处于"一般"和"赞成"之间，说明大家对此项政策在处理目标群体需求与政策诉求之间的契合关系是比较认可的。实地走访调查也表明，过去因为多种因素，民族地区居民尤其是农牧民和偏远山区家庭不乐意让子女读书，更谈不上接受研究生教育。此项政策的实施，不仅为少数民族降低了求学成本，而且还能够为他们提供更加优质的研究生教育资源。所以，此项政策更能够得到少数民族，尤其是广大农牧民和偏远山区家庭的青睐和认同。在实地调查中，近 100%的定向地区居民对此项政策表示赞同，4/5 以上的家庭期盼本家族的成员可以受到重点高校和民族高校的培养。另外，少数民族和民族地区对此项政策的满意度提高。对定向单位和民族地区的走访调查发现，90%以上的定向单位对"优惠政策"毕业生在工作表现等各个层面均特别满意，转变了少数民族家庭的教育观念，让其深刻意识到获得研究生教育机会能够对其带来更有利的影响，激发了少数民族家庭接受研究生教育的积极性。

（3）我国少数民族研究生招生优惠政策获得初步法制化。合法性代表在法治环境下我国依法治国的根本要求，民族教育的合法性和优先性必须通过法制化的教育政策实现。随着国家教育法制体系的科学完善，国家确立的民族教育优先发展的基本思路已经融入各类法规之中。《中华人民共和国教育法》的出台，明确提出必须依据少数民族的特征与需要，帮助他们发展高等教育，为民族地区各项事业的发展培养少数民族高端人才。这些法规为少数民族研究生教育的发展赋

---

① 国务院. 国务院关于加快发展民族教育的决定[EB/OL]. http://www.gov.cn/zhengce/content/2015-08/17/content_10097.htm，2015-08-17.

予了法律保障。2005 年 5 月出台的《国务院实施〈中华人民共和国民族区域自治法〉若干规定》中，进一步提出要在各级各类国家招生考试中对少数民族实施系列优惠措施。调查发现，随着我国依法治国步伐的不断迈进，教育政策的法制化也将逐步完善，此项政策也必然会走上合法性和科学性相结合的道路，为少数民族研究生教育的发展提供坚实的法制保障。

2. 对民族高等教育事业的负效益

教育政策执行在产生正向效益的同时，也可能会产生副作用，这是政策决策者并不期望发生也难以回避的问题，教育政策评价中应当将这类副作用的影响也作为评价因素之一。我国少数民族研究生招生优惠政策执行结果对少数民族和民族地区带来了很大的影响，政策取得一些正向效益的同时，也带来了一些负面影响，形成了负向效益。通过对定向地区及民族高校的走访调查，课题组在贵州、云南、四川、甘肃等地就此项政策对民族高等教育事业的影响开展了深度访谈，访谈对象包括贵州民族大学、云南民族大学、西南民族大学、西北民族大学 4 所民族高校，以及贵州省教育厅民族教育处、四川省教育厅民族教育处、云南省教育厅民族教育处、甘肃省教育厅民族教育处、贵州省铜仁市政府办公室、贵州省凯里学院；预调查阶段对中南民族大学、武汉大学、华中科技大学等 8 所部委属高校等进行了调查。调查结果显示，民族地区的家长和学生都特别期盼获得"优惠政策"优质的研究生教育资源。对这些家庭来说，"追求'优惠政策'"是理性的考量，通过政策照顾得到研究生教育资源，不仅能够收获比民族地区更好的教育机会，还可以取得更多有益于个体进步甚至转变整个家族命运的优质资源。然而这种非理性追捧思想却给民族地区的教育造成了一些负面效益：①民族地区少数民族学生学业压力过大，且学生学习负担过重。因为此项政策的招生计划十分有限，考上此项政策就好比普通高考一般的"千军万马过独木桥"，为能够获得政策指标，民族地区的少数民族学生平时学业负担大，定向地区的高校教师也都表示此项政策竞争压力不亚于普通计划，且报考规模逐年递增。所以，这对定向地区的高校教师也带来了更沉重的教学压力，教学任务更重，甚至部分教师提出，"优惠政策"的考试压力有时甚至比普通高考还大，为能够考取这类计划，整个家庭都得付出很大的努力。部分考生表示自身并不乐意读研，却迫于家庭的要求，必须报名参加"优惠政策"考试。②回归定向地区就业同"优惠政策"研究生教育之间的协调发展问题。因为每年通过这项政策毕业的学生规模不断扩大，调查中发现部分"优惠政策"毕业生毕业后难以在定向地区就业，主要因素是所学专业同民族地区产业结构调整要求不适应，难以满足民族地区经济社会发展对人才的需要，这也是部分"优惠政策"毕业生不乐意回归定向地区的关键原因，这给民族地区的就业环境和改革创新带来了一定负面影响，有碍于民族地区的全面协调发展。

二、"优惠政策"的价值评价分析

教育公平研究专家美国罗尔斯教授在《正义论》中指出："社会系统的第一价值在于正义，就像真理为意识形态系统的第一价值那样。一种理论不管其多么简明扼要和精细，如果它是虚假的，就应当予以改正或去除；类似情况，一些法律或法规，不管其如何有效或具有连续性，如果其不公正，都应当重新调整或修复。"①在教育政策评价中，尽管对政策的效果、效率、效益的评价尤为关键，但为了更好地研究政策的合理性、公正性和社会性等问题，必须对政策的价值开展评价。本节按照教育政策评价的需要及"优惠政策"的初衷，分析此项政策的价值监评，一般包括政策目标的合理性、政策公平性和教育发展性等三个层面。

（一）"优惠政策"目标合理性评价

政策目标是依据政策主体的价值取向通过政策客体的发展可行性而进行的选择。因此，仅当政策主体目标与政策客体诉求保持一致时，也就是政策目标的内外部尺度相协调时，预设的政策目标才能实现，政策实施也才能获得更好的成效。政策目标内在尺度意味着政策主体根据现实情况及本身诉求、意愿来预设的政策目标，体现在政策目标预设的适切性；而政策目标外部尺度就意味着政策主体预设的政策目标必须适合政策客体的需要及发展规律，体现为政策客体对政策的回应情况。政策目标的这种内部和外部尺度的一致化，体现在政策目标的合理性与科学性上。两者的协调度越高，政策目标的合理性就越强，政策目标也能更好更迅速地实现，政策实施成效也将更佳。评价政策目标合理性是权衡政策成效的关键指标，能够从政策初衷的适当性与回应性两个角度进行②。

1. "优惠政策"目标适当

随着我国经济体制的转变，民族地区同样也发生着变化，而民族高等教育事业也必须适应经济社会发展的规律。但是，过去民族地区教育发展的相对弱势严重阻碍了民族地区的办学效益，民族高等教育长期面临着发展困境，无法适应新时代少数民族和民族地区经济社会发展对高层次人才的诉求。我国少数民族研究生招生优惠政策是为处理民族地区经济社会高速运行对高层次人才的

---

① 罗尔斯 J. 正义论[M]. 何怀宏，何包钢，廖申白译. 北京：中国社会科学出版社，1988.
② 高庆蓬. 教育政策评估研究[D]. 东北师范大学博士学位论文，2008：86.

需要同少数民族研究生教育人才培养不平衡不充分的发展之间的矛盾，利用研究生教育优质资源培养单位为民族地区培养紧缺人才的措施。相关统计数据表明，西部地区 15 岁和 15 岁以下文盲、半文盲人口占总人口的比例要比全国平均高出 3.5 个百分点；西部地区各类专业人才仅占全国总量的 20.4%，且大部分分布在中心城市的高校、科研单位，高层次专业技术人才仅为 13.6%，两院院士只有 8.3%，特别是少数民族院士更是少之又少；少数民族地区专业技术人才中，工程技术人才及科研人才只有15.4%和8.8%，仅为东部地区的一半多一点。[①]并且《国务院关于深化改革加快发展民族教育的决定》明确指出，我国民族教育还面临着一些特殊的困难和问题[②]。民族教育发展的速度、规模、结构及层次在很大程度上严重影响了民族地区对各类高层次人才的诉求，应当根据需要，挑选部分重点院校通过特殊手段培养少数民族高层次人才。"优惠政策"即为民族地区培养少数民族高层次人才，其政策目标是满足少数民族和民族地区实际状况，这一目标具备适当性。问卷调查和调研分析结果显示，"政策目标设计合理"及"政策目标符合社会发展和教育管理的要求"的分值分别为68.932分和69.136分，处于一般评价层级之上，赞成之下，说明大家对此项政策在目标设计合理性与满足社会发展及教育管理的要求层面的满意度是比较高的。另外，调查数据显示，西部民族地区高层次的知识分子和劳动人员比例偏低，在西部地区的大多省市内拥有大专及以上文化程度的人口仅为1 500 万左右，占西部地区人口总量的 5%左右，比全国要低出约 0.7 个百分点。西部民族地区每万人拥有的科技人员数量为 3.2 人，拥有的科研人员为0.08人，而全国平均水平为3.8人和0.11人[③]。理工类应用型人才尤为稀缺，经济建设急缺应用研发型人员，民族地区的人才培养模式仍然滞后于民族地区跨越式发展和民族团结进步的要求。"优惠政策"自执行以来，按照少数民族和民族地区社会发展对人才发展要求的变化也做出了相应的调整，事实证明，此项政策适应了少数民族和民族地区经济社会发展的要求，并满足了少数民族研究生教育发展的需要。

2. "优惠政策"目标群体对政策积极回应

政策目标对象对政策的回应情况是评价政策的主要标准，它代表"政策执行

① 中共中央办公厅、国务院办公厅. 西部地区人才开发十年规划[EB/OL]. http://xbkfs.ndrc.gov.cn/qyzc/200901/t20090118_256842.html, 2009-01-18.

② 国务院. 国务院关于深化改革加快发展民族教育的决定 [EB/OL]. http://www.gov.cn/zhengce/content/2016-09/23/content_5111248.htm, 2016-09-23.

③ 周群英，陈光玖. 西部民族地区人力资源结构特点与少数民族人才培养研究[J]. 贵州民族研究，2014，（8）：59.

结果可否满足特殊集团的诉求、爱好和价值观"①，是政策群体关于政策的整体评价，反映了政策群体对政策的满意度。可以利用对政策的回应性研究来反观政策实施成效的情况，由此判断政策实施的成败情况。政策目标符合政策客体的诉求，政策实施结果得到政策客体对政策的积极响应，表明政策实施有效达成了预设的目标。即使政策实施后取得了一些效果，但如果这些效果同政策客体的诉求、爱好和价值观不一致，那么也无法说明此政策获得了好的成效。

按照"优惠政策"实施成效调查问卷设计的监评指标体系，结合访谈材料，对此项政策的调查结果从以下几个方面展开讨论。

（1）我国少数民族研究生招生优惠政策执行成效的满意度情况。少数民族考生作为此项政策实施和执行的直接作用对象，对政策的执行成效有更加具体的主观体会，在问卷"基本认识"部分调查他们对此项政策执行成效的满意度状况，为我们了解政策执行成效提供了更全面的佐证。

满意度调查选取的对象为少数民族研究生，分析表 5-12 的数据能够发现：调查对象的总量为 542 人，比对选项"1+2"和"4+5"可以发现，"1+2"明显高出"4+5"，这就表明少数民族研究生对"优惠政策"的满意度水平处于较高层次；被选频率最高的选项为 3（一般），说明即使此项政策得到了一定程度的运行，但执行成效还有待进一步提升。此外，问卷"评价部分"的调查分析可以看出，"政策目标兼顾到了社会多方利益，政策回应了目标群体的需求"及"政策目标实现的具体要求恰当，政策目标均衡了全面的社会价值"的分值分别为 70.476 分和 66.71 分，为调查目标对指标评分中的最高值，处于一般评价层级之上，赞成之下，说明大家对此项政策在目标回应性和均衡全面的社会价值层面的满意度是比较高的。

表 5-12　少数民族学生对"优惠政策"执行成效的满意度

选项	人数/人	比例/%	有效率/%	累积率/%
1	63	11.6	11.6	11.6
2	188	34.7	34.7	46.3
3	251	46.3	46.3	92.6
4	35	6.5	6.5	99.1
5	5	0.9	0.9	100.0
合计	542	100.0	100.0	

注：1 表示非常好、2 表示好、3 表示一般、4 表示较差、5 表示非常差

依据调查问卷设计的开放式问题，结合此项政策利益相关者的分类，对政策

① 邓恩 W N. 公共政策分析导论[M]. 2 版. 谢明，杜子芳，等译. 北京：中国人民大学出版社，2001：312.

的受教育者（"优惠政策"的部分考生）、政策的制定者（政府部门行政管理人员）、政策的教育者（高校招生管理部门人员）及政策的需求方（定向地区委培单位的相关人员）进行了深度访谈，访谈结果如表 5-13 所示。

表 5-13　访谈简况表

访谈人编号	访谈人所在单位	访谈时间	访谈形式
学生 1	西南民族大学	2015 年 7 月	面谈
学生 2	西南大学（补充访谈）	2015 年 8 月	面谈
学生 3	贵州民族大学	2015 年 8 月	面谈
学生 4	西北民族大学	2015 年 7 月	面谈
学生 5	西北民族大学	2015 年 7 月	面谈
学生 6	中南民族大学（补充访谈）	2015 年 3 月	面谈
学生 7	云南民族大学	2015 年 1 月	面谈
招生管理人员 1	西北民族大学	2015 年 7 月	会议面谈和电话访谈
招生管理人员 2	西北民族大学	2015 年 7 月	会议面谈和电话访谈
招生管理人员 3	西南民族大学	2015 年 8 月	面谈和电话补充访谈
招生管理人员 4	贵州民族大学	2015 年 8 月	面谈和电话补充访谈
招生管理人员 5	云南民族大学	2015 年 1 月	电话访谈
政府管理人员 1	贵州省教育厅民族教育处	2015 年 9 月	会议面谈和电话访谈
政府管理人员 2	四川省教育厅民族教育处	2015 年 8 月	电话访谈
政府管理人员 3	云南省教育厅民族教育处	2015 年 1 月	电话访谈
政府管理人员 4	甘肃省教育厅民族教育处	2015 年 7 月	面谈和电话补充访谈
委培单位人员 1	贵州省铜仁市政府办公室	2015 年 11 月	面谈和电话补充访谈
委培单位人员 2	贵州省凯里学院	2015 年 7 月	面谈和电话补充访谈

针对以上访谈对象关注的重要问题进行编码，并整理合并同类项，梳理出了此项政策利益相关者关注度较高的几类问题，听取了他们的建议。有关此项政策执行成效的满意度方面，调查对象主要是三类政策的直接利益相关者：培养单位的研究生招生管理部门人员、四个省的教育厅民族教育工作处人员，以及定向委培单位的负责人员等。调查发现，研究生培养单位普遍认可此项政策的执行成效，并且该政策受到了广大师生和用人单位的肯定，但仍然存在部分问题，如政策宣传有待加强、政策能够利用的指标有限等，建议国家加强对此项政策的投入力度，并按照历年各高校具体状况设置招生计划。四个省的教育厅民族教育处也对政策执行的成效表示肯定，但同样指出了一些亟须解决的问题，如政策提高了培养和就业的难度、协议形式化、政策的"入口"和"出口"规定仍待完善等，建议政策因材施教，适当限定少数民族学生报考的专业，并对违约人员追究责任。定向委培单位则认为自 2013 年研究生教育学费改革后，增加了少数民族贫困

生家庭的求学成本，政策能够利用的指标较少，毕业生的回归意愿不浓，委培协议造假现象较严重，并且理工类应用型专业报考率不高等。在此将他们的看法摘录如下。

这项政策实施效果良好，本校在实施这些优惠政策中遇到的障碍是少数民族学生对政策理解还不够透彻，原因在于考生在理解上存在偏差，只能进一步加大宣传力度，反复对其解释。教育部应该进一步扩大少数民族地区考生招生数量，下达的"骨干计划"名额太少，很多上线考生因名额有限无法录取。有的高校上线人数较多，但名额太少，无法录取完，而有的高校上线人数少，但名额多，无法完成计划。

——西北民族大学研究生招生管理人员 1

这些政策能够响应国家有关民族政策的文件精神，相关政策也能顺利实施，让少数民族同学真正受益。学校在针对少数民族同学的招生宣传上不能完全覆盖，一些交通通信不发达地区，政策很难传达到基层。当前亟须解决此项政策的招生指标少的问题，教育部应该统筹协调，作为民族高校，少数民族的"优惠政策"的招生计划还是较少。

——西北民族大学研究生招生管理人员 2

政策符合我校的办学宗旨，能更好地为民族地区培养骨干人才，促进民族地区经济社会发展，同时也体现了一种教育公平。但在执行过程中，培养难度增加，就业也存在一定问题，协议形式化，成为一纸空文。应该因材施教，从国家层面和单位层面限定少数民族考生报考的专业，对学生有一种专业约束，同时对违约的"搭便车"的少部分人追究违约责任。可以借鉴少数民族"骨干计划"的方式，基础强化一年再进行正规的专业学习。大部分学校都比较困扰的一个问题是入口和出口的问题。由于国家的政策不具体，在执行中有困惑，存在"搭便车"的现象，但是依据国家的政策又是完全符合的，高校根本无法辨别，这就使学生在毕业时毁约现象比较严重，而高校又没有一个可以追究违约者责任的依据。其实违约责任的追究不应该由高校来完成，应成立专门的监督机构来完成。国家层面，政策的完善，要有立法依据，政府也要参与进来，不能推给高校和用人单位，应建立信息平台和失信惩戒制度；应建立监督和奖励机制，对完成学业回归民族地区的学生予以奖励；加大宣传力度；增加少数民族在职人员招生指标。

——西南民族大学研究生招生管理人员 3

当前的优惠政策大力支持了地方发展，"双少"考生录取逐年增加。由于我校招生指标太少，每年增加幅度小，学术型专业多，导致一些"双少"考生落榜，我校会积极争取招生指标，引导部分考生报考专业学位研究生。目前还存在某些专业的学生全部是"双少"学生，且是跨专业考生，学习情况不是很好的问题。另外，"双少"考生签订的定向合同执行力度不高，应加大对用人单位的监管，签订定向合同应要求到用人单位工作5年，不能随意解除合同。

——贵州民族大学研究生招生管理人员4

政策实施效果很好，但有些汉族考生认为不公平，只能多解释，做好说服工作。其次，优惠政策加大了人才培养的难度，培养质量难以得到保障，毕业生回生源地服务比例小。当前应该认真贯彻少数民族学生回民族地区服务的原则，适当延长培养周期。

——云南民族大学研究生招生管理人员5

优惠政策使更多的少数民族学子实现研究生梦想，甚至改变命运，使西部地区能够获得更多的高层次人才，学生反映很好。此政策符合中国国情，我国人口众多，地域广，教育资源不公现象严重，对于绝大多数少数民族学生来说，降分政策能充分弥补教育不公带来的问题。从2014年开始要收取研究生学费，包括"骨干计划"学生，使广大贫困少数民族学生失去了就学的可能性，国家政策应该有连续性，财政应继续拨款实施此项目。"优惠政策"当前尚不能满足需求，博士生计划太少，硕士生计划还可以增加。免费师范生计划及院校较少，远远不能满足需要。少数民族招生优惠政策尚没有真正向偏远地区的少数民族考生倾斜，城市的少数民族考生与农村的少数民族考生加分一样。贫困地区定向招生专项计划较好，但是招生计划数量少。

——贵州省教育厅民教处管理人员1

目前在研究生招生中实施的少数民族优惠政策效果比较好，一方面给予了少数民族学生继续深造的机会，另一方面也为民族地区培养了大批高层次人才。但是，目前普遍存在的问题是政策的指标计划太过稀缺，划分到各地区就更少了，并且很多少数民族之间的水平本身就差距较大，在统一的招生考试中无法获得优势。另外，某些少数民族学生的回归意识还比较淡薄，很多通过优惠政策入学的少数民族研究生，毕业后违约现象比较严重，不愿意回到委培单位服务。其次，还存在委培生同单位的协议造假现象，某些考生通过各种关系找到单位出具委培协议，而毕业后却没有回到委培单位。

——铜仁市政府办公室秘书1

本单位招聘了一些通过少数民族研究生优惠政策读研的学生，这些学生毕业后工作努力，积极进取，为单位的各方面发展起到了不可或缺的重要作用，他们普遍认为是国家这一优惠政策使得他们获得了读研的机会,立志为民族地区的发展做出贡献。降分录取优惠政策只能保证部分少数民族考生获得深造的机会,指标还是太少了,希望国家能够在今后的发展中增加少数民族优惠政策对研究生招生计划下拨的名额,以培养更多的少数民族骨干人才。当前,政府实施的某些"优惠政策"还无法很好地适应民族地区经济社会的发展,一些理工应用型的高层次人才还比较欠缺,如我校就特别缺乏这些应用型的高层次人才教授,还需大力引进人才,健全学科发展。

——贵州凯里学院组织人事处管理人员 2

从这些问卷数据和访谈材料能够发现,"优惠政策"获得了民族地区各级各类群体的积极回应,政策目标对象对政策的认可度较高。此项政策整体上可以满足民族地区不同群体对研究生教育的诉求。此政策以培养少数民族高层次人才为目标,符合少数民族和民族地区经济社会发展的现实要求,政策效果和政策效益符合少数民族研究生教育发展的要求,符合政策群体利益。此项政策作为一项智力支撑措施,同国家其他民族地区的各类支撑政策构成一种协调的政策体系,一同为少数民族发展服务。

(2)"优惠政策"的知晓度状况(表 5-14)。结合调研结果可从三个方面进行假设:第一,少数民族考生的知晓度从某种意义上代表了利益群体的读研诉求;第二,少数民族考生与汉族考生的知晓度并非相同,调查的数据能够视作最直观的参考;第三,调查对象对政策内容的不同认识,不但可以展现各类考生的读研诉求,而且能推断出政策在某类或某方面的具体措施的普适性。

表 5-14 对"优惠政策"的知晓度统计

选项	汉族		少数民族		城镇		农村	
	人数/人	占比/%	人数/人	占比/%	人数/人	占比/%	人数/人	占比/%
1	40	5.1	52	9.6	78	14	54	7
2	70	8.9	128	23.6	133	23.9	113	14.7
3	237	30.2	208	38.4	181	32.5	268	34.9
4	345	44.0	121	22.3	125	22.4	263	34.2
5	92	11.7	33	6.1	40	7.2	71	9.2
合计	784	100	542	100	557	100	769	100

注:选项 1~5 代表问卷题目的 5 级量表分类标准,1 代表非常了解、2 代表了解、3 代表一般、4 代表不太了解、5 代表完全不了解

关于研究生对此项政策的知晓度,我们在问卷"基本认识"部分重点根据两个变量开展研究:民族变量和居住地变量(表 5-14)。选取这两个变量的原因主

要是考察"优惠政策"对研究生的影响是否一致，以及此项政策的知晓度与民族地区发展状况的关联。

（1）民族指标。我们能够从表 5-14 中的信息发现：①汉族考生在五个选项中所占的比率分别是：5.1%、8.9%、30.2%、44.0%和 11.7%，其中选择频率最高的选项是 4（不太了解），选择频率最低的选项是 1（非常了解），并且选项"1+2"的占比值要比选项"4+5"的占比值低出很多，这就说明大部分汉族学生对"优惠政策""不太了解"或"完全不了解"；②少数民族考生的占比分别是：9.6%、23.6%、38.4%、22.3%和 6.1%，其中选择频率最高的选项是 3（一般），选择频率最低的选项是 5（完全不了解），整体区间比例分布较均衡，而选项"1+2"的占比值要较高于选项"4+5"的占比值，这就表示少数民族学生对"优惠政策"的知晓度处于较高层次；③少数民族和汉族之间占比差距最高的选项是 2（了解），少数民族学生占比约为汉族学生的 2.65 倍，这说明他们考取研究生的志愿极为强烈。从总体上，尽管"优惠政策"将会对全国研究生招生考试的每个考生造成一些影响，但研究表明，影响最大的仍为少数民族学生。政策的高效运行不但能够满足他们对研究生教育资源的渴望，而且能够有效促进民族地区经济社会发展。

（2）居住地指标。①城镇地区的学生选择 5 个选项的比例分别是 14%、23.9%、32.5%、22.4%和 7.2%，其中选择频率最高的是 3（一般），选择频率最低的是 5（完全不了解），而且选项"1+2"要比"4+5"略高，说明城镇对此项政策的认知水平较高；②农村地区的学生选择 5 个选项的比例分别是 7%、14.7%、34.9%、34.2 和 9.2%，其中选择频率最高的选项是 3（一般），选择频率最低的选项是 1（非常了解），并且选项"4+5"的占比值要远高出选项"1+2"，这说明农村地区对"优惠政策"的知晓度仍然较低；③城镇与农村之间的差距较大的选项为 2 和 4，都相差九个百分点以上，呈现出"一边倒"状态。因此，为尽快实现当前经济建设重心向农村区域转移的目标，国家在以后设立宣传途径时，必须增强对农村区域的宣传及倾斜力度。

针对此项政策的知晓度问题，本书开展深度访谈的主要对象也参考了上述三种直接利益相关者。调查显示，研究生培养单位对现行的"优惠政策"的类型均有一定的认知，但四个省的教育厅民族教育处和定向委培单位人员对"优惠政策"的知晓情况还仅仅停留在"骨干计划"层面，缺乏对"双少"招生政策模式的认识。本章将访谈对象的回答进行梳理归纳后，摘录了其中一些主要看法。

学校目前实施的少数民族研究生教育招生政策一般包括"骨干计划"和"双少"政策两种。

——西北民族大学研究生招生管理人员 1

学校所有专业都接收"骨干计划"考生报考,并且所有专业都接收少数民族地区少数民族考生报考。

——西北民族大学研究生招生管理人员1

主要是"骨干计划"考生和报考定向培养且工作单位在少数民族地区的少数民族考生。

——西南民族大学研究生招生管理人员3

学校目前主要招收"双少"考生报考。

——贵州民族大学研究生招生管理人员4

学校目前对符合条件的考生执行享受少数民族政策复试分数线政策。

——云南民族大学研究生招生管理人员5

主要是从2006年开始实施的"骨干计划"。

——贵州省教育厅民族教育处管理人员1

省内目前执行的包括"骨干计划"政策及对少数民族地区的少数民族考生给予降分录取的政策。

——四川省教育厅民族教育处管理人员2

现行的少数民族研究生招生优惠政策包括少数民族"骨干计划"政策及"双少"政策。

——云南省教育厅民族教育处管理人员3

目前主要是"骨干计划"政策和"双少"政策。

——甘肃省教育厅民族教育处管理人员4

当前执行的主要是少数民族"骨干计划"和委培生计划两种少数民族优惠性措施。

——贵州省铜仁市政府办公室秘书1

主要是"骨干计划"及对少数民族地区的少数民族考生执行的优惠政策。

——贵州省凯里学院组织人事处管理人员2

3. "优惠政策"的合理性分析

根据上述对"优惠政策"的调查情况,我们可以明确的是,此项政策合情、合理、合法,而且是一项兼具可行性和科学性的公共教育政策。结合政策监评体系标准,本章拟从以下几个方面对这项政策的合理性展开思考。

(1)研究生教育权力的划分。"社会现实的资源是相对有限的,而且人类社会用于分配各类资源的行为规范大多是依照法律法规的方式来予以维系和巩固的。①” 从某种角度上看，教育法律的内容构成即研究生教育资源的配置和教育权力的划分过程。国家对少数民族研究生教育采取了一系列优惠措施，从基础层面分析，就是将研究生教育权下放到民族地区、民族教育团体等教育实施主体，这就使少数民族研究生教育的发展具备了更大的自由空间，并且也为民族教育事业的发展赋予了更丰富的研究生教育资源和补偿性的受研究生教育权。这也表明国家高度重视少数民族研究生教育问题，而且已初步法制化，在研究生教育实践过程中也已初见成效。

（2）对维护民族团结进步发挥了重要作用。我国人口规模为世界之最、国土范围广阔，由于社会历史发展因素，目前全国各地区、各民族之间存在较大差距，发展很不平衡。特别是西部少数民族地区的发展水平同中东部发达地区相比仍然相形见绌，在社会事业的各个方面均有体现，由此产生了时常提及的“事实上的不公平”问题。为了解决这一问题，为民族地区社会发展培养一大批少数民族高层次人才，国家在全国研究生招生工作中制定了一系列少数民族特殊优惠措施。当前在少数民族研究生教育招生工作执行的“优惠政策”即此系列政策之一。国家在处理民族问题时一贯坚持民族区域自治制度的政治形式，这也是国家重要的基本政治制度。《中华人民共和国宪法》明确要求在少数民族聚居地区实施区域自治。《中华人民共和国区域自治法》也要求自治地区的自治机关要自主发展民族教育，去除文盲，创办各级各类教育，贯彻义务教育，推动各种形式的中等和职业技术教育的发展，按照社会需要和现实状况创办高等教育，培养各级专门人才。《中华人民共和国教育法》也指出要依照国家各族人民和少数民族发展的需要，帮助民族地区创办各级各类教育。这一系列国家制定实施的帮助民族地区发展教育事业的制度，体现了党和国家对民族教育事业的高度重视。这些制度的施行不仅有效促进了少数民族研究生教育的发展，而且为维护民族团结进步发挥了重要作用。

（3）赋予了少数民族学生教育选择的多元性。“优惠政策”为少数民族学生提供了获得研究生教育优质资源的可能，在统一的研究生招生模式下，很多少数民族学生难以通过考试获得这些研究生教育优质资源。坚持“优先录取”“加分或降分录取”等招生原则让这些少数民族学生有机会继续深造，而且为他们的未来发展提供了更广阔的平台。国家已通过此项政策培养了数以万计的高素质少数民族人才，大力推动了民族地区和国家整体发展。这一系列倾斜措施不但满足了利益相关主体的诉求，而且也较好地调和了各方利益相关者的诉求，推动了各级教育机构的建设，在一定角度上是一种多赢的价值选择方式。

然而，任何政策都不可能是完美无缺的，在执行过程中均会存在一些问题。

① 周勇. 少数人权利的法理[M]. 北京：社会科学文献出版社，2002：16.

由于区域发展不均衡，各族人民之间教育发展水平也不一致，"优惠政策"实施效果存在较大差异。在政策选择满足各族人民教育公平的要求时，难以完全兼顾所有民族内部的发展差异，而且在各个领域中少数民族与汉族的发展水平也不一样，甚至在一些地区还存在汉族是当地的"少数民族"的问题，当地多数居民的民族相对当地的汉族来说甚至可能处于"强势"地位。如果不解决这些现实问题，将会对少数民族研究生教育弱势群体造成严重的负面影响。近几十年国外政府在研究生教育机会竞争方面实施的针对弱势族群的优惠措施同样遭到了社会和大众对其公正性的质疑和争论①。

（4）提高了少数民族研究生在校比例。研究生教育资源相对有限，尤其是优质的研究生教育资源更为稀缺，难以满足每一个体发展的教育需求，导致少数民族研究生教育弱势群体获取研究生教育机会遭受限制，无法获得相应的研究生教育环境，少数民族研究生在校比例也普遍偏低。这种形势下，怎样让政府部门的诉求同提高少数民族研究生在校比例的需要相一致，避免产生分歧呢？这一问题长期存在于现行的研究生教育过程中，所以只有通过充分运用目前有限的教育资源，订立一整套优惠措施择优挑选一批少数民族学生，当他们符合了文化知识要求时，将民族文化素质作为考核标准之一。这一考核标准是一种补偿性政策，因各级民族地区的发展水平不同，学生之间的差异较大，倘若按照统一的考核标准，将导致更大一部分少数民族考生被排挤出研究生教育的大门，对研究生教育均衡发展也将带来影响，对民族文化传承创新也将产生负效益，出现人才紧缺问题。

另外一种现象也不容小觑，即"优惠政策"在实际运行中存在操作上的偏差，"跑关系"、"违约"及"研考移民"等现象日益凸显。因为各地的招生计划有限，出现了一些"走人情、跑关系、收敛钱财"等不良现象，无法体现此项政策的政策初衷②。这些对有限教育资源的竞争，反映了研究生教育已成为大众对利益争夺特别激烈的领域。研究生教育措施对执行者的价值并非金钱、地位、权力等，而是体现了以人为本的价值观。研究生教育措施实施的核心价值是促进人的全面发展，这得到了社会广泛认可③。正因研究生教育的这种功能属性，对人的发展起到了决定性作用，让人类追求研究生教育权力的意愿越发强烈。研究生教育措施实施过程中，用有限的资源满足大众无限的教育需求时，必将导致利益主体之间的博弈。

（5）确保了少数民族学生受研究生教育权。国家人权保障最重要的一环即

① 滕星，马效义. 中国高等教育的少数民族优惠政策与教育平等[J]. 民族研究，2005，（5）：10.
② 滕星，马效义. 中国高等教育的少数民族优惠政策与教育平等[J]. 民族研究，2005，（5）：13.
③ 刘复兴. 教育政策的价值分析[M]. 北京：教育科学出版社，2003：43.

对少数群体成员的种族、宗教、语言等的权益保障。这些群体基于文化认同的立场而存在，一般体现为群体成员维护自身的主体利益。维护群体存在的本质要求是群体成员认同本群体的文化特征而不被其他群体同化①。这是由于有必要在少数民族中产生文化认同，而文化认同的原则是国家制定教育政策法律的重要依据。然而，从现行的"优惠政策"的价值取向上看，这种原则还尚未完全体现，很多内容基于汉文化的发展环境，所以，此项政策仍缺乏文化的多元性和包容性特点。即使目前政策表达了少数民族学生的教育权益，考虑到民族个体权益的价值，在现行政策环境下，有很大一批少数民族学生受研究生教育权得到了保障，但是，从民族文化传承创新的视角来看，此项政策的价值目标还存在明显缺陷。如果少数民族学生尚未获取研究生教育优质资源，将既无法实现民族文化的传承创新，也无法理解别族文化的内在价值，并且难以参与社会事务，无法得到社会认可。民族文化的传承过程应当是在同其他文化的触碰和交融中得以实现。从一定意义上，维护少数民族学生受研究生教育权对民族文化的传承创新发挥了极为重要的作用。

《中华人民共和国教育法》明确指出国家公民有受教育的权利和义务。公民不分民族、种族、性别、职业、财产状况、宗教信仰等，依法享有平等的受教育机会。这一规定鲜明指出我国公民拥有平等的受教育权利，并且这一规定是从法律层面予以维护的。然而社会现实中，因为种种因素，个体之间的差异较大，特别是各个民族的发展差距比较明显，教育水平呈现鲜明差异。所以，国家应当努力满足个体全面发展的诉求，应从一种宏观的视角，保障民族教育弱势群体获得教育资源的权益。按照实际情况贯彻执行民族教育政策，切实维护少数民族学生受研究生教育权。

（二）"优惠政策"公平性评价

我国少数民族研究生招生优惠政策是否公平，直接牵涉到少数民族各群体能否充分享受到研究生教育资源的权利。利用优质的研究生教育培养单位帮助少数民族办学，最终达到民族教育快速发展的终极目标。这个目标可否实现是以此项政策是否公平为前提。从宏观层面上，此项政策是国家为缩减少数民族同主体民族之间的教育水平差异，实现教育公平而实行的民族教育政策。此项政策能否合理公平配置教育资源，牵涉政策结果的成效，最终将对国家教育智力支持西部战略的顺利实施和民族教育的发展产生重要影响。教育政策执行后实现政策效率、效果及效益的统一，可以在一定程度上达成政策目标，但如果政策导致教育资源

---

① 周勇. 少数人权利的法理[M]. 北京：社会科学文献出版社，2002：13.

和利益配置的不公平，甚至加剧了教育利益配置的差距，那么政策只给部分目标群体带来利益，必然无法获得好的成效。

1. 公平配置教育资源，政策受众目标广泛

美国著名社会学家詹姆斯·S.科尔曼（James Samuel Coleman）认为教育过程中每一类社会群体都占有一定适当比例，以保障整个教育过程能够获得相似的教育成效。我国少数民族研究生招生优惠政策实施之初，政策的目标群体是民族地区的少数民族考生，这一群体范围较窄，尚未考虑到民族地区各个群体。并且，在复试要求和相应政策补助方面采取"一视同仁"的原则。伴随政策环境的不断变化，政策相应的配套措施和补充条款不断完善，教育利益和政策资源配置日趋公平合理化。政策招生对象的范围不断扩大，保障民族地区各个群体都可以公平地获得优质的教育资源。1985~2001 年，"优惠政策"仅招收工作在民族地区的在职人员，民族地区的应届本科少数民族毕业生无法参与此项政策的选拔。为了确保民族地区各个群体都可以公平获得研究生教育资源，2002 年国家调整了部分优惠措施，并从当年开始执行"毕业后原则上在招生单位所在省份就业的少数民族应届本科毕业生"能够报考此项政策，政策招生对象进一步关照到民族地区各个群体。另外，"骨干计划"政策的出台让"优惠政策"的受益群体范围得到了拓展，让政策的受益群体从西部拓展到了内地，如民族院校、高校少数民族预科培养基地及民族硕士基础培训基地的教师和管理人员，而且"骨干计划"将政策受益对象从仅为少数民族群体逐渐拓宽到少部分从事民族工作的汉族群体，招生方案中明确规定能够招收 10%以内的汉族学生。再者，政策的受益区域也在不断发展，"双少"招生政策模式最初设定在西部边远地区和少数民族 9 省（自治区），目前已拓展为 12 个省（自治区），而"骨干计划"政策模式则在此基础上增加了东北三省、河北及海南等省份，2013 年还增列了福建省。政策受益区域已由少数民族聚居地区逐步延伸到内地少数民族散杂居地区和涉及民族工作的汉族地区。

问卷调查和调研分析也表明，"政策对弱势群体利益补偿指标界定非常严格"的分值为 65.93 分，处于"一般"和"赞成"之间，而"政策在民族地区各群体利益分配中保障了公平"的分值为 55.84 分，处于"一般"之下和"不赞成"之上，不赞成之上，说明大家对此项政策对弱势群体利益补偿指标的界定是比较满意的，而对政策在民族地区各群体利益分配中的公平情况不太满意。本章重在探讨形式上的教育公平问题，即教育机会公平。该问题是推行"优惠政策"以来受到大众热议的焦点之一，针对此问题本章将把调查对象中的少数民族研究生与汉族研究生区分开讨论，将问卷数据分开整理，分别讨论这两种利益相关对象对"优惠政策"同教育公平关系的理解（表 5-15）。

表 5-15　对"优惠政策"与教育公平关系的认识

选项	汉族		少数民族	
	人数/人	比例/%	人数/人	比例/%
1	103	13.1	51	9.4
2	209	26.6	102	18.8
3	377	48.1	246	45.4
4	53	6.8	79	14.6
5	42	5.4	64	11.8
合计	784	100	542	100

注：1 表示非常赞成、2 表示赞成、3 表示一般、4 表示不赞成、5 表示非常不赞成

表 5-15 中相关数据表明：①在"赞成"程度以上的比例中，汉族学生选择频率最高的选项为 2，占 26.6%，选项"2+3"的比例为 74.7%。从以上数据可以得出一种趋向性的判断，大部分的汉族学生认为此项政策的实施在情在理，能够接受。正如一个汉族学生描述的那样："少数民族学生由于历史社会因素，差距明显，导致其从一开始就落后了很多，可我们是中华民族的大家庭，有责任和义务去帮助他们，一起携手共进。"②少数民族学生在"赞成"程度以上的选择频率最高选项也是 2，占 18.8%。由此能够得到一个基本结论，实施"优惠政策"不但没有违反教育公平的基本原则，反而从更宽的层面促进了社会公平与共同繁荣。

对"优惠政策"与教育公平的关系问题方面的访谈，课题组选取的调查对象是研究生培养单位招生办公室负责人。结果发现，研究生培养单位普遍认为，此项政策总体上对少数民族考生相对公平，是对教育公平的一种体现。他们认为对少数民族考生的生源范围也应当区别开来，如对边疆民族地区与城市地区的少数民族学生就应有所区别，在此摘录他们的部分看法。

少数民族招生优惠政策对少数民族地区考生相对公平，竞争是平等的。

——西北民族大学研究生招生管理人员 1

公平是统筹协调，对少数民族考生来说较为公平。

——西北民族大学研究生招生管理人员 2

此项政策是教育公平的体现。

——西南民族大学研究生招生管理人员 3

对考生资格应区别对待，对边远山区、边远牧区、边疆地区的考生可以给予优惠，但不能只要是少数民族，不看出生地就给予"双少"政策优惠，工作地点

也可作为参考依据。

——贵州民族大学研究生招生管理人员 4

政策充分体现了我国少数民族教育的公平及平等。但对于那些长期在少数民族地区工作及出生在少数民族地区,同少数民族共同生活、接受相同教育资源的汉族学生,政策应做适当调整,应该给予这些学生入学机会。

——云南民族大学研究生招生管理人员 5

2. 对弱势群体补偿,提高教育参与度

教育政策执行对弱势群体的利益补偿是采取教育政策系统对因家庭、文化背景、社会地位、财富等因素影响而居于相对弱势的教育对象开展差异补偿。我国少数民族研究生招生优惠政策执行对象的各个群体中,居于相对弱势的群体一般包括边疆偏远少数民族地区学生、农牧民子女、城镇特困职工子女等,"优惠政策"对这类特殊的群体,在政策制定到执行过程中应给予更加优厚的条件,整体上构成教育补偿体系,确保此项政策整体成效的达成。"优惠政策"自执行后,持续探寻对教育利益补偿的手段,颁布了一系列具体规定和细则,保障边疆民族地区的少数民族子女和农牧民子女可以获得同等的研究生教育优质资源,在财政补助与招生要求上确保相对弱势群体获取研究生教育的权利;提升这些对象的教育参与程度,让他们公平享受优质研究生教育。这主要体现在以下几点:①初试分数的要求依据不同考区的经济状况和教育水平设定等级,如每年设定的全国硕士研究生招生考试进入复试的分数线中,报考"双少"政策的考生一般限定在报考地处二区或三区的招生单位,且毕业后回归定向地区就业的少数民族学生。初试成绩一般控制在 240 分左右,且单科成绩一般也保持在 30~45 分,而"骨干计划"政策的初试成绩要求一般为总分不低于 245 分,招生对象在"双少"政策基础上拓展到部分散杂居少数民族区域和从事民族工作的汉族区域。②在财政补贴方面,"双少"政策学生的培养费原则上由委培单位或个人承担,而"骨干计划"政策中,学生的培养费统一享受中央级高校财政拨款,少量研究生培养单位允许"双少"政策考生参与研究生奖学金的评选。2013 年国家发改委、财政部、教育部发布《关于加强研究生教育学费标准管理及有关问题的通知》,自次年秋季入学开始,高校所有纳入全国研究生招生计划的新入学研究生均要缴纳学费,包括享受"优惠政策"的学生。因此,"优惠政策"生培养费的格局发生了较大变化,学费和生活费统一由个人承担,但同时国家还要求各培养单位要不断完善研究生奖助学金体系。"优惠政策"生能够采取申报研究生培养单位设置的各类奖助学金来弥补培养费的不足。部分研究生培养单位还专门就"优惠政策"考生申报研究生奖助学金制定了具体细则,在政策层面倾向于边疆少数民族学生、农牧民子女及少数民族贫困生，采取差别对待方式，来提升相对弱势群体学生的教育参与度。问卷调查结果显示，此项政策的公平性及政策执行过程中的公平性这两项指标的权重分别占 8.7%和 14.6%，在整个"优惠政策"工作中占有重要地位。"政策制定权衡了相关群体的利益"及"政策执行过程各利益相关者的利益得到了公平分配"的分值分别为 56.992 分和 56.348 分，处于"一般"之下，"不赞成"之上，这说明大家对此项政策在权衡相关群体利益及执行过程公平对待各利益相关者方面的满意度是比较低的。

另外，为了进一步提升弱势群体的教育参与度，"优惠政策"在执行过程中还强化了对少数民族弱势群体的宣传力度。本书研究特意在问卷"基本认识"部分对少数民族学生有关此项政策具体内容的认知情况进行了调查分析（表 5-16）。分析的基本方式是逐级分解政策的具体内容，了解少数民族学生对此项政策具体内容的认知状况，探索调查信息的内涵，分析少数民族学生更加倾向于哪种具体措施。

表 5-16 对"优惠政策"具体内容的认知度统计

选项	人数/人	比例/%	有效率/%	累积率/%
1	60	11.1	11.1	11.1
2	245	45.2	45.2	56.3
3	90	16.6	16.6	72.9
4	102	18.8	18.8	91.7
5	45	8.3	8.3	100.0
合计	542	100.0	100.0	

注：1表示同等条件，优先录取；2表示个人或委培单位承担学费；3表示降分录取招生；4表示毕业后必须回定向地区或委培单位就业；5表示政府不提供就业岗位

从表 5-16 中的数据能够发现，选择频率最高的选项为 2（个人或委培单位承担学费），共 245 次，占所有被调查对象的 45.2%，选择频率最低的选项为 5（政府不提供就业岗位），共 45 次，占所有被调查对象的 8.3%。结合问卷及访谈材料，可以发现产生这种现象的主要原因为：①对于同等条件，优先录取。一方面，正式研究生阶段的培养过程，把"优惠政策"生与普通计划生放到了统一的研究生培养模式下，但因其招生门槛相对普通计划要低很多，且教学标准和考核指标也大体一致，致使某些"优惠政策"生的课堂学习效果不是太好。另一方面，由于"优惠政策"生占比偏低，容易让人产生他们是差生的误会，背离补偿教育的目的。②对于个人或委培单位承担学费。依据此项政策的要求，报考学生的培养费由国家或委培单位承担，但 2013 年出台的《教育部 国家发展改革委 财政部关于深化研究生教育改革的意见》指出，对研究生教育实施全面学费改革，报考此项政策的学生也不例外。这就导致报考此政策的学生陷入了尴尬境况，尽

管此项政策处理了教育机会公平的矛盾,但新发布的研究生教育收费制度对他们又是新的阻碍,这就增加了他们接受教育培养的难度。对此,各高校为了吸纳高质量的生源,依据政策要求设立了一系列研究生奖助学金政策。通过"优惠政策"招收的学生也能够参与申请,降低了他们的教育成本,减轻了家庭负担。③对于降分录取。此项措施选择频率较高,比较选项 1 与选项 2 能够发现,少数民族考生获得政策资源后,太多能够成功融入统一的研究生教育过程中,共享教育资源,不应对他们产生歧视或给予特权。④对于必须在毕业后回归定向地区或委培单位就业,国家不提供就业岗位。在考生报考阶段,少数民族应届本科生仅能填报国家限定的二区培养单位,且毕业后要遵照协议规定回归民族自治地方就业;而少数民族在职人员报考需要其原工作单位在国家规定的民族自治区域才能报名,且毕业后也需要依照协议回原单位服务。此外,此项政策尚未建立专门为毕业生提供就业指导或服务的政策体系,大多考生的认知情况仍显著偏低,也可能会降低对政策的满意度。

关于对此项政策具体内容的认识,本章也挑选了三类政策直接利益相关者作为访谈对象。调查发现,研究生培养单位对政策的配套奖助学金、降分招生、师生评价、就业指导等具体措施认识比较到位,但四个省的教育厅民族教育处的工作人员则更加关注政策投入,定向地区委培单位对就业政策和优先录取等措施方面有一定的了解。

少数民族"骨干计划"及"双少"考生可以享受国家优惠分数线。学校的教师和学生评价较好,"骨干计划"和"双少"政策最受欢迎,这些政策可以让少数民族地区分数较低的考生获得读研的机会。

——西北民族大学研究生招生管理人员 1

少数民族"骨干计划"和"双少"生享受国家优惠分数线,定向生还在就业方向上也有一些政策优惠。教师和学生对优惠政策评价较高,降分录取政策最受学生欢迎,其中基础强化培训教育阶段可以让学生有一年的学习准备期。

——西北民族大学研究生招生管理人员 2

完全执行国家对少数民族考生的优惠分数线,在职少数民族考生一般总分240分、单科 30 分即可参加复试,少数民族骨干根据报考人数划定分数线,且同等条件下优先录取少数民族考生。老师和学生比较赞同这个政策,本身我校就是民族院校,办学宗旨就是为民族地区服务,为少数民族服务。"双少"政策最受欢迎,对他们,尤其是边远地区的少数民族在职生意义重大,通过这个渠道可以改变他们的未来。

——西南民族大学研究生招生管理人员 3

第一，免交复试费；第二，"双少"考生等同一志愿考生，优先录取。师生普遍认为我校优惠政策大力支持地方对高层次人才的需求，培养扎根基层、服务地方的高层次人才。"双少"政策的"优先录取"政策受学生欢迎，"双少"考生入校后，根据自身条件，积极弥补与其他同学的差距，学习都很努力，部分学生还可以获得国家奖学金。

——贵州民族大学研究生招生管理人员 4

我校执行"享受少数民族政策"复试分数线和"少数民族研究生专项奖学金"政策。我校执行的这些优惠政策受到广大师生的好评，学生很欢迎。

——云南民族大学研究生招生管理人员 5

国家制定的这些优惠政策涉及计划指标优惠、绝大多数学校分数优惠、2013年以前免除学费优惠（目前没有了）。其中，免学费、降低分数、奖学金等政策对少数民族学生更具有吸引力。

——贵州省教育厅民族教育处管理人员 1

国家制定的针对少数民族研究生的优惠政策主要涉及降低分数录取、提供民族类奖学金、给予生活补贴等政策。其中，降低分数线招生对少数民族考生最具吸引力，更能调动学生的学习积极性。

——四川省教育厅民族教育处管理人员 2

省内所执行的少数民族研究生招生优惠政策涉及分数线单独划线、设立研究生国家奖助学金体系、给予一定的生活补助、自 2013 年起达到国家线的考生可以免除一年基础强化培训学习。建立了研究生国家奖助学金体系，这对少数民族考生具有吸引力。

——云南省教育厅民族教育处管理人员 3

本省实施的少数民族研究生招生优惠政策主要是分数线比国家线低、提供研究生专项奖学金、给予就业指导等措施。其中，研究生专项奖学金政策最具吸引力。

——甘肃省教育厅民族教育处管理人员 4

国家在少数民族招生研究生优惠政策中，实施了降分录取、提供奖助学金政策、给予一定的就业引导的措施。其中降分录取政策受到了学生的青睐。

——铜仁市政府办公室秘书 1

国家在研究生录取中实行了单独划线、指标单列、提供高额奖学金等优惠政策。本单位招聘中，完全按照国家制定的这些少数民族研究生招生优惠政策要求，平等对待。对少数民族考生而言，设立丰厚的奖助学金机制往往能够调动学生的就业积极性。

——贵州凯里学院组织人事处管理人员 2

综上所述，在公共政策的整个执行过程中，维护教育公平来获取公正的教育资源，是少数民族考生对"优惠政策"提出的主要需求。针对少数民族学生的"同等条件，优先录取"等系列具体倾斜措施，仍然有必要在一段时期内继续保留，当少数民族和民族地区经济社会发展到一定程度后方可逐步退出历史舞台。

（三）"优惠政策"的发展性教育评价

教育政策作为一种教育利益配置、教育资源调控的行政措施，其制定及执行总是立足于一些具体教育问题，力争改革教育，促进教育进步，其终极目标在于促进教育的发展。发展性教育标准用来考量教育政策对教育问题的解决程度，以及是否达到教育发展的目标。这一标准从外部创造有助于学生发展的教育环境，并且从内部机制上帮助教育发展，以现实为基础，面向未来，是一个增值的过程，是能够持续发展的教育。

1. 从"选拔适合教育的学生"转为"创造适合学生发展的教育"

发展性教育评价以教育的发展为评价对象和评价目标。发展性教育的着眼点在于评价对象的未来走向，探索更好更适合学生的教育。它的显著特点在于从以往传统的"选拔适合教育的学生"转为"创造适合学生发展的教育"[①]，最终实现评价对象的自我发展和自我提升。我国少数民族研究生招生优惠政策是在计划经济时代提出的教育政策，以少数民族和民族地区的经济社会发展和培养少数民族高层次人才为政策目标，具有显著的服务经济功能的特点。人才培养模式带有较强的计划性与灵活性，按需求培养保障人才满足民族地区发展要求，规避资源使用浪费。然而，在当前社会转型阶段，这种计划性与灵活性密切关联的教育手段在一些方面难以满足学生全面发展的诉求，这就需要政策与时俱进，进行适度改革。首先，"优惠政策"长期以来坚持使用统一的研究生培养模式，实施无差异化的管理体制，考生自踏入校门到毕业就业的整个招生、培养及就业过程都不存在差别，偏离了民族教育的实际。通过问卷和调查分析也可以发现，"政策有效解决了民族地区的教育问题"的分值为 53.408 分，处于一般评价层级之下，不赞成之上，为所有指标中得分最低项目，说明大家对此项政策在解决民族地区教育问题的有效程度方面是不太满意的。笔者在对湖北省一所民族院校的"优惠政

---

① 沈黎明. 为了创造适合学生的教育[M]. 上海：华东师范大学出版社，2003：290.

策"在校生进行调查时发现，享受"优惠政策"的学生在管理制度、培养方案、就业指导等方面都与其他学生一致。从 2006 年"骨干计划"政策出台开始，对这种"大一统"的管理模式逐步进行了改革，开展基础强化培训工作，具有一定差异化的管理，全面提升学生的科学与人文素养，让他们的基础知识综合水平接近或符合正式研究生的基本条件，提高理论运用于实践的能力，同时使其在西部大开发和民族地区社会主义现代化建设事业中起到模范骨干作用。其次，在教育教学方法上，以考生的文化背景为起点，努力挖掘符合少数民族学生发展的教育模式，担任"优惠政策"培养任务的研究生培养单位努力研究学科课程，让教育适应少数民族学生。在对四个省民族高校调研中发现，学校制定的研究生培养方案中，设置了民族理论与民族政策方向的课程，开设了与少数民族文化对应的专业，如少数民族语言文学、少数民族经济、民族教育与管理等。最后，重视校园文化的建设，努力营造适合少数民族学生发展的校园文化氛围。教育政策要采取高效手段，把少数民族学生的进步同国家需要结合起来，达到教育的发展性要求。问卷和调查结果显示，"现行政策促进了教育的发展"的分值为 63.966 分，处于"一般"和"赞成"之间，说明大家对此项政策在促进教育发展层面的满意度是比较高的。

同时，即使此项政策为少数民族学生提供了更多的研究生教育机会，少数民族研究生教育政策也一贯坚持这一原则，但是，同时又产生了另一种问题，即在全国研究生招生的统一要求下，"优惠政策"与民族文化传承和创新及多元文化发展之间的矛盾。基于此，本章将问卷调查的范围限定为少数民族研究生，以掌握他们对这一问题的基本想法。梳理问卷结果得到如表 5-17 和表 5-18 所示的数据。

表 5-17　"优惠政策"与民族文化发展之间的关系

选项	少数民族学生数/人	比例/%
1	411	75.8
2	106	19.6
3	25	4.6
合计	542	100

注：1 表示有促进作用，2 表示没有关系，3 表示起相反作用

表 5-18　"优惠政策"与多元文化发展之间的关系

选项	少数民族学生数/人	比例/%
1	380	70.1
2	116	21.4

续表

选项	少数民族学生数/人	比例/%
3	46	8.5
合计	542	100

注：1表示有促进作用，2表示没有关系，3表示起相反作用

　　根据表5-17与表5-18的统计数据，我们能够得出以下几个结论：①少数民族学生在"优惠政策"与多元文化的发展及民族文化的传承之间的关系方面表现出较为统一的认识，表5-17和表5-18中选项1的占比均高于选项3；②选项2在两个表中都占较大比值，说明仍有一些少数民族研究生尚未将研究生学习与民族文化的传承和多元文化的发展密切联系思考。

　　另外，针对"'优惠政策'与民族文化、多元文化之间的关系"这一问题，本章挑选了三类直接利益相关者作为访谈对象。访谈发现，研究生培养单位普遍认为，此项政策有利于保护少数民族文化，推动多元文化发展，但应激发少数民族学生的自信心和自豪感，增进各族人民之间的交往、交流、交融。各省教育厅民族教育处的工作人员认为这项政策实施定向培养模式，对民族文化的保护起到了较好的促进效果，丰富了我国多元文化的形态，弘扬了少数民族文化。而定向地区委培单位指出，此项政策使少数民族学生肩负了民族文化传承的重要使命，而高校培养方案中还欠缺这方面的相应课程。

　　少数民族招生优惠政策有利于进一步保存民族文化，有利于多元文化的发展，增强了各民族之间的互相交流。

——西北民族大学研究生招生管理人员1

　　少数民族研究生招生优惠政策与保存民族文化之间是互存互补的关系，而优惠政策又同多元文化互相交融，共同发展。

——西北民族大学研究生招生管理人员2

　　"优惠政策"能让各民族和谐相处并保留各自独立的文化，每一种文化的地位其实都是一样的，应该获得同样的尊重。少数民族文化保存的出路到底在哪里？唯一可以设想的路径就是，从少数民族内部激发起主动保留的意识，也就是之前所说的民族文化自豪感与自信心。"优惠政策"给少数民族提供了了解外部世界的机会，让他们走出来，通过专业系统的学习推动民族地区文化的传承与保留。

——西南民族大学研究生招生管理人员3

　　少数民族研究生招生优惠政策确保提升少数民族就读机会，但民族文化保存主要还是依靠学科专业的研究与文化传承政策手段的增强。

——云南民族大学研究生招生管理人员4

"骨干计划"和"双少"政策采取定向招生方法，对于保存民族文化发挥了极其重要的推动作用。少数民族研究生招生优惠政策的实施能够丰富、扩大、发展、创新多元文化，使原有的民族文化发扬光大。

——贵州省教育厅民族教育处管理人员 1

优惠政策解决了少数民族学生的读研问题，但入学后大多学习的是各个方向的专业知识，少数民族学生对于少数民族优秀传统文化的传承负有重要责任，但是学校的教学设置中极少有民族文化或多元文化的表现。

——铜仁市政府办公室秘书 1

2. 从外部援助转为内在自我发展

在发展中国家尤其是多民族国家中，由于地区发展差异和不均衡问题，国家对欠发达地区和相对弱势的群体制定了系列帮扶措施，以外部的力量帮助它们发展，实现共同繁荣的目标。援助可以让受助方在较短周期内达到一定程度上的快速发展，但援助不当就会导致援助依赖问题，援助力度过量则会降低受助方的内在积极性与自身发展动力。在各国援助发展的系列探讨中，很多专家指出援助措施的确可以给受助方给予更大的帮扶，但同时也会产生"援助依赖症"现象。这种问题是由援助方和受助方共同引起的，这一依赖问题导致受助方无法摒弃援助、实现自我发展①。我国少数民族研究生招生优惠政策是国家智力援助少数民族研究生教育发展的重要措施，为避免少数民族学生对政策产生依赖，提升政策执行成效，此项政策在实践过程中不断进行改革完善，避免发生"政策依赖症"问题，使政策达到积极激励与推动政策客体的作用，帮助它们自我提升和发展。

政策的调整可以帮助教育的自我提升，具体体现为：①"优惠政策"招生细则与培养方案层面。此项政策实施之初，国家力争让民族地区各类企事业单位推荐的少数民族在职人员都可以进入研究生培养单位学习，这一阶段只要考取"优惠政策"，不论考生入学后的学业状况和现实表现如何，几乎都可以正常毕业，而且毕业后必须回归原工作单位就业。即使"优惠政策"考生是从民族地区选拔上来的，但在研究生培养环节中，由于欠缺对应的竞争和激励机制，部分考生入学后课堂出勤得不到保障，严重影响教学效果。从 2006 年开始，此项政策逐步引入竞争和淘汰机制，对已录取为"骨干计划"政策的硕士生，必须先赴教育部指定的基础强化培训基地补习一年，重新考核学业情况和思想表现，不合格者则会被推迟进入研究生正式阶段学习或直接被淘汰，以此来保障生源质量和教育教学质量。这些机制的实施，避免了少数家庭和个体对政策的过度依赖，有助于提升

① 孙同全. 国际发展援助中"援助依赖"的成因[J]. 国际经济合作，2008，（6）：55.

考生的学习自主性和学业效果。在访谈中笔者发现，访谈对象普遍反映政策开始执行淘汰制度后，学生的学习积极性提高了。从问卷分析中也可以发现，"政策对整个民族地区教育和人全面发展发挥了积极影响"的分值为 60.384 分，处于"一般"和"赞成"之间，这说明大家对此项政策对整个民族地区教育和人全面发展发挥的积极影响方面的满意度是比较高的。②在财政补贴方面，政策从以往政府或委培单位全部"承包"转变为由个体承担，同时与研究生奖助学金体系并行。"优惠政策"执行之初，由于民族地区经济社会发展仍处于十分落后的状态，大多数少数民族家庭送子女求学存在很大的经济困难。国家对录取的"骨干计划"少数民族学生提供统一财政拨款，对报考"双少"政策的少数民族学生则采取委培单位承担培养费的方式。教育投入上的倾斜举措极大地提高了少数民族学生报考"优惠政策"的积极性，为他们能够更好地求学提供了制度保障。然而，这些举措在目前的市场经济条件下也易产生负面的影响，有学者指出，因为政策受益对象获得过多的政策资源，得到政策照顾就好比进入"保险箱"，受益对象群体对政策优惠产生了依赖情绪，这就有碍于受益者的自我发展和能力提升。从问卷分析结果也可以看出，"政策有利于提高民族地区的教育质量"的分值为 57.15 分，处于"不赞成"和"一般"之间，说明大家对此项政策在提高民族地区的教育质量方面是不太满意的。因此，现行的"优惠政策"在党中央和各地的大力推动下，尽管取得了卓越的成效，少数民族和民族地区人民的生活水平也得到了很大提升，但教育政策仍应当结合实际情况进行适当调整。2014 年，国家开始实施研究生教育收费制改革，所有"优惠政策"生同普通计划考生一样，均须自己承担培养费，但能够申请各培养单位设立的研究生奖助学金来弥补培养费的不足。这种调整和改变有利于帮助"优惠政策"的科学健康发展，使民族高等教育从外部援助转为内在自我发展。

此外，"优惠政策"毕业生能否依据协议约定回归定向地区就业，直接牵涉到外部援助转为内在自我发展的效能问题。因此，本章针对"优惠政策"毕业生的毕业选择问题进行了调查。众所周知，我国自古就有"学而优则仕"的传统，即使仕途并非当前读书人的唯一出路，但可以谋得一份好工作，有一个更好的发展机会依然是考生的最大期盼，获得"优惠政策"资格的学生也是如此。在对他们的访谈中，当问及为什么要上研究生而并非直接就业时，他们的回答几乎都是"为了争取更好的教育资源，之后谋得一个更佳的工作"，来自民族地区的"优惠政策"考生还有一些其他目的，即想利用此机会走出去，了解下本地区之外的社会，增广见闻。无论怎样，就业是每个毕业生都难以逃脱的问题，一旦毕业季临近，选择工作还是继续读研便成为每个毕业生都要面对的现实问题。而对"优惠政策"毕业生来说，毕业时除了要面对这些问题外，还要经历是否按照协议约定回归民族地区服务的考验。"优惠政策"毕业生的选择直接体现了民族高等教育从外部援助转为内部自我发展的状况。

返回定向地区或委培单位就业并非唯一的选择。对"优惠政策"毕业生来说，是否要遵循协议回归定向地区就业并不是一种问题，然而，此项政策并未要求政府要提供就业岗位给"优惠政策"毕业生。这就意味着不论他们选择在何处就业，都只能通过自己的努力去谋求适合的工作。相对来说，城镇区域的工作机会和福利待遇要比定向地区优越许多，尤其是少数民族学生，即使他们的生源地很美，但城镇区域的这种优势对他们更具吸引力，可以让他们尽情展示自身的能力和期望。毕业后是回到定向地区或委培单位工作，为这些地区的经济建设做出贡献，还是留在大城市探寻自我发展的机遇，已经成为每一位"优惠政策"毕业生难以抉择的重大问题。学术界在探讨"优惠政策"毕业生的就业问题时，普遍运用"违约"一词，这个概念代表的是获得此项政策的毕业生在就业中不依照定向协议的要求回归定向地区或委培单位服务，而是自主选择就业地区或就业岗位。问卷中有关"优惠政策"毕业生毕业选择问题的统计如表 5-19 所示。

表 5-19 对"优惠政策"毕业生毕业选择统计

选项	人数/人	比例/%
1	347	31.5
2	242	22
3	408	37.1
4	104	9.4
合计	1 101	100

注：1表示回定向地区或委培单位，2表示继续深造，3表示自主选择就业地点，4表示选择除定向地区委培单位之外更好的工作

从表 5-19 中的信息能够发现，"优惠政策"生中约 31.5%的学生愿意遵循协议要求回归定向地区，22%的学生选择继续深造，37.1%的学生倾向于自主选择就业区域，而 9.4%的学生选择除定向地区或委培单位以外更好的工作。可以看出，报考"优惠政策"的学生比较认可回归原来的定向地区或委培单位就业，但从选项"3+4"的占比能够发现，约有 46.5%的毕业生选择"违约"，不按照约定回归。这种现象在低年级（他们离毕业还有一段时间，立即做出明确的决定比较困难）学生中也存在，大部分青年学子都很难放弃城镇地区的优越工作环境。然而，好的待遇、好的工作条件及好的人文氛围都不是他们违约的唯一缘由，在访谈中，少数学生表达了对民族地区就业前景的担忧。

我在上海一个杂志社实习过一段时间，社里工作环境很好，而且待遇比较优越，工作时间也挺自由，我比较满意这里的工作氛围。放假回家后，我同样在四

川的一家类似的单位实习过，而且是一个比较大的杂志社，但要求 8 小时坐班制，工作不太自由，氛围也不太灵活，我非常不适应这样的环境。我所学的专业对口的是杂志社或报社等单位，但一想起要留在四川，我就非常郁闷，这边的工作氛围和工作保障都没上海好，不太愿意回去工作。

——学生 1，男，22 岁，西南民族大学"优惠政策"在校生

这名学生根据自己的实习情况描述了他是否要回归定向地区或委培单位就业的缘由，在工作选择中工作条件和福利薪酬因素起到了决定性作用。

其余影响因素中，专业问题也是一个很重要的问题，笔者在与一名享受"优惠政策"的苗族学生访谈时发现：一名贵州籍的考生被贵州大学微生物专业的"优惠政策"计划录取，这一计划的报考和专业取舍均是基于自主原则，具有此项政策招生权的培养单位都能够招生，然而，当这名考生到了毕业季，就出现了难以抉择的难题，若要按照协议约定回归定向地区就业，可在贵州省却找不到与专业对口的工作岗位，他的对口工作单位几乎都位于大城市。这名学生也很乐意返回贵州地区就业，但不幸的是他的专业特长在贵州无用武之地，类似的情形并不多见，但在求职过程中，"优惠政策"毕业生由于专业不对口原因面临了很多选择上的难题。通过对贵州省的"优惠政策"毕业生专业机构分布特征的分析能够发现，贵州籍的"优惠政策"考生更倾向于挑选人文社科类专业，80%以上的硕士研究生均选取了这种类型的专业，特别是民族语言类、民族法学、民族经济等专业受到了广大"优惠政策"考生的青睐，然而在与贵州省教育厅民族教育处的负责人员进行访谈时，对此项政策人才培养的专业结构问题他们做出了这样的答复：

贵州省的经济发展急需理工和应用型的专业人才，在贵州省经济转型跨越式发展时期，特别需要理工类、应用型的高素质人才，但是现实情况是报考人文社科专业的考生居多。为此国家也下发过相关通知，要求在学校招生中要特别注意招生专业，但这不是强制性的，所以这个问题不能得到根本性的解决。

——政府管理人员 1，男，30 岁，贵州省教育厅民族教育处负责人员

从答复中可以看出，贵州地区经济社会发展紧缺的高层次人才类型与"优惠政策"毕业生所选择的专业吻合度偏低。"优惠政策"毕业生毕业时要与普通计划考生在本区域共同竞争，这也对"优惠政策"毕业生返回贵州地区提出了较大挑战。这种因素也导致"优惠政策"毕业生必须考虑就业区域的流向问题。

在对贵州籍"优惠政策"毕业生的调研中表现出以下几种必须应对的状况：定向地区或委培单位就业面较窄，机会优先，工作条件相对较差，这些均是使

"优惠政策"毕业生在是否回归定向地区或委培单位就业的问题上难以抉择的重要原因，考虑回归定向地区或委培单位就业反而成为一种无奈之举。"优惠政策"毕业生谋求自身更好的发展平台是可以理解的，但同时也与"优惠政策"的政策目标产生了矛盾。

另外，保守的就业观念和现实困境导致"优惠政策"毕业生就业前景堪忧。对于愿意回定向地区或委培单位就业的"优惠政策"毕业生，笔者还特意对他们开展了深度调查，探索他们自愿回归的主要因素（表 5-20）。

表 5-20　愿意回定向地区委培单位就业的因素统计

选项	人数/人	比例/%
1	478	51.9
2	170	18.5
3	128	13.9
4	145	15.7
合计	921	100

注：1 代表比较熟悉环境，更能发挥优势；2 代表婚姻家庭；3 代表定向协议规定；4 代表回报祖国

从表 5-20 中能够看出，选项 1 共 478 人选择，占被调查对象总量的 51.9%，是选择频率最高的选项；第二为选项 2 共 170 人选择，占被调查对象总量的 18.5%；第三为选项 4，占总量的 15.7%。"优惠政策"的目标是为民族地区经济社会发展和产业结构调整培养少数民族高层次人才，政策执行对象以少数民族学生为主，比较熟悉的地域文化环境是他们乐意回归定向地区或委培单位就业的最重要的因素。回归定向地区能够在一定程度上帮助家庭减轻生活负担，这也是很多"优惠政策"毕业生优先考虑的因素。同时，"优惠政策"毕业生也带有较浓厚的婚姻家庭传统思想，这种观念使他们在工作抉择上会优先考虑婚姻、家庭及文化背景等因素。

我是独生子女，家里还要我照顾，我必须回家留在父母身边照顾他们。

——学生 2，女，22 岁，西南大学基础强化培训阶段在读

本科四年，研究生再过三年，我的兄弟姐妹都已经参加工作了，都没有在家，我就要回去找工作照顾家里。另外研究生读完后我的年纪已经到了适婚阶段，该解决个人的婚姻问题了，在城市地区很难找到合适的对象。

——学生 3，女，27 岁，贵州民族大学"优惠政策"在读生

类似的答复还有很多，这种状况几乎会在每一位愿意回归定向地区或委培单位就业的考生中出现。此项政策的定向协议中规定，如果违约不回定向地区或委

培单位就业,那么其"两证"(毕业证和学位证,这两证在他们毕业后由培养单位直接寄往委培单位或定向地区就业部门保管)也很难获得,且户口也要按照规定回到定向地区,并要赔偿更多的培养费和违约金。然而,仅有 13.9%的被访者被迫由于该因素回归。从中能够发现,对"优惠政策"学生来说,一纸定向协议还难以彻底约束他们的就业流向问题。

是否回归定向地区或委培单位就业是"优惠政策"毕业生必须考虑的问题,也是对此项政策的就业原则能够落地的最真实的表现。且"优惠政策"毕业生对就业流向有怎样的喜好,能够直接反映出此项政策可否达到其为民族地区经济社会发展培养高层次人才的目标。

如表 5-21 所示,在"优惠政策"毕业生对自身专业发展前景的看法中,选择选项 1(非常乐观)的学生有 115 名,占调查对象总量的 10.5%;而选择选项 2(比较乐观)的学生有 386 名,占调查对象总量的 35.2%,比例较高;选择选项 3(非常不乐观)的学生有 185 名,占调查对象总量的 16.9%;选项"1+2"所占比值为 45.7%,能够看出,"优惠政策"毕业生整体上愿意回归定向地区,但仍然有近 20%的考生表现出非常不乐观的心态。还有相当一批"优惠政策"毕业生对在定向地区或委培单位找工作的前景不乐观,在这一预期心理的影响下,他们就极有可能选择违约,这必然会对此项政策的回归率造成影响,从而使政策的执行效率得不到保障。

表 5-21   "优惠政策"生对自己专业发展前景的看法

选项	人数/人	比例/%
1	115	10.5
2	386	35.2
3	185	16.9
4	410	37.4
合计	1 096	100

注:1 表示非常乐观,2 表示比较乐观,3 表示非常不乐观,4 表示不好说

课题组进一步在乐意回归定向地区的"优惠政策"毕业生中开展调查,探寻他们感兴趣的工作类型,结果如表 5-22 所示。

表 5-22   愿意回定向地区或委培单位就业的"优惠政策"毕业生的工作兴趣

选项	人数/人	比例/%
1	344	35.1
2	336	34.3

续表

选项	人数/人	比例/%
3	100	10.2
4	62	6.3
5	138	14.1
合计	980	100

注：1表示政府或事业单位；2表示科研机构或高校；3表示企业；4表示自主创业；5表示不好说

从表 5-22 中能够发现，选择选项 1（政府或事业单位）的学生有 344 名，占调查对象总量的 35.1%，他们更看好在这类机构就业；选择选项 2（科研机构或高校）的学生占总数的 34.3%，也处于较高水平；选择在企业就业的学生占10.2%，而仅有 6.3% 的学生愿意自主创业。这一调查结果表明，"优惠政策"毕业生的就业观念比较保守，阿特巴赫曾这样描述高等教育的价值："学生越来越将高等教育的经历视作他们谋取社会地位、获得竞技胜利及推动社会流动的有效行为。"[①]"优惠政策"学生也是这样，部分"优惠政策"学生和其家庭成员也秉持一种传统的就业思想，维系"铁饭碗"的心理，在他们找工作时把目标限制在一些福利待遇较稳定、社会地位较高的公务员、教师、军人等行政事业部门，而且承担的风险也较低。在他们看来，这些职业才是"有面子"的行业，不但工作岗位较为稳定，生活上有保障，社会地位也较高，且获得社会大众的认同。很多"优惠政策"毕业生持这种观点，因此在谋求工作时展现得较为明显。此外，"优惠政策"生目前应当明晰的"先就业、再择业、后事业"的理念还相对较弱。他们当中很少有人能够选择回归定向地区自主创业，因此这些不合时宜的想法给民族地区经济社会发展带来了不良的影响。

"骨干计划"政策自 2006 年开始施行，2009 年为首届毕业生，至今已经培养了 10 届学生，挑选部分毕业生开展访谈可以了解他们对此项政策的真实体会。笔者在单位帮助下有幸对几名来自甘肃省的"骨干计划"政策毕业生开展了采访，这些回族学生都已经在本地区就业，他们讲述了自己真实的求职经历。

毕业时还没有想到要违约，协议中明确规定了工作选择区域必须是甘肃地区，拿着这样的就业协议书在内地找工作是一件很麻烦的事情，在一些小企业会好些，事业单位等就比较关心就业协议约定的范围问题。况且，毕业证书和学位证书已邮寄回甘肃，没有文凭找工作，基本上是不可能获得面试机会的，我的父母也希望我回去，他们觉得考在行政事业单位工作才比较稳当，自己创业不太现实。毕

---

① 阿特巴赫 P G. 大众高等教育的逻辑[J]. 蒋凯，陈学飞译. 高等教育研究，1999，（2）：1-9.

业时在甘肃找工作，也出现了类似问题，因为我是首届"骨干计划"政策毕业生，很多单位不了解政策或根本不知道这个政策是什么，认为必须是单独定向，不太愿意招聘"骨干计划"毕业生。因此，我们都不提自己是"骨干计划"政策毕业生，如果单位问了就解释下，有些没有问。只要不主动提，一般还好。

——学生4，男，30岁，西北民族大学"骨干计划"政策毕业生

一位2012级甘肃籍"骨干计划"政策毕业生，正在甘肃地区的一个工商银行实习，也提及了他在找工作中存在的一些困惑。

到企业单位去面试，我们不敢向用人单位提自己是"骨干计划"政策毕业生，尤其是很多单位不知道这个是什么政策，被认为是委培，不敢招收我们。当被问到为什么要学一年基础知识时，我们只能把基础强化培训班说成是自己复习考研，或者尽量规避。但你去参加事业单位、行政单位公务员的面试时，就不会存在这种困难。

——学生5，男，27岁，西北民族大学"骨干计划"政策毕业生

以上两位"骨干计划"政策毕业生的反馈，可以代表较大一批"骨干计划"政策毕业生的真实想法，他们在毕业时更加期望到行政事业机关去求职，工作稳定，待遇也较高，几乎不愿意去企业或者自主创业。实际上，按照他们的回应，"骨干计划"政策毕业生之所以存在这种想法也实属无奈，主要问题还是身份的尴尬，找工作时几乎都被定义为"委培生"。上文提到，政府不为"优惠政策"毕业生提供就业岗位，但利用调控学生的"两证"、承担高额违约金等形式敦促他们按规定回归。为了确保实现政策目标，在定向协议书上必须标明培养类别为定向，就业地区必须为民族自治地方。"优惠政策"毕业生持这种协议在与普通计划生共同竞技时，很容易产生冲突。企业单位一般不太认可这类学生，事实上他们并非传统意义上的"定向生"，但很多企业并未认识到这种情况。在收到很多就业简历时，为了避免不必要的麻烦就将他们排除在外。这正是"优惠政策"毕业生愿意去行政事业机关工作的一个重要原因，然而这种就业观念对民族地区经济社会发展以及实现自身价值、获得理想工作都产生了严重的阻碍，任由其发展必将导致此项政策成效流失，少数民族研究生教育投入难以获得良好效益。

企业单位在选拔人才时采取自主抉择，由于种种原因，企业在招聘时特别慎重录用少数民族学生，但是由于社会大众的监督，在行政事业部门招聘中，对少数民族学生还是较为公正的。

第三节　"优惠政策"亟待解决的主要问题

每一项政策都不会毫无缺陷。一方面,它不是万能的,无法处理一切矛盾,另一方面,伴随实施环境和条件的改变,政策的成效也可能会被削弱。"优惠政策"实施30多年来获得了社会的一致认可,同时也产生了一些自身很难克服的执行过程中的错位失衡现象。总体而言,政策目标实现程度仍存在一定的上升空间,政策投入与政策收益有一定的出入,政策效益在当下与长远、区域与整体的关系上仍需要科学协调,具体体现在以下几个方面。

一、"优惠政策"的部分形式与时代脱节,缺乏指向性和确定性

每种政策的出台,都代表了当时的政治与经济环境,均带有一定的时效性,脱离了特殊的实施环境,政策就失去了有效性。纵观我国少数民族研究生招生优惠政策的内容,有些措施甚至还维持在20世纪七八十年代的状态,尽管后来也做出了部分调整,但整体上仍然是按照当初的情形实施。例如,"双少"招生政策模式中的招生标准、生源范围、培养方式、就业原则等,几乎沿用了老标准,无法反映新时代的教育需求和社会变化。"优惠政策"的指向性不足,主要体现在:国家实施此项政策尚未考虑到少数民族学生的特殊布局情况,产生了"大锅饭"现象。如今看来,部分少数民族比汉族的教育质量更高,有学者称之为"反向歧视理论"。主要的缘由可以归纳为,国家在制定"优惠政策"时,都是按照群体公平的价值取向,而并非依据个体公平的角度。一些生活在民族地区的汉族学生,由于其父母家庭为当地做出的贡献,原则上他们也应当享受此项政策,但在"双少"政策模式下就无法实现。因此存在这样一种状况,在考试时同班同级的少数民族同学与他们成绩相当或更低,由于其少数民族身份而被录取,但自己却没有机会读研。

此外,"双少"招生政策灵活性过度,造成执行层面的交叉问题。各研究生培养单位在当年招生指标的配置中,没有预先做好本年度此项政策的招生计划,基本上按照过去报考的生源状况可有可无地执行此项政策,招生指标中一般不固定此项政策的招生计划。笔者在调查中发现,所调查的四个高校在"双少"政策执行中,均是依据当年的整体报考状况来决定是否录取"双少"考生,几乎在历年的复试工作中,当各校生源质量较低,而且是第一志愿报考的情况下才招收

"双少"政策的考生。按照国家划定的最低初试分数线给予"双少"政策考生倾斜，但总指标一般很少，与普通计划招生指标之和需要控制在国家下达的招生总量范围内。如果当年的生源质量较好或较丰富，那么一般各高校就不会招收"双少"政策考生。这种过度灵活的状况直接导致了教育政策的不确定性，严重制约了"双少"政策的招生质量和实施成效。

"骨干计划"的招生要求带有内部不一致性，导致执行层面也相互矛盾。笔者在调查中发现，在2014年"骨干计划"博士研究生招生工作中，"骨干计划"政策的录取标准包括两个方面：①为了降低录取要求，保障少数民族学生的录取比例，招生指标在10个以内的招生单位不得招收汉族考生；②将单科成绩限定在60分以上。但是，实际情况是，当年该项政策录取的博士生有5人，其中，专业课单科成绩不满足要求的考生就有4人，甚至还有3人英语成绩低于30分，占招生总量的60%，而且招收了1名汉族学生。在执行过程中，这种自相矛盾的问题直接造成了教育政策的失真。

二、"优惠政策"的实施呈现多元发展争议

具有多元文化发展观点的群体有一种普遍认识，即每种文明和文化的产生及发展都是基于一个特殊的群体和区域，其中不但包含各类语言、文化、艺术、宗教、历史，还包含生产生活方式、价值观念、传统和习俗等。多元文化的发展观是尊重多样化，尊重文化的异质性。长期以来，国家采取各类招生优惠措施，如开办民族班、创办民族预科、开办基础强化培训基地、对少数民族学生降低要求、放宽标准录取等，把民族文化融入国家教育体系内，传承保护了民族文化和主体文化，并使之达到了同等重要地位。然而，随着国家的发展，尤其是进入21世纪以来，越来越多的人对以往的"优惠政策"开始产生怀疑，怀疑的焦点主要集中在以下几个方面：①国家现行的研究生招生工作是对本科教育质量评价的一个重要指标，也是国家挑选人才的重要途径，但由于"教育是在特定时间内对知识的选择和组织"[1]，难以避免运用教育知识的方式决定学生发展动向的现象。我国现行的研究生招生制度，使少数民族学生必须在大一统的培养模式下学习，才能进入研究生教育阶段进行深造。②少数民族研究生教育过程中，因为专业和语言的限制，以及就业压力的影响，部分学生把汉语言和外语科目视作学习的重点，忽略了对本民族文化的学习利用，这种状况同民族院校设立的初衷产生了分歧，违背了办学宗旨。从对政策的评价中我们也能够发现，"培养人才的数量和

① 麦克 F D Y. 知识与控制——教育社会学新探[M]. 谢维和，朱旭东译. 上海：华东师范大学出版社，2002：114.

质量"在整个"优惠政策"工作中占有重要地位，权重占 0.184 1，为所有指标中最高分项，但是总体评价得分为 66.306 分，满意程度不高。③民族地区经济社会发展存在相对依赖性，少数民族文化发展缺乏坚实的基础条件。要实现少数民族优秀传统文化的传承创新，必须有经济基础的保障，但少数民族经济的发展具有相当的依赖性，这就决定了民族文化尤其是民族语言必须存在于这种依赖中，而民族文化所受到的挑战是极其显著的。

三、"优惠政策"教育公平出现偏离

公平是教育的核心问题，公平的关键在于认识其如何在现代社会教育活动中执行，公平是普遍遵循或追求的一个本质标准，也是一种相对的结果，带有一定片面性，单纯依照它的衡量标准看，包含个体公平和群体公平两个基本类型。由于群体之间的差异，群体公平有时是以牺牲个体公平为代价的，但在个体层面上达到"法律面前的公平"可能会产生群体标准上的"事实不公"。目前，关于"优惠政策"，争论的焦点主要表现在个体公平和群体公平问题上。一方面，从实质公平的角度分析，此项政策是在尊重民族差异的基础上，以群体公平为基础建立的。这种重视群体公平而忽视个体公平的原则，引发了教育的不公平问题。例如，以民族身份为标准区分考生可否享受"优惠政策"是基于社会历史现实因素，为更好地实现民族平等要求而执行的一项措施。但是，由于人口的迁移，具有少数民族身份的考生并不一定生活在民族地区，而非少数民族的学生也并不一定生活在汉族地区，这就产生了一个政策的真空地带。教育公平意味着人人都能享受教育资源，不能因个体的地位、财富、背景等因素区别对待，而少数民族群体又是"优惠政策"实施的主要受益目标。另一方面，从政策效果上看，此项政策为某类特殊群体提供一定的特殊对待，这源于我国民族教育的历史性、现实性及不同民族文化特征导致的研究生教育水平的较大差距。它是为特殊群体实行鼓励措施来帮助其脱离不利境况，维护社会公平，实现人人平等的基本原则。但是，每一种政策都是在一定的时代框架和历史环境中制定的，随着历史的发展和社会环境的变化，各种政策都难以逃脱历史的延续及革新问题。目前，由于社会经济转型和政治体制改革，"优惠政策"受益主体间的区域差异、研究生教育发展不均衡问题、阶层分化矛盾等各种问题层出不穷。从前文政策评价中我们也能够发现，政策公平在整个"优惠政策"价值维度评价中占有重要地位，权重为 0.626 7，但是总体评价得分为57.358 分，处于不满意状态，具体是在"政策利益在民族地区各群体汇总的分配状况"（55.84 分）、"政策制定是否权衡了相关群体的利益"（56.992

分）、"政策执行过程中利益相关者的利益分配是否公平"（56.348 分）这几个方面表现出较低的满意度。所以，在新的历史条件下，"优惠政策"必须进行必要的改革，实现群体公平的要求，同时也满足个体公平要求。

四、"优惠政策"执行不到位，存在"教育舞弊"现象

"优惠政策"的执行成效不仅与政策决策者的水平和视野直接关联，而且与政策执行者的认知水平和能力密切相关。调研发现，此项政策的执行还存在不尽如人意之处，主要表现在以下几方面。

（一）政策解读失真，价值取向偏离

在"优惠政策"实施过程中，一些地方政府的招生部门将自身利益摆在首位，而忽略国家的整体利益，对自己有益的政策就执行，不利的就敷衍了事。例如，招生中的"研招移民"问题，一些地方教育行政机构为了提高当年本地研究生录取率，忽视对研究生招生工作中户籍转移问题的审查，甚至存在权钱交易。

还有一些地方政府执行该项政策时，不是科学规范地落实好国家的民族教育政策，而是咬文嚼字，断章取义，对"优惠政策"的解读失真，价值取向偏离。例如，国家投入该项政策的财政配套补助被一些地方机构占用、挪用。在调查中还发现，一些省份教育厅的民族教育处领导对此项政策的认知水平还停留在"骨干计划"政策层面，对"双少"政策茫然不知。

（二）"纸上谈兵"，欠缺信度与效度

在实施"优惠政策"的一些地方部门，还存在事前开会、事后发文但不执行的状况。根据国家订立此项政策的基本原则，需要报考者本人、委培单位及培养单位三方签订定向协议，而国家在政策的具体执行环节中，还缺乏对政策执行进度的监督和跟踪评价。从"委托-代理"的关系来看，此项政策的定向协议关系存在一定异质性，容易出现人为造假问题。由于在这种关系内，委培单位的期待和培养单位的培养目标存在差异，并且它们之间还存在信息的不对称及研究生报考动机的不一致，有可能出现"搭便车"行为，让学生本人同委培单位和招生单位订立的定向协议失效，"优惠政策"欠缺实效性和约束力[1]。国家在订立此项

---

① 孟立军. 关于完善少数民族硕士研究生招生政策的思考[J]. 高等教育研究，2006，（6）：80.

政策时，没有制定具体细则来约束报考者报名时所具备的具体要求，对目前少数民族和民族地区经济建设所需要的紧缺人才还缺乏深入的调查与规划，故而还应对报考此项政策的少数民族学生设立相应的条件限制。

（三）政策还欠缺完善的监测评价机制

从目前执行状况来看，政策决策者在政策制定过程中，尚未研究制定与政策相配套的评价机制。"优惠政策"欠缺一定的监测评价机制来对此项政策的执行成效问题进行评价，不论是国家机关、地方政府，还是培养单位、委培单位，都缺乏对政策评价的意识。这种监评意识的缺乏，对政策的改革与创新将带来严重的负面影响。实施"优惠政策"是事关教育利益分配的国家行为，对此项政策执行成效的关注如果只维持在利益相关者之间，而忽视了对政策执行对象、毕业去向、培养方案等一系列问题的探索，那么将很难吸引非利益受惠群体的注意力，也更加不会有固定的评价机构去组织跟踪监评工作。目前，政策还欠缺完善的监测评价机制，缺乏固定的机构对政策执行成效进行跟踪评价。

（四）培养单位政策执行出现偏差，欠缺科学管理

培养单位是"优惠政策"执行的直接场域，对此项政策执行负有不可推卸的责任与权力。即使培养单位在政策执行过程中发挥了关键作用，且为民族地区培养了一大批少数民族高层次人才，做出了重要贡献，但仍然在政策实践中还缺乏科学的管理措施，并存在一定执行偏差。例如，在招生工作资格审核环节，一些培养单位还没有对考生的资格进行严格的审核，操作过于简化，致使一些钻政策漏洞的学生"打擦边球"的现象时有发生。此外，在政策相应的就业指导方面，培养单位还没有专门针对此项政策的毕业生开展有效的就业辅导，也没有监督"优惠政策"毕业生的就业流向问题。并且还有一些培养单位或导师甚至支持政策毕业生毁约，对他们是否回归定向地区就业不会给予特殊关注。某些培养单位在政策执行过程中，尚未起到关键的引导作用。

当前，培养单位也尚未针对"优惠政策"订立单独的教育及管理制度，如"双少"政策生录取后，跟普通计划学生一样接受相同的教育及管理模式。由于他们本身的特殊性，在很多基础文化知识层面与普通计划考生还存在较大的差距，难以跟上课程进度。培养单位一般无视这种在教育过程中的薄弱环节，也未专门就这一问题制定科学的补偿教育措施，还没有意识到这类群体身上肩负着民族发展的重任，尚未订立有针对性的研究生培养方案来提升民族认同感和培养质量。从政策评价中，我们也能够发现，政策在整个"优惠政策"价值

维度评价中占有比较重要的地位,权重为 0.0936,但是总体评价得分为 58.714分,处于不满意状态,具体是"政策有效解决了民族地区的教育问题"(53.408分)与"政策有利于提高民族地区的教育质量"(57.15 分)在指标体系中满意度最低。说明政策对解决民族地区教育问题和提升人才培养质量方面还存在较大问题。此外,在当前社会变化多样的事实环境下,培养单位也没有开展对少数民族研究生的诚信教育。在管理层面,培养单位还没有把"优惠政策"生的特殊性和民族性考虑进来,把他们与一般学生同等对待,这可能对"优惠政策"生的发展造成不良后果。结合调查材料可以发现,多数培养单位对"双少"政策生缺乏合理、科学的培养方式,管理难度很大,缺乏在课程设置、培养方案、管理措施等方面的专门考虑,导致"优惠政策"生的学业幸福感相对偏低。

(五)政策毕业生出现"违约"行为

根据"优惠政策"定向协议的要求,政策毕业生就业时要按照协议约定回归定向地区或委培单位工作。然而,调查发现,一些"优惠政策"毕业生的回归意识淡薄,部分学生想利用此项政策获得研究生教育资源,提高就业竞争力,达到"鲤鱼跳龙门"的效果。本书结合对这类学生的访谈调查,认识到他们学习的主要动机是获得更好的工作岗位(除民族地区以外的地区)。这类学生报考的专业大多同之前工作单位几乎没有关联。例如,在政府部门工作的考生报考了医学专业的研究生,与政府工作完全不对口。同时,还有的"优惠政策"生希望利用政策获得研究生教育资源,从而期盼将全家人从民族地区迁出来,进一步提升家庭生活质量。在一定意义上,由于"优惠政策"生的流失,该政策在个别地区不但没有达到改善人才结构、更好地适应民族地区经济社会发展的目的,反倒造成了人才流失问题。鉴于此,"优惠政策"如不及时做出调整,这种现象还将加剧。

五、政策的教育成本问题日益突出

研究生教育的供需矛盾是培养单位进行学费改革的重要缘由。20 世纪 80 年代以前,政府包办大学,高校办学所需的经费均由国家完全承担。随着社会的发展,尤其是在不断发展的现代化进程中,民众的各类需求也在不断上升,市场发展和个体对研究生教育资源的追求也在持续攀升,研究生教育为满足现代化建设要求进行了大规模招生。扩招之后,国家财政拨款的速度要远远落后于录取计划的增长速度，再加上研究生教育投入的经济行为的"拓张"①，造成了研究生教育经费紧张局面。此外，由于市场调节作用，城镇居民的收入总量增长迅速，人均收入和生活水平显著提升，人们获得了一定的购买研究生教育资源的能力。另外，教育投入能够对个体带来地位、金钱、工作等回馈，大众也越发乐意投资教育。人力资本理论提出的"个体通过教育可以收获高效的劳动生产率，而高效的劳动生产率又可以让个体获得一身的经济利益"的观点，得到了美国、日本等发达国家的广泛认同。

1985 年出台的《中共中央关于教育体制改革的决定》指出，要逐渐明确以国家财政投入为主，以收取教育税、学杂费、校办企业税收、募集资金，以及建立教育基金等多样化方式为辅，筹措教育经费。紧接着，国家又出台了在高校收取学费和住宿费的通知，1996 年出台的《高等学校收费管理暂行办法》指出，要按照每个学生教育培养的年度费用确定一定比例学费，高校学费在教育和学生人均培养成本之间的比例不得高于 1/4。这些措施的出台，为教育成分分担和补偿约定的细化提供了政策保障。自 1997 年以来，各高校均实施了教育收费改革，通过国家、社会及个体三方共同承担教育成本，并订立了一系列的学生资助措施。

1985 年出台的《关于高等学校招收委托培养硕士生的暂行规定》明确规定了少数民族学生委托培养经费和学杂费等问题。对少数民族学生的培养可以采取委托培养和定向培养相结合的方式，根据培养方案的规定，他们的教育成本分别由委培单位和个体承担。然而调查中发现，长期以来"双少"政策生的培养费几乎都由个体承担，主要原因在于：①"双少"政策生不想由原工作单位来支付学费；②委培单位不乐意承担教育成本。从成本收益角度来看，利益双方都没有站在双赢的视角考量。"双少"政策生不愿意接受委培单位的资助，是因为毕业后不想回归工作而影响发展前景；委培单位不愿意支付教育成本是由于担心"人财两空"，为教育埋单却造成"双少"政策人才流失的后果。

2004 年出台的《教育部 国家发展改革委 国家民委 财政部 人事部关于大力培养少数民族高层次骨干人才的意见》明确指出，报考"骨干计划"政策的考生（包括基础强化阶段），统一享受中央级财政拨款的经费政策。其中，中国科学院、中国社会科学院及中国农业科学院的经费通过当前财政标准的渠道解决。对家庭经济困难的学生，给了一定的生活和学习资助，由定向地区和委培单位解决。之后，"骨干计划"政策生的培养费和生活补助均由国家支付。但是，2013 年出台的《教育部 国家发展改革委 财政部关于深化研究生教育改革的意见》指出，全国各高校研究生教育进行收费制改革，各类招生计划学生

---

① 余英. 论高等教育学费政策的改善[J]. 教育评论, 2009,（3）: 11-14.

都要缴纳学费，包括报考"优惠政策"的学生。而且，自 2014 年秋季入学的硕士生开始，明确要求报考此项政策的在职人员，倘若符合培养单位的复试要求，就能够获得研究生教育入学机会，但其培养方式变为定向培养，取消过去的委培方式。学生的培养费、住宿费等都要按规定缴纳。为此，研究生培养单位也按照国家要求制定了一系列研究生奖助学金政策来保障学生完成学业。调查发现，目前各高校均按照教育部要求，制定了一系列奖助学金政策。例如，中南民族大学设立了生源奖学金、民族类专业志愿奖学金、研究生国家奖学金、研究生国家助学金、研究生学业奖学金等，其中生源奖学金、民族类专业志愿奖学金明确规定只面向非定向硕士生，而通过"优惠政策"入学的考生无法申报，其他类别的研究生奖学金可以申报。但新的问题是，这些奖助学金政策要求"优惠政策"生与普通计划学生同场竞技，又将他们居于同一起跑线上，必须在同等条件下参评，才能得到奖助学金来弥补学费困难，这与"差异补偿"原则产生了冲突。

简言之，在教育加速产业化进程和高校扩招背景下，民族高等教育的教育机会相较以往得到了很大提升，但边疆民族地区、农牧民等少数民族家庭难以支付高额的研究生教育经费的问题也逐渐凸显。本书认为，这种问题不但会影响到少数民族学生接受研究生教育的机会，而且也容易造成人才培养质量低下的不良后果。因为难以支付高额的教育成本，很多少数民族学生选择毕业即参加工作，不愿继续深造，最终导致"优惠政策"的目标无法实现。

六、对"优惠政策"认识与监督不足，缺乏完善的就业配套措施

通过调查可以发现，现行"优惠政策"的需求方委培单位对此项政策还欠缺足够的认知，很多单位尚未明确在研究生教育中还存有这种政策模式，对具体内容更加不了解。只有牵涉本单位切实利益时，才会去了解此项政策。这造成政策的社会认知度下降，同时也带来了一些认识上的偏差，一般体现在：省级教育考试机构在组织研究生招生工作时，对政策欠缺足够的重视度和积极性；培养单位中存在部分导师对此项政策的基本情况及报考政策的少数民族学生欠缺一定程度的认知，认为他们不同于普通计划考生，而仅仅将此项政策视为一种特殊措施，并且有一些导师不愿意招收这种类型的学生，认为他们基础知识比较薄弱，科研能力不强，培养难度较大。在监测评价机制方面，由于对此项政策还缺乏充分认知，并且对其理解上还存在偏差，公众对其监评同样也存在较多缺陷，尚未形成统一的政策监评体系。委培单位作为需求方也没有特别关注此项政策的执行成

效，且社会大众的关注度也不高，他们还尚未意识到要就此项政策的执行成效开展监测和评价。换句话说，委培单位和社会对政策的认知度不足会导致政策难以获得有效的监测和评价，有碍于政策的改革创新。

目前，就业是民生之本，这在高等教育领域尤为显著。政府极力推动高校完善毕业生就业服务体系，特别重视少数民族学生的就业问题。"优惠政策"要求，教育行政部门对毕业生只需要提供一定的就业指导服务，但欠缺具体的实施细则。调查发现，贵州省教育厅会给这种类型的毕业生提供一些就业信息，信息发布在贵州省的人才网站上，毕业生可以自主浏览。然而，这些网站的就业信息更新很不及时，并且信息不对称且不健全，对贵州籍"优惠政策"毕业生获取就业信息的帮助极其有限，其他地区也有类似现象。此项政策在毕业生就业层面的政策约定还比较笼统，就业政策缺乏具体可操作性，在这一问题上，各地方政府部门的应对措施不一致，尚未建立统一的方式，而且评价制度也不一样，对政府的行为难以实施跟踪监督，这导致"优惠政策"毕业生本应获得的就业帮扶权难以得到实现。

是否乐意回归定向地区或委培单位就业是"优惠政策"毕业生能否遵循协议约定回归定向地区就业的最大影响因素。调查发现，少数民族研究生签订的定向协议对其就业选择的影响不是特别显著，"优惠政策"生的就业流向问题仍然是综合因素影响的结果。然而，现实的困惑对他们的就业选择带来了一些负面的影响。一方面，由于各级地方政府教育行政单位与委培单位的沟通不足，这些机构常常将"优惠政策"生视为过去单一的"委培生"，在部门招聘时把他们与普通应届毕业生区别开来，这就给"优惠政策"毕业生求职造成了很大困扰。由于"优惠政策"毕业生就业管理存在漏洞，"优惠政策"毕业生的合法权益得不到保障。这就使他们对返回定向地区或委培单位就业的想法有所保留。另一方面，民族地区经济建设发展需要的少数民族高层次人才同"优惠政策"生所报考的专业存在出入。通过对政策的评价分析，我们发现"优惠政策"效益在整个"优惠政策"事实维度评价中占有比较重要的地位，权重 0.225 5，但是总体评价得分为61.702 分，处于比较满意状态。"政策结果对民族地区各方面（社会、政治、经济、文化等）的影响"（63.544 分）和"目标群体需求与政策诉求的契合程度"（61.08 分）为所有指标体系中满意度较低的指标，这说明政策对民族地区产生积极影响方面仍存在较大问题。西部民族地区作为主要的人才需求方，在经济社会发展及产业机构调整中所需的人才专业特征同"优惠政策"毕业生选择的专业不对口，毕业生可以选择的就业面很窄，而中东部地区人才成长环境相对优越，个体发展的空间也较宽广，导致"优惠政策"毕业生的"回归"意愿不浓，使政策结果在一定程度上偏离了政策目标。"双少"政策规定的招生对象与"骨干计划"政策不一致，没有严格约束或引导学生的报考专业，而负责培养的高校对少数民族研究生教育和民族地区科技力量薄弱区域的判断能力有限,招生工作中主要按照各专业的生源情况来考量是否招收"双少"政策生,导致"双少"政策生选择报考专业时较为盲目且大多集中在社科类专业,而非民族地区紧缺的理工类、应用型专业,最终导致"想回回不去"的尴尬局面。再者,少数民族身份特点对"优惠政策"毕业生的求职过程造成了一些困扰。用人单位在招聘时常常以各种理由限制招收少数民族毕业生,尽管没有在招聘简介中明确指出,但少数民族学生的就业成功率比汉族学生明显低一些,这种因民族成分因素建立的"玻璃门"冲击着"优惠政策"毕业生的就业率,而且对此项政策毕业生的"回归"意识也造成了一定负面影响。

第四节 "优惠政策"成效不足的原因分析

政策表达了制定者的价值观、认识、政策目标等,而政策实施者是政策方案或活动的执行者。政策制定与执行是一个互动过程,政策不能一成不变,要根据政策执行过程的变化而不断进行调整和完善。我国少数民族研究生招生优惠政策在实施过程中受到各种因素的影响而发生了质变,所以对此项政策目标的修正是必不可少的。

一、"优惠政策"的影响因素分析

政策决策者在制定政策时首先考虑的因素是当时所处的政策环境或政策背景,也由此来评价政策的实施状况和执行成效,研究政策执行的合理性,这是政策分析的一个重要方面。通过政策的实施,应当明确政策效果,找出存在的问题,为政策的改革创新打下基础。研究生教育深化改革尤为重要的一环是对研究生教育政策的改革,这也事关整个研究生教育行为的整体利益。本章利用公共政策分析手段,对"优惠政策"成效不足的原因展开分析,重点对政策制定、执行、评价及社会因素等主要影响因素开展探讨,由此挖掘"优惠政策"的基本特性。

(一)政策制定的影响因素

公共政策的制定过程通常包含发现政策问题、分析问题及分解矛盾的环节。其制定要受到多种因素的影响,包含政策决策者、社会大众及环境影响等,只能在政策制定的过程中不断调整和修订。随着时代的发展，影响公共政策制定的因素也在发展改变，一般认为以下因素对政策的制定造成影响。

1. 环境因素

环境因素指政策制定时所处的社会大环境，政策要满足时代发展的要求。目前，社会所提倡的公平与效率要求社会各个领域在进行决策时必须要坚持公平、公正等基本原则。"优惠政策"制定过程的最初环境为中华人民共和国成立之初，国家正处于从新民主主义向社会主义过渡的阶段，民族教育事业在这一特殊历史时期所面临的主要任务是对旧教育的接受和改造。提高对社会的民主化需求，坚持教育公平原则，国家制定了一系列针对少数民族的招生优惠措施。这些措施与民族教育及社会发展需求相符合，满足了时代发展的要求，充分保障了民族教育弱势群体的权益。

政策的环境因素一般包括社会、政治、经济、文化等环境因素，这些因素也随社会的发展而不断变化，难以忽略。公共政策制定执行的主要原因是维护国家政权、保障各个群体的权益。所以，社会政治环境将直接影响政策实施的效果和可持续性。社会经济环境又将直接造成对政策实施的效率、效果、效益等的影响，也是政策执行的物质基础。而文化环境将对公共政策实施的文化价值和执行者的操作模式带来直接影响，将引导政策的实施。我国少数民族研究生招生优惠政策的施行必须正视民族地区社会政治经济文化的环境因素。目前，国内各地区经济发展水平参差不齐，中东部与西部地区之间、民族地区与非民族地区之间差异较大，此项政策的目标是给少数民族和民族地区经济社会发展培养一大批少数民族高层次人才，调节产业结构特点，继而降低民族地区与发达地区发展上的差距，实现共同繁荣。少数民族在我国有其特殊的地理与种族文化特征，他们特殊的生活和文化背景决定了政策执行者的价值取向及操作方式。随着民族地区文化的进步，此项政策将不断改革创新，文化环境因素因此而具有政策引导效果。

2. 大众因素

社会公众的受教育情况决定了他们参与公共政策决策过程的广度与深度[①]。一旦某种问题牵涉社会公众的整体利益并急需解决时，公众会对政府提出政策制定的诉求，以达成其意愿。大众的权利与公共政策密切相关，伴随社会发展，他们在社会中的作用越来越显著，有时甚至起到关键作用。在国家公共事业管理中，大众参与已成事实，公共政策的制定要受到大众影响。伴随时代发展，民族

---

① 张工强，帅学明. 公众科学素养对公民参与公共政策制定的影响[J]. 云南行政学院学报，2006，2：84.

地区同发达地区之间的差距也在不断拉大，经济社会建设紧缺高层次人才的问题也日益彰显。少数民族学生由于历史地理等先天因素输在了起跑线上，这对民族地区经济社会发展造成了严重影响，少数民族学生的教育权利也受到了严重影响。因此，少数民族学生对平等受教育权的追求也越发强烈。随着国家大力发展民族教育，相关部门已经订立了一系列用于保障少数民族学生获得研究生教育权的优惠措施。通过这些措施，更多的少数民族学生获得了研究生教育的机会，为民族地区培养了一大批少数民族高层次人才，不但维护了少数民族学生的公平受教育权，而且还极大地推动了民族地区经济和文化的进步。

3. 政策制定者因素

公共政策制定过程中，制定者发挥了主体角色，因此他们的个人价值观将对政策制定产生关键影响。制定者的客观认识、能力素质水平及与政策的利益相关性等元素将对政策成效产生重要影响。"优惠政策"的价值选择是为了维护国家统一、促进民族团结进步和实现民族平等、促进研究生教育均衡发展、实现教育公平、保障少数民族受教育权等。政策制定者对民族高等教育的认知度直接影响到政策的目标，如果他们能够基于少数民族学生的教育弱势地位考量，那么此项政策就可以达到目的。而政策制定者的能力素质水平高低也直接影响着政策实施的成效。

4. 政策变革势态

一种政策不可能适用于解决所有问题，特定政策只能对一些特定的问题起到作用，或是在政策实施过程中会产生新的变化，因而政策应该随着时代的变化而不断进行改革创新，以适应社会公众的新要求。由于少数民族研究生教育长期处于发展滞后的境况，党和国家从 20 世纪 80 年代就已经制定了相应的特殊倾斜措施，为少数民族学生提供了更多的研究生教育机会。因为政策环境的不断变化，在政策执行过程中也随之做出了优化和调整。从以往对少数民族学生的"单科优惠"逐渐调整为"降分录取"及"优先录取"等优惠方式。目前，已逐步发展为"双少"招生政策模式与"骨干计划"招生政策模式并存的政策体系。随着社会的进步，该项政策也在不断进行改革和创新，政策受益对象也在不断拓展。

（二）政策执行影响因素

政策执行过程将遭受多种因素的影响，一些影响是十分明显的，并且大部分的影响将随着其他因素的变化而发生改变，因而难以掌控，这就决定了我们在政策执行、政策调整时应充分考虑到政策影响的各类因素。政策执行影响因素主要体现在以下几方面。

1. 主要执行者

政策主要执行者的客观认识、能力素质水平、认知程度等都会对政策实施造成直接影响，公共政策的实施只有在高素质的主要执行者的配合下，才能取得高成效的政策结果，维护政策实施的公正性，让政策朝着正确的方向发展。倘若"优惠政策"主要执行者缺乏对少数民族研究生教育的充分认知和执行政策的能力水平，那么该项政策的实施就有可能受阻，难以获得好的成效，也易让人进入民族高等教育公共政策执行的误区。目前，"优惠政策"的主要执行者是教育行政机构、高等院校、科研院所等培养单位，如果这些对象在政策实施过程中欠缺对政策的认知，仅考虑到自身的利益，就会出现"高收费""跑关系""走后门"等不良现象和违法行为。由此可能导致少数民族中的精英群体独占研究生的教育资源。培养单位只有客观公正地实施此项政策，才能保障该项政策的成效最大化，最终达成政策目标。

2. 执行对象

政策执行对象包含政策出台后的受益对象及非受益对象，是政策直接作用或影响的目标。执行对象的文化背景、能力素质水平等都会对政策执行产生影响。"优惠政策"的执行对象主要是少数民族身份的学生，他们是此项政策的直接受益对象。如果此项政策的实施有效维护了少数民族学生的公平受教育权，那么政策执行对象就会充分拥护政策的实施。反之，如果政策执行对象没有受益，那么就会对此项政策表现出排斥或反感。而少数民族学生的生存环境和他们自身的文化背景将对他们如何认识此项政策造成较大影响，"优惠政策"将伴随少数民族学生的生存环境的变化、教育水平的发展而逐渐改革。

3. 政策体系

政策体系的科学性、质量水平等因素将直接对政策执行造成影响。对政策文本的分析能够对政策执行发挥指导作用，也为政策主要执行者指明了方向，明确了价值取向。应坚持民主、公平、合理、可行等基本原则，以保障今后的政策在实施中朝着持续性和有效性的方向发展。公共政策能够达到预期目标，并获得较好的成效，关键在于以政策执行保障和监评措施为基础，建立一套科学高效的政策体系与之并行。"优惠政策"可否按期实现，关键在于以政策执行保障和监评机制为基础，同时完善政策体系，达到政策的预期效果。此项政策的目标是维护少数民族学生获得研究生教育的机会，援助民族地区经济社会发展，降低发达地区同民族地区的差距，实现共同繁荣。因此，建立一套完整的"优惠政策"执行体系是极其必要的，而且还应配套相应的保障机制，才能确保政策的正常运转，让政策保持可持续发展。

（三）政策评价影响因素

政策实施成效的好坏需要一套政策监评的体系，不能单纯依赖政策本身去评价，而且不能仅仅考虑政策在何种程度上解决了问题，我们还应从不同的实施对象、政策效果及执行后产生的影响等多个维度开展分析。

1. 政策制定能否代表大众的权益？

一项政策的颁布是为了处理特定问题，目标群体应当为政策的主要实施目标，因此评价这一政策是否可行有效的标准之一即该项政策的制定能否代表目标群体的权益。而对政策评价标准的观测点在于政策制定前后是否把目标群体的权益摆在第一位，且还应考虑整体权益而并非仅仅考虑个体权益。如果政策制定环节尚未把目标群体的权益考虑周全，那么政策要处理的社会问题就会被恶化，同政策的目标发生冲突。"优惠政策"是为了解决少数民族和民族地区经济社会发展紧缺少数民族高层次人才的问题，实现少数民族受研究生教育权而订立的。此项政策的受益对象主要为少数民族群体，评价该项政策标准就是分析它能否代表少数民族群体的权益，能否在政策制定环节中将少数民族群体的权益摆在首位，能否在政策执行环节中充分考虑到国家整体权益与少数民族群体权益。政策实施后是否满足了少数民族和社会大众的利益诉求。倘若达到了社会群体的利益诉求，民族地区社会人才短板效应和少数民族群体的研究生受教育权等问题方可得到解决，反之，政策目标就无法达成，甚至产生事与愿违的后果。

2. 政策制定目标能否达成

政策制定的目标是解决一些特定问题，所以政策实施后是否达成了政策目标，是对政策评价的重要标准之一。如果一项政策实施后达到了政策制定的目标，有效推动了社会的发展，解决了一些特定问题，那么就可以认为此项政策是可行及有效的。反之，则证明此项政策不符合社会发展要求。"优惠政策"评价的重要标准之一为政策实施后是否解决了少数民族和民族地区经济社会发展落后和少数民族研究生教育发展不均衡等问题。如果此项政策处理好了这些问题，切实维护了少数民族学生的权益，帮助少数民族和民族地区经济社会发展，促进了研究生教育的均衡发展，那么就能够认为此项政策是可行有效的，反之，则证明该项政策背离了社会发展的需求。

3. 政策产生的影响

在市场经济环境下，社会变化日新月异，公共政策所处环境更加复杂，因而政策在制定时难以表达所有人的诉求，并且难以解决所有问题。在公共社会中，政策执行者同时也可能是政策的实施目标，因而执行时很可能只考虑到个别执行者的私利，而忽略其他人的利益。目前的社会状况也是在国家政策不断调控基础上形成的，因此对政策评价的另一重要标准即当前政策产生的影响。"优惠政策"是一项公共教育政策，难以考虑到社会公众每个人的利益，并难以解决所有问题，仅能以降低少数民族与汉族之间的教育差距开始，逐步实现教育公平。然而，政策实施过程中由于个别执行者仅考虑到自身利益，如"研考移民"问题，导致少数民族中的真正弱势群体难以得到研究生教育资源，对他们的研究生教育权益造成了严重影响。但从宏观上来看，倘若此项政策执行后，没有对社会公众的整体利益造成破坏，那么可以认为这项政策是正确的，反之，则证明政策失败。

（四）影响研究生教育政策的主要社会因素

按照上述对公共政策影响因素的分析，我们能够发现，对研究生教育政策产生影响的主要社会因素包括：①研究生教育政策所处的社会环境。宏观层面一般表现为政策所处的环境，包括生态环境和社会环境。而社会环境的影响一般为社会政治、经济、教育环境、社会导向及国际影响等。②研究生教育政策制定和执行的组织及人员。研究生教育政策的科学执行要求固定的组织和机构进行维护和管理，它们的角色可否发挥功效，结构形态（主要是组织方式、制度、设置等）是否调和等状况，都将对研究生教育政策的运转造成影响。研究生教育制定和执行人员自身的素质、知识水平、对社会现状的认识能力等也将对其产生影响。政策研究者和政策制定过程的组织者在现代社会对研究生教育政策的影响也不可忽略。③社会政策体系由多级政策系统构成，体系结构之间的关联程度对研究生教育政策的制定和执行也将造成重要影响。

研究生教育政策制定和执行的影响因素的动态变化，导致政策过程也会随之发生改变。第一，一项具体政策在社会环境中运转，牵连到各种关系和利益诉求，受到多方利益相关者的约束。研究生教育政策从研究生教育资源配置的角度出发，但这些资源大多由教育主管机构掌控，并交给下属机构操作，这就限制了政策自身的调控能力。第二，政策自身的调节和规范能力要受到法律法规的监督。在当前全面从严治党的大环境下，党纪法规成为社会行为的指导原则和规范手段，对研究生教育政策开展监督和调控，研究生教育政策的整个过程必须满足这些原则。研究生教育政策目标的灵活性、实效性及特殊性等特点,也是在这种法律条文的基础上,接受社会道德规范的检验和监督的。第三,政策执行是政策决策者对社会调控的手段之一,实施成效好坏还取决于政府的权威性和运作状况。第四,研究生教育政策问题的复杂性和特殊性。研究生教育逐渐变成目前社会个体朝上递进的重要渠道。研究生教育政策问题由此表现出复杂性和特殊性特征,除解决研究生教育矛盾的问题之外,还要承担一部分社会问题的使命,造成研究生教育政策难以达到完美,仅能采取调整研究生教育活动来改善政策成效。第五,社会大众对研究生教育政策的认同感。研究生教育问题牵涉社会发展的方方面面,对社会群体内的每位成员都将造成影响,社会大众对研究生教育问题的理解水平、对研究生教育政策的认同程度等也将影响研究生教育政策的执行。

(五)影响"优惠政策"的主要综合因素

研究生教育招生政策是一系列具体的教育措施,代表了国家的利益诉求,体现了决策者在一定历史时期推动社会进步的要求,带有综合性与复杂性特点。从利益相关者角度来看,招生政策是对各方利益相关者的利益诉求的调和,代表了各自的价值选择。然而少数民族研究生教育的运转状况更为烦琐,相较普通的研究生教育招生措施(相对少数民族研究生招生优惠政策而言)更为特殊。

综合上述对研究生教育政策影响因素的探讨,本书发现"优惠政策"同样会受到这些因素的影响,主要体现为:①由于社会形势的变化,导致少数民族研究生教育所处的环境发生改变,将对此项政策的实施造成很大的影响,如国家体制机制的变化、西部大开发战略的实施、民族高等教育发展情况的变化、政策系统的变化、社会道德规范的改变等,都将对此项政策的改革与创新产生影响。②"优惠政策"不仅要处理少数民族研究生教育特殊范围中的问题,并且还承担了维护民族平等、促进教育公平,维护民族团结、推动各族人民共同繁荣,为民族地区培养大批少数民族高层次人才的特殊任务。③"优惠政策"的正常运作要求社会各部门的通力协作。在现行的社会政治经济环境下,该项政策不仅要求得到党纪法规的保障,而且还要获得各个机构与部门的共同配合。④"优惠政策"的制定和执行过程中,还有一部分少数民族研究生教育的决策部门和组织机构对少数民族研究生教育的现状和问题在认知水平上存在偏差。一些人员民族认同感薄弱,对民族教育的发展没有全方位的认识,淡化了民族地区对高层次人才的诉求,保持一种群体公平的态度,对民族教育发展问题的特殊性还尚未达到一定程度的认知水平;要么局限在追求地方利益上,盲目追求工作效率,而忽视教育公平;要么政策意识淡薄,弱化政策的正确导向,容易导致偏离目标问题。⑤"优惠政策"在政策系统中属于具体政策,较为微观。它受到元政策、基本政策、方面政策等各类因素的影响，这些政策执行情况也会对具体政策的科学有效性带来影响。

综上，我们可以明确的是此项政策展现出以下几点基本特性：①政策是在科学理论的指导下制定出来的；②政策综合社会问题、民族问题及教育问题三者于一身，具有综合性和复杂性；③政策的执行成效提升，需要制定与政策配套的措施，政策各子系统的协调和各级行政执行机构的实施才能够得到保障。

二、"优惠政策"成效不足的原因

"优惠政策"实施的环境随着时间的推移而发生改变，所以不仅应当持续挖掘政策的可持续性与范围，还应在执行偏差中梳理各类因素，改良实施的方案、目标及模式等。政策实施的关键因素在于对政策目标的认同、满足个体发展诉求和自主能动性、激发实施者的积极性等，让政策环节中的各个参与者和政策实施中的一切变量都实现统一和谐。政策实践的困境不仅是社会复杂的因素、政策执行环境等造成的，也同政策自身的一些缺陷密切联系。

（一）时空环境：社会发展转型与民族文化价值的改变

民族教育政策除了要受到民族地区政治、经济、文化等因素的影响，还要面临民族政策、教育政策及特殊的民族教育政策的制约，这些因素影响和制约着民族教育政策实施的外部环境就是我们通常所说的政策环境。中国从加入世界贸易组织以来，社会发展产生了日新月异的变化，每位社会成员都受到了市场经济社会条件下的极大冲击，由此带来了社会生活、文化理念、经济观点等的改变。新时代社会现代化进程的加速，引起价值观、道德规范、社会风尚、行为准则及思维方式等全面的改变和发展。社会转型的巨大风暴席卷了全国各地，民族地区传统的政治、经济、文化导向等无可避免地遭到社会现代化多元思潮的冲击。民族教育政策的改革与创新不仅集中在教育系统内部的改良、调整及完善上，也还要集中于外部社会因素的支撑系统。所以，社会发展转型和民族地区少数民族文化价值的改变作为政策运转的时代背景和空间背景，是本书分析"优惠政策"执行的前提与基础。

"支撑人类社会活动的意识不应当单纯理解成'自我意识'，而应该明确到它为一种'人类意识'。"[1]个体的行为自觉或不自觉地遭到社会发展共同意识的制约。在调研中我们通过走访定向地区发现，在西部大开发、各行各业日益兴

---

① 吉登斯 A. 社会的构成[M]. 李康，李猛译. 北京：生活·读书·新知三联书店，1998：52.

旺的环境下，民族地区既获得了发展的好机遇又面临着一些考验。从"优惠政策"的个体层面来说，这些考验一般体现在内外部两个方面。

在外部考验方面，西部大开发战略的推动给每位个体成员赋予了多元选择的机会；就业压力的制约导致此项政策的吸引力减弱。加上社会市场经济商品机制的推进，一些价值理念制约着每个群体。民族地区的成员难以避免会受到功利化、短期效益、经济获得第一原则等思想的影响。每一个体的价值观点均取决于其存在的社会环境，外部环境生成了个体的价值逻辑，让个体在社会经济大环境下探索自身"需求"。

在内部考验方面，少数民族群体参与自身文化原型的式微。少数民族文化原型的积淀、累积、进步与整合过程中，原来的结构与价值系统与个体发展的创造性之间的冲突是难以避免的。家庭、社区、学校均是个体获得文化的场域，不同的价值选择导致了不同的社会化发展趋势。不适应传统文化背景、价值观点的群体日益增多，传统文化资源的式微越发变成了内部的困惑。

（二）内部根源：政策制度及结构的"固守"

社会大众常常把制度当作较为稳定的管理规定或行为准则，其功能在于限制社会成员的活动。一种政策内部结构与组织应该按照政策执行环境的改变而调整，才能维系鲜活的生命力。制度是带有时空普遍性的持续的实践活动。"规则有一种明显的特点，即产生于具体环境下的日常碰触到的规则是同实践密切关联在一起的。①"脱离实践，在实践之外的规则是无法存在的，同实践密切关联起来的规则既是方法也是程序，其功能体现在对意义的建构及对社会行为的限制。

我国少数民族研究生招生优惠政策从制定执行以来，基本原则的执行维持不变，维护了此项政策的稳定性，然而在具体操作过程中满足实践要求的改变却很少。例如，湖南、四川、新疆等地结合本地区状况在招生、就业、培养等环节进行了微调，以解决实践过程中的具体矛盾。这种微调是局部且影响不大的，并且是一种"见子打子"的短期行为，而并非基于全局统筹此项政策，从中央到地方层层落实方案，提高各地方自主权，有效利用政策调节功能。此项政策采用国家多部委、高校、地方政府及少数民族研究生本人的多级互动组织运作方式，不同权级之间资源整合存在困难。不同机构之间的"固化、繁文缛节、低能和难合作"②，在这类工具理性观点制约下构建成自身的权力范围，实施过程中的开放

① 吉登斯 A. 社会的构成[M]. 李康，李猛译. 北京：生活·读书·新知三联书店，1998：81.
② 敬乂嘉. 政府扁平化：通向后科层制的改革与挑战[J]. 中国行政管理，2010，（10）：105-110.

性与多维度协作困境较大。

（三）外部根源：发展诉求与政策援助的错位

在现代社会，个体同社会形成了新的关联，个体的差异化及类别化双管齐下，个体分化及个体从化互相作用，社会生活在转为越来越异质多元的同时，也越发表现出对多样化诉求的人文关怀及实践支撑。个体之间产生矛盾的根源在于他们自身的家庭环境、文化背景、生活场域等事实形态的不同，而又强制他们保持一致性特征。个体发展诉求同个体价值及群体价值紧密联系，每一个体在"优惠政策"这种政策系统中的实践互动中，都必须遵循一定的价值参照系统。而个体发展诉求与政策援助的错位是导致政策成效不足的外部根源。按照访谈情况，主要整理归纳为以下几点。

我国少数民族研究生招生优惠政策个体的诉求是多元化及动态化的，它随着政策环境的变化而体现为不同的诉求，主要表现为：报考此项政策获取较高的成就期望同事实就业不理想之间产生反差；此项政策培养过程中的部分环节出现了同诉求的偏离，如课程设置、管理机制、实践过程欠缺、地方与高校对"优惠政策"人才素质要求的区别等导致培养成效尚未达到最优化；定向地区、家庭对"优惠政策"人才较高的期待与多样化的认识导致个体诉求的多元化，考研意图、认识与地区和家庭的期待值等被动捆绑，总体来看对个体造成了一定的外部压力；政策自上而下的支持模式表现出一定的滞后性、不完全性、后效性等，而个体对政策援助的时效性、利益扩大化等诉求使彼此之间产生了一定的冲突现象。整体而言，个体诉求表现出多样化及趋向最大化的特征，政策援助表现为单向统一性并力争均衡公正。

（四）直接因素：人才培养质量偏低

我国少数民族研究生招生优惠政策的培养单位主要分布于国家各级各类重点高校和民族院校，办学实力和师资力量堪称国内一流。然而他们的利益倾向表现为两类：一类是任务型利益倾向；另一类是功利性利益倾向。任务型利益倾向重点在国内部分一流高校中存在。他们对招收及培养"优惠政策"生的愿望不大，不在意教育部划分的"优惠政策"招生指标的多寡，也不太关注是否有学生报考，在他们看来招生指标的多寡均是为了完成教育部的任务，并且这些相对有限的指标难以为高校产生经济价值，由此致使其管理机构对招生录取计划内的考生的培养尚未引起足够重视。

功利性利益倾向重点在国内部分实力相对弱势的高校中存在，尤其在民族院校及担负基础强化培训基地的学校中呈现。它们期待得到更多的招生指标，一来能够凭此得到经费投入以改善本单位的研究生培养状况，二来希望凭借"优惠政策"提高本单位的声誉及美誉度以得到更多更好的生源。"这些招生单位努力招生的主要目标是达到自身利益最大化要求，最大限度录取计划内学生，而对学生自身的素质不太关心。"[①]所以在重视程度及培养管理上降低要求，同时因为"优惠政策"的培养有相对特殊的培养诉求，所以在师资力量、教学管理方式、就业服务等方面均有更高的需求，而培养单位的消极应对加剧了人才培养质量的下滑，直接导致"优惠政策"人才群体培养质量偏低。

（五）实践困境：群体功利化的价值选择偏差

价值是客体对主体的某种诉求的满足或接近。有何种价值选择就存在何种诉求，而价值评价标准决定了个体的基本态度、情感模式、思维方式、活动模式的鲜明特点。马克思·韦伯有关个体社会活动类别的区别中，认为："第一类是目标满足理性的。它是源自功利主义或工具主义的活动原则，以逻辑、规范及经济精准地测量，它一般能够被认可。第二类是价值满足理性的。这并非价值中立地实施的，也并非追求精准，而是坚守固有的价值纯粹标准，不论能否获得成效。第三类是情感化的或活动情绪的。第四类是传统型或权威主义型的活动。"[②]社会活动中人类生活行动体现为多种因素共同作用的结果，而在一定社会历史阶段将体现为主流引导的模式。

目前，功利主义价值选择不仅是引导"优惠政策"人才个体行为的"自我意识"，还是一类"特殊群体意识""集体意识"。简单地将其理解成某一种个体或一部分人的个体活动是不合适的。以个体层面来看，很多过程看似是由一些权威、管理及盲目流动导致的，然而这些"权威"经常是隐而不显的，他们在无形中影响人的价值取向和行动，对于这种隐蔽的影响，通常认为没有必要表现出来并证实其公正性。此项政策的群体在活动取向中自觉或不自觉地遭到"功利主义"的影响。从远大目标及整体宏观角度来看，引发了这一政策实践困境，有碍于长期发展的诉求。正像有的专家指出的："从政策制定的视角和政策自身的角度来看，功利主义带有一些明显的优势，可也存在一些显著的矛盾。"[③]

① 黄清霞."少数民族高层次骨干人才计划"政策分析[J].西藏教育，2014，（12）：15.
② 马克斯·韦伯.经济与社会[M].林荣远译.北京：商务印书馆，2004.
③ 姚大志.当代功利主义哲学[J].世界哲学，2012，（2）：50-61.

（六）执行偏差：监评和惩罚的不足

就像美国专家詹姆斯·安德森指出的："政策的实施，90%以上决定于高效的实施，而政策方案制定仅占 10%。"①仅当教育政策被高效实施时，教育政策订立的目标和预期达成效果才能得到真正实现。在政策实践的事实环节中，人们通常将政策看作较为固定的模式原则或管理的标准，其功效是为了限制个体的行动。制度蕴含着利益的分配，对应的规范蕴含利益。所以，一方面应当构建高效的监评制度和工作体制；另一方面，应构建奖惩措施所支撑的系统，倘若活动者不遵循规则，就应当执行惩罚，有效的惩罚手段依靠同社会关系密切联系以犒赏有贡献者，惩罚逃避责任者，表达一切个体的利益。

"规则有一种鲜明的特点，即产生在具体条件下的日常行为中的规范是同实践密切结合在一起的。"②"优惠政策"执行的监测与评价，应当始终贯穿于整个政策过程中，与事实违背、在实践之外的监测与评价是难以存在的。对此项政策开展评价发现，该政策还没有构建出一套适合自身的监评体系，而是掺杂在一般的教育质量评价体系之中。由此，监评的不足导致了制度的优化欠缺。针对违约群体，一些地方政府还欠缺有效的指导与应对。每一类政策的执行应服从要求，政策参与人员的活动应当符合政策的目的性，同其发生偏离的活动将会干扰正当的秩序，产生新的不公正，引起新的问题。

简而言之，"优惠政策"在社会大环境下实施，受政治、经济、文化等各种因素的影响及制约。政策执行面对的实践困境，追根究底指向我国经济社会发展转型时期发展诉求与民族地区经济社会发展水平的衔接错位。

基于政治角度，民主法制、科学规范管理已然变成我国时代变化的急切要求。国家加大力度推动民族地区的民主法制建设，科学规范管理各类民族工作。结合民族地区的事实状态，各种"优惠性"政策措施陆续问世，在某种程度上促进了民族地区建设。然而，民族地区社会分层的结构性矛盾是事实存在的，而顶层资源是有限的，利用类似政治、经济、社会、教育等某一类"倾斜"政策，难免形成资源有限而"照顾不周"的局面。

基于经济角度，民族地区经济社会发展相对滞后，并且发展转型需要一定的时间。为民族地区培养的一大批少数民族高层次人才要求更优化的执行环境及配套措施，需求和供给的错位可能造成"优惠政策"人才无法充分展现能力，继而造成"学无用武之地""水土不服"等问题，严重影响了政策的整体

---

① 安德森 J E. 公共决策[M]. 唐亮译. 北京：华夏出版社，1990：4.
② 吉登斯 A. 社会的构成[M]. 李康，李猛译，北京：生活·读书·新知三联书店，1998：81.

成效。

　　基于社会角度,民族地区文化、思维定势、价值取向等都将对此项政策的落实造成影响。此项政策的招生范围为民族地区,目标群体在民族地区土生土长,并且受父母、族群、区域的影响。个体心理同文化结构是吻合的,"个体—家庭—家族—氏族—部落—民族"等伴随文化环境的积淀越来越多,同整个民族共有的知识、情感、心理、取向等越来越紧密,也会对政策的成效产生影响。

　　综上所述,21世纪我国已经迈入社会发展的新时期,党和国家为了帮助民族地区经济社会发展,极力推动西部大开发战略。国家"十五"规划的颁布,对支援西部民族地区给出了明确计划,构建了经济建设的新模式,支持区域经济协调发展。在民族高等教育中,我国少数民族研究生招生优惠政策随着执行环境的变化而发生改变,且其自诞生之日起就从未间断过"兴革""存废"之辩。截至目前,依然存有对"优惠政策"运作的必要性、合理性、合法性及有效性的争论。总的来说,"优惠政策"是国家推动"智力援助"西部民族地区总体战略的重大部署,也是对进一步发展民族教育政策、维护民族团结进步赋予的强劲政策支撑,对西部民族地区经济社会跨越式发展提供了大好机遇。此项政策在实施过程中展现出了一系列问题,故而应当就政策的执行成效开展调查并研究其现有的主要问题。

　　本书认为,"优惠政策"较好地达成了政策目标,为西部民族地区经济社会发展培养了一大批少数民族高层次人才,有效推动了少数民族和民族地区各项事业的发展。从多维视角来看,此项政策执行过程中存在一些问题和矛盾,特别是呈现出一定的执行偏差,对民族地区的人才诉求造成了负面效应,如高层次人才流失等问题。调研发现存在偏差的主要原因在于各利益相关者对政策执行贯彻不足,重视度不够,而且同政策配套的就业政策、监评体系及投入保障不足等。本书分别就政策四类直接利益相关者(政府机构、培养单位、委培单位及"优惠政策"生个体)开展了调查,发现政府机构主体角色欠缺、缺乏对政策整体环节的监评;培养单位欠缺政策的执行力度,欠缺对"优惠政策"生量身定制科学规范的培养方案和管理模式;"优惠政策"生个体诚信意识缺失,不愿意遵循协议回归;而委培单位则对"优惠政策"缺乏足够的认知,尚未明确专门的就业配套措施,也还没有发挥对政策的监督功能。

第六章 "优惠政策"监评体系的改进与推广

教育政策是一种由制定、执行、评价、调整，以及其他行为组成的多过程有序连接直至结束，并导向新政策行为的综合复杂的过程[①]。我国少数民族研究生招生优惠政策作为国家的民族教育政策之一，由于其在空间上带有差异性，时间上带有先例性，目标上带有特殊性，因此在实践过程中更应当持续保持改革与逐步创新。全国研究生招生工作作为本科教育与研究生教育的衔接点，它的改革是"教育学分析中事关整体的一种极为关键的议题，是深化教育改革、全面推进素质教育的关键。并且与教育体制及现代社会政治、经济、文化等要素密切相关。研究生招生工作的改革也因此困难重重，成为一种复杂的'牵一发而动全身'的系统工程"[②]。但是，在研究生招生工作的复杂改革形势下，作为一类对少数民族研究生教育入学机会进行分配的"优惠政策"，其改革问题是一个重大问题，不可小觑。在目前的研究生招生工作深化改革稳步推动形势下，自然成为当下大众和学术界热议的焦点问题。因此，为了提升此项政策的执行成效，更好地达成政策的价值目标，结合我国研究生招生工作改革的现实状况，本书在对党和国家在人才选拔层面的"优惠政策"的历史沿革进程开展梳理的基础上，探讨建构政策监评体系的必要性和可行性，并尝试构建一套政策监评体系，调查评价政策执行状况，最后得出研究结论。本章根据研究结论和此项政策在实践过程中暴露出来的亟待解决的问题，提出一些调整对策，并就政策监评体系的改进与推广提出了一些思考，以期为国家相关机构政策决策提供理论支撑和参考。

---

① 范国睿. 教育政策的理论与实践[M]. 上海：上海教育出版社. 2011：7.
② 刘海峰. 高校招生考试制度改革研究[M]. 北京：经济科学出版社，2009：390.

第一节 "优惠政策"监评和研究的基本结论

本书通过探索建构了一套政策监评体系，并在四所培养单位开展了政策的监评工作，得出了以下几个方面的基本结论。

一、"优惠政策"监评的基本结论

公共政策涵盖整个政策全过程，"我国少数民族研究生招生优惠政策监评体系建构研究"是一项持续性的研究课题，自 2015 年 7 月至 2016 年 12 月连续开展了 7 次实地调研。结合公共政策评价的一般步骤，本书挑选了可以用作计量的指标来考察"优惠政策"实施 30 多年的成效情况。并运用定性分析手段对此项政策的合理性、公平性及教育发展性开展价值评判。从"优惠政策"在招生培养单位实施所收获的实际成效和对民族地区产生的影响两大层面，探讨此项政策的整体成效。总体来讲，此项政策执行结果具有一定的成效，可政策在运行过程中也出现一些亟待解决的问题。通过对政策的初步监评，基本得出了以下几方面主要结论。

（一）实现政策效率、效果和效益的统一

公共政策研究范式中，学界通常借用"效果、效率、效益"来分析政策实施成效，教育政策的"有效性"代表的是政策在这三者之间的统一，表示了最小化的教育政策投入得到了最大化正向价值的政策结果，教育政策作用与效益获得最大化[1]。"优惠政策"执行 30 多年以来，利用研究生教育优质资源，帮助民族地区解决教育基础弱势、办学难度高及少数民族高端人才培养质量低和规模小等问题，利用研究生培养单位援助来配置教育资源，以达成政策的目标，实现政策效率、效果和效益的统一。①在政策效率方面，此项政策作为教育扶贫中的一类，其显著特点为利用重点院校和民族院校帮扶的办学模式降低教育投资、提高办学效率，用最小投入实现了政策目的。②政策实施效果与政策目的保持高度一致，"优惠政策"的基本目标为给民族地区经济社会发展培养大批少数民族高层次人才，解决"人才短板效应"问题。自 1985 年国家开始实施该项政策以来，政策始终围绕这一基本目标实施，并在运行过程中紧密关联政策的战略目的，实施的效

---

① 刘复兴. 教育政策价值分析的三维模式[J]. 教育研究，2002，（4）：15-19.

果同政策愿景相符。③"优惠政策"执行结果对少数民族研究生教育的发展带来了正向影响。此项政策收获了良好的政策效益，促进了民族高等教育的改革和创新。事实证明此项政策较好地满足了民族地区经济社会发展对少数民族高层次人才的诉求，政策结果适应社会发展的需要。

（二）合理公正的实现政策价值

我国少数民族研究生招生优惠政策是落实《中华人民共和国民族区域自治法》和西部大开发战略的要求而制定的智力援助重要举措，目的是推动民族高等教育事业的发展和培养各级各类少数民族高层次人才。从教育政策的表现形态看，是国家在少数民族研究生教育系统采取的一系列举措，首在解决少数民族和民族地区经济社会发展与高端人才匮乏之间的矛盾。刘复兴教授在教育政策价值研究提出的三维模式中指出，如果教育政策实施效果满足政策主客体的诉求，才可以认为是合理正当的。它意味着"教育政策的价值选择符合一定基本的法规、法律，如法则、社会普适观、意识形态、传统道德或是风俗习惯等，并由此在社会系统中被认同、采纳与遵守"①。它证明了教育政策价值选择的合理性、正当性和有益性，也就是教育政策价值选择符合社会的要求。"优惠政策"符合民族地区社会发展诉求，政策初衷合理，符合少数民族对研究生教育机会的诉求，提升了少数民族高层次人才培养的效率，为促进少数民族跨越式发展和民族团结进步发挥着关键作用。"优惠政策"执行成效反映了少数民族对教育的喜好、要求、价值观，获得了民族地区各个主体的积极响应与肯定。并且，此项政策实施过程中，依据少数民族各方面的需要持续对相应政策条款进行优化，公正、合理地分配教育利益，确保各利益相关者均能够充分共享，实现政策的参与性。最后，在当下社会转型发展时期，此项政策持续改革，增强了政策关于教育发展性的作用。

（三）政策本身仍待完善

根据政策监评结果，笔者认为，此项政策在执行过程中也出现了一些亟待解决的问题，集中表现为以下几点：①"优惠政策"的部分形式与时代脱节，指向性和确定性不足。例如，"双少"政策模式的很多内容，有的措施甚至还维持在20世纪七八十年代的状况，过去一段时间，即使已从过去的形态做出了一些细微的改变，但整体上仍是依据最初的制度实施。②"优惠政策"的执行表现出多元发展的争议。很长一段时间内，政府执行的各类针对少数民族招生优惠政策，试图帮助民族文化融入国家教育平台内，力争保障民族文化与主流文化居于同等地位。但是，对于少数民族优秀传统文化的传承创新应当基于一定的经济发展基础，可少数民族经济的发展带有很大的依赖性，这就导致民族文化特别是民族语言必须存在于这种依赖中，而他们所受的挑战是极其显著的。③"优惠政策"在教育公平问题上出现了一定偏差。当前，社会对此项政策产生争论的问题焦点在于个体与群体平等问题上。由于社会经济转型及政策体制改革，政策的运作环境发生了较大的变化，出现了政策受益主体之间的区域差异、研究生教育发展水平差异，以及阶层分化等各种特殊情况。因此，此项政策就应当在新的形势下，进行必要的改革，以实现群体平等要求，同时也符合个体平等的诉求。④"优惠政策"执行不到位，偶发"教育舞弊"现象。一些地方政府把地方利益放在首位，对当地有利的就实施，不利的就应付对待。如调研中发现尚有一些"研考移民"现象，部分地方教育行政部门为了提升研究生的录取率，忽略了研究生考试中的户籍转移问题，甚至存在权钱交易行为。⑤少数民族研究生教育成本问题日益突出。调研发现，目前各研究生培养单位和基础强化培训基地均已按照国家规定设立了系列研究生奖助学金制度，可一些奖学金明文规定只面向非定向的研究生，"优惠政策"这类定向生源则无法申请，尽管他们也能够申请其他类型的奖助学金，但这又将他们同普通计划的考生置于同一起跑线上，这就无形中与教育公平的差异补偿原则产生了矛盾。⑥国家对"优惠政策"的监督不足，欠缺相应的就业配套措施。由于对该项政策还存在偏差，国家层面和地方层面对这一政策尚未形成一定的评价标准及指标，更谈不上完整的监评体系。如就业层面上，国家对该项政策规定只给予一定的就业指导服务，但没有把这种类别毕业生的就业状况放到培养单位的就业考核指标内，由此导致缺乏配套的就业措施，引发了一些"优惠政策"毕业生回归意识淡薄的现象。

（四）协调了政策外援与民族地区自我发展

我国少数民族研究生招生优惠政策作为一种为少数民族地区提供智力支撑的政策措施，是基于民族地区教育无法满足其经济社会发展要求的情况，为了加速民族地区高层次人才培养的进度而制定的。如此，"优惠政策"仅仅是少数民族高端人才培养的主要补充手段，要从本质上解决民族地区教育均衡发展矛盾，民族地区人才培养仍然主要要靠自我的发展。从远期目标来看，设立这一政策的最终目标是提升民族高等教育的自我发展能力，因此，目前重要的问题是怎样让此项政策实现导向价值，帮助民族高等教育把外部援助转化成民族高等教育的自我发展，这主要取决于三种要素：发达地区对民族高等教育的持续援助能力、民族地区教育的长远诉求、民族地区教育的自我发展能力。一项调研数据表明，当前我国西部民族地区高层次的知识分子与劳动者比例偏低，在西部地区获得大专及以上学历水平的人员仅为 1 500 万左右，占西部地区人口总量的 5%左右，比全国整体水平低出约 0.7 个百分点。西部地区每万人中拥有科技人员 3.2 人，拥有科研人员 0.08 人，全国整体水平分别为 3.8 人及 0.11 人①。理工类和实用型人才数量、质量亟待提升，社会发展需要的应用开发型人才十分匮乏，民族地区的人才培养模式依然严重滞后于民族地区跨越式发展的步伐和民族团结进步的要求。因此民族地区人才培养的任务依然艰巨，单凭"优惠政策"来支撑和帮助还难以完全满足民族地区的人才需求，也无法实现可持续发展。但连续不断的外推式教育援助可能会使外推力量疲惫，久而久之可能将会造成资源透支，必须重视和预防。

二、"优惠政策"研究的基本结论

结合政策调查和评价结果，本书关于"优惠政策"的研究得出以下几点结论。

（一）"优惠政策"是少数民族获得研究生教育机会的绿色通道

我国少数民族研究生招生优惠政策是国家重要的民族高等教育政策之一，是提升少数民族获得研究生教育机会的制度化的绿色通道，是一项重要举措，其目标在于促进少数民族研究生教育的快速发展。此项政策执行至今，已为民族地区输送了一大批少数民族高层次人才，颇有成效地促进了民族地区经济社会的快速发展，一定程度上减少了少数民族同主体民族之间经济、文化、教育等方面的差距，提升了少数民族科学与人文整体素养。确切地讲，少数民族发展的一个关键指标是科学文化素养的发展水平，民族地区要获得跨越式发展，就应当采取教育优先发展的方式。少数民族研究生教育是民族高等教育中不容小觑的重要组成部分，其发展状况不仅对少数民族科学文化素养影响深远，而且也对西部民族地区的稳定和发展起到了重要的作用。提高少数民族研究生教育入学机会，有益于推动少数民族研究生教育的公平和进步。

能够释然的是，作为少数民族研究生教育机会分配制度的"优惠政策"，已经被列入《国务院实施〈中华人民共和国民族区域自治法〉若干规定》中，拥有了一种强大的法律后盾，并具备长期性和稳定性，这也有益于从根本上促进教育公平和民族地区文化、教育落后的局面，维护边疆民族地区政治稳定和经济繁荣。

此外，从宏观层面来看，"优惠政策"不仅对民族地区的稳定和发展起着重

---

① 周群英，陈光玖. 西部民族地区人力资源结构特点与少数民族人才培养研究[J]. 贵州民族研究，2014，（8）：59.

要作用，并且对维护我国各民族平等团结的国际形象也发挥着举足轻重的作用。因此，此项政策是党和国家为少数民族研究生教育的发展所实施的一项重大举措，也是维护社会和谐发展的重要举措之一。

（二）"优惠政策"在改革创新中展现了内部特性

我国少数民族研究生招生优惠政策是在全国研究生招生工作中对少数民族学生（含少量汉族学生）实施的一类特殊补偿性教育措施，其改革与创新过程展现了自身的特殊性。主要表现在以下几个方面。

1. 受惠目标带有特殊性

"优惠政策"的受惠目标主要为少数民族学生，包含部分从事民族工作的汉族家庭的学生，即国家明确限定了优惠范围严格控制为以少数民族身份的学生为主体。政策目标不仅包含在职人员，也包括应届本科毕业生。

2. 招考模式带有灵活变通性

我国地大物博，少数民族的生存环境、人文环境、语言环境及自治环境等都比较复杂。因此，对于这些聚居地区或散杂居少数民族区域、自治或非自治民族、人口规模较大或较小民族，是否在招考模式中融入少数民族优秀传统文化、是否利用民族语言或文字考试等客观实际情况均要有所考虑。对不同地区和不同状态下的少数民族考生采取灵活变通的招考模式，方可发挥我国少数民族研究生招生优惠政策的实效，也只有这样才能更有效地推动少数民族研究生教育的快速发展。

3. 执行环节带有高度严肃性

"优惠政策"是补偿性的教育政策，同时也是非常重要的民族政策。它是一种真正的惠民之举，因此在执行过程中必须带有高度的严肃性，这也是其能够正常执行的客观条件。在全国研究生招生工作中，倘若缺失了政策的高度严肃性，或许就会有人利用一些违反规定的手段或方法来"打擦边球"，钻政策的"漏洞"，比如存在一些为满足"优惠政策"的基本条件而私自篡改民族成分、户籍、工作单位等的情况。只有政策执行过程具备了高度严肃性，政策方能发挥其应有的价值。

4. 招生、培养、就业等全过程带有特殊性

"优惠政策"的具体操作方式带有一定特殊性及多样性。具体来看，可采取

"加分或降分录取"、"个体或委培单位承担培养费"、"毕业后回归定向地区就业"、"政府不提供就业岗位"和"同等条件,优先录取"等手段。可以明确的是,培养单位招收了少数民族学生后对其培养模式带有一定普遍性,如通过"双少"政策招收的考生就直接进入硕士研究生正式培养阶段学习,同其他普通计划学生一样受到相同方式的培养。这种欠缺补习教育的培养方式对少数民族学生向普通硕士研究生教育阶段平稳过渡,以及培养单位人才培养难度的确定均有较大影响。

5. 政策带有时效性

"优惠政策"的主要目标是为民族地区培养少数民族高层次人才,维护民族团结进步,以及促进民族平等。该政策将随着民族高等教育的不断发展而发展,当民族地区经济社会发展、科技文化教育等各项事业所缺的高层次人才得到更好的补充时,这种补偿性的教育手段也就完成了自身的历史使命。因此,该项补偿性的教育措施不仅带有时效性,而且伴随教育深化改革及民族高等教育的发展会做出对应的优化和调整,直至退出。

(三)"优惠政策"是中国民族高等教育实践不断深化的结果

不管是少数民族研究生招生考试制度,还是其他类型的少数民族招生制度,都是中国民族高等教育实践不断深化的结果。制度本身并非完全是理性设计的产物,它是少数民族研究生教育理论与实践应当共同遵循的原则和规范。"优惠政策"是一种带有中国特色的制度,也是民族高等教育招生制度的核心和重要构成部分。它是在以往形成少数民族招生优惠政策的过程中派生、实施及调和的有意识的理性制定的产物,既要满足中国民族高等教育发展的规律,又要满足少数民族招生制度变革的内在需求。分析此项政策的历史沿革状况,不得不关照各个时期的建设经验和教训,以对此项政策的改革和创新提供有益的借鉴。因此,在调整和完善此项政策时,更大空间上应当回归历史,从历史中找出可以批判继承并可以应用到促进"优惠政策"发展的有价值的参考资源及财富[①]。正如著名考试制度分析家刘海峰教授指出的,"知道了我们去过的地方,以及如何往下走,对我们发展新的领域或深耕老的领土都是大有益处的,它能够使我们驾轻就熟地开拓,至少能够使我们少走弯路"[②]。

---

① 刘海峰. 高等教育史研究三探[J]. 高等教育研究,1997,(1):72-77.
② 刘海峰. 高等教育历史与理论研究[M]. 青岛:中国海洋大学出版社,2008:19.

（四）执行环境的不断变化要求政策需不断调适

通过现实研究可以发现："优惠政策"的创办是带有特殊背景的，并且随着人才培养理念、经济体制、管理体制及就业制度的变化在不断进行相应的变革。本书得出的研究结论如下。

（1）中华人民共和国成立之初，由于民族地区政治历史状况、自然条件、经济文化差距、教育基础相对弱势等诸多影响元素，大多数的少数民族经济发展水平相对落后。尤其是在教育方面发展缓慢，少数民族人口的文盲和半文盲率很高，基础教育薄弱，而真正现代意义上的研究生教育制度和体系仍尚未确立。这是推行我国少数民族研究生招生优惠政策的主要缘由所在。

（2）伴随社会的进步，"优惠政策"处于一种不断变化的社会环境中。国家人才培养理念的转变、经济体制的改革、管理体制的变化，以及就业制度的调整等都对"优惠政策"的改革与创新造成了直接影响。作为我国少数民族研究生教育机会配置制度之一的"优惠政策"，其具体内容和形式也必须适应时代的发展而进行变革。例如，有的条款被废除停止或在形式上做出调整，有的内容进行了补充和发展或颁布了一些配套措施。但值得庆幸的是，党和国家一直贯彻民族政策基本原则即各民族平等原则不动摇。

（3）"优惠政策"的颁布和实施是基于群体平等的角度，目的在于在相当长的历史阶段逐步缩小个体之间的差距继而实现人人平等。[①]该项政策实施以来，很大程度上促进了教育公平的实现，加速了少数民族研究生教育的快速发展，缩小了民族地区和经济发达地区在教育机会上的差距，并在一定程度上缓解了少数民族学生因招生起点不公而导致的研究生教育机会不公问题，让各族人民和谐共处，维护了国家的政治稳定，促进了经济的共同繁荣。

（4）因为社会属性的复杂性，任何教育政策的出台均难以避免地存在某些缺陷，"优惠政策"同样如此。例如，政策实施在一定程度上存在价值偏离、生源质量不高、教育成本高、就业欺诈身份作假行为等问题，影响了"优惠政策"的执行成效。

第二节 教育监评视角下"优惠政策"成效
提升的思考

我国少数民族研究生招生优惠政策是在中国的特殊历史条件下出现和实施

---

① 滕星，马效义. 中国高等教育的少数民族优惠政策与教育平等[J]. 民族研究，2005，（5）：10-18.

的，此项政策充分结合了我国国情，认识到我国少数民族在历史、文化、经济、社会生产力等很多方面都尚未达到同一水平①。这一惠民之举为我国少数民族研究生教育的发展做出了重要贡献、功不可没。在这种政策实施的大背景下，我国少数民族研究生教育从无到有、从弱到强，持续发展壮大，获得了较好的成效。即便在执行过程中仍存在一些仍需亟待处理的问题，但这些问题不会干扰此项政策全面改革创新的势头。原因在于我们可以通过改良或体制创新，坚守政策原来的初衷，更为确切地保障少数民族研究生教育机会，促进少数民族研究生教育的发展。

一、"优惠政策"的发展趋势反思

加速推动少数民族和民族地区经济社会发展，特别是民族高等教育的发展水平，使其尽快赶追主体民族的发展步伐，这是社会公众普遍认同并接受的目标。中华人民共和国成立以来，党和国家为了在实践中达成这一目标，制定实施了一系列的少数民族研究生教育援助措施和制度政策，这些倾斜性政策的发展趋势和今后调整的方向值得我们反思。

国际上针对少数族群的优惠举措，一种思路是按照罗尔斯主义原则的方法，即严格区别各族群成员之间的身份界定，在很长一段时期内采取对主体族群成员的相对不公平性手段，来补偿少数族群因历史社会等原因造成的被动局面。利用另一种思路是按照美国社会学家戈登所指出的"自由主义的多元主义"，即完全无视族群之间的差异，而仅仅依照个体之间的区别，实施对个体而非群体的优先援助手段。②如政府采取的义务教育扶贫，不管哪一个民族的成员，只要其子女达到了学龄规定要求，就一律按要求给予优惠。这种方法满足了个体成员"机会公正"和"竞争公平"原则，但也存在很多问题，不利于缩小族群差距。

鉴于此，我们在少数民族研究生教育实践中应当综合利用这两种模式，衡量每种模式的执行成效与可能导致的问题。在今后一段时期内我们还是必须坚持这一系列"优惠政策"，但是关于此类政策的"民族平等"理念的解读，应当适度进行一些改革，要充分认识到这种优惠措施的过渡性特征。一旦少数民族和民族地区经济社会发展水平达到一定程度时，这种优惠措施就应及时调整，逐步朝着退出历史舞台的方向发展。应采取强化宣传使社会公众对这种优惠措施的过渡性

---

① 李乐. 高等教育招生的民族政策与少数民族教育平等[J]. 广西民族大学学报（哲学社会科学版），2008，（S1）：33-35.

② 马戎. 西方民族社会学经典读本：种族和族群关系研究[M]. 北京：北京大学出版社，2010：122.

特点形成认同，使某些少数民族成员改变"依赖"情绪，以自信自强的优良心态尽快转变被动局面。简而言之，我们认为以下几点较重要。

（一）进一步明确"优惠政策"的倾斜对象

根据第六次全国人口普查的统计情况，我们能够明确，一些少数民族的研究生教育水平与主体汉族相当，甚至如朝鲜族、蒙古族等一些民族要高出汉族。部分少数民族教育水平发展落后，很大程度上是源于其所生存的自然条件，而这些区域的汉族也同样遭受着这种恶劣条件。此外，还有一些在民族地区工作多年的汉族群体成员，他们的子女与少数民族成员子女同生存，共同接受一样的教育，但在少数民族研究生招生工作中由于民族成分所限，难以获得"优惠政策"。这就更加需要我们在今后的政策制定中，要进一步明确"优惠政策"的倾斜对象。近期国家发布的"教育精准扶贫"，就是要进一步明确教育援助对象的措施，这对"优惠政策"的改革提出了政策改良思路。

（二）实施多样化发展的政策举措

国家所需要施行的少数民族研究生教育优惠政策的项目，应当是除了过去的硕士研究生"双少"招生政策模式外，再通过设置各类重大项目，如"骨干计划"政策模式来完善这一社会发展的迫切要求。这种项目以后还应继续丰富和发展，采取多样化发展方式改良"优惠政策"体系。"骨干计划"政策是对"双少"政策的有效补充，该项招生计划不仅仅以少数民族身份对象为目标，而是以限定地区的全体各族成员为目标，其中也录取少量的汉族学生，主要是长期从事民族工作的成员。政策目标在于全面应对西部民族地区高层次人才的"短板效应"问题，实现国家"十三五"规划发展阶段全面建成小康社会的伟大目标。"优惠政策"执行30多年以来，一直持续进行改革。最初教育部采取分区招生的关键原因在于国家整体经济发展的不均衡导致的研究生教育资源的相对不均衡，近年来又合并分区招生的重要原因是国家整体经济社会发展水平已逐渐趋于均衡。过去招生的二区和三区中也存在一些培养单位报考热度很高，呈现报考"扎堆"问题，其实际初试分数线已远远超出本区国家线甚至一区线，以往的分区模式已经难以客观反映新时期的发展趋势和报考形势，对少数民族考生的引导价值不够明显。所以，此项政策从内部和外部层面，都应做好"教育精准扶贫"目标的调整和改革。

（三）逐步调整为"民族特惠"和"区域普惠"相结合的政策模式

要达成"自由主义的多元主义"目标，可以从何种方式做出调整来实现这种政策的平稳过渡？世界各国研究人员都在持续研究这一问题。美国社会学家霍洛维茨就指出可以利用"区域普惠"替代"民族特惠"作为优惠对象的改革思路。按照我国具体国情，本书认为，采取"弱势区域"结合"弱势民族"作为优惠对象的政策改革方式，不失为一种可取的过渡性措施。在"优惠政策"执行过程中，如果各区域之间的研究生教育资源配置差异明显大于地区内部各民族之间受研究生教育状况的差异时，就可以考虑将以民族身份作为优惠目标的做法调整成以研究生教育资源明显弱势区域的所有公民为优惠政策的目标。以新疆维吾尔自治区为例，就可以考虑把全区范围中"优惠政策"从以"民族身份"为目标，调整成以研究生教育资源相对缺乏的南疆地区的学生为目标。采取这类"民族特惠"和"区域普惠"相结合的政策原则，与国家西部脱贫攻坚计划要求相符，而且也可以使那些研究生教育资源弱势的边疆地区学生切实受益于该项政策。

二、"优惠政策"成效提升的策略

本书结合"优惠政策"在执行过程中出现的各种问题和缺陷，依照前期对政策的直接利益相关者（国家政府、培养单位、少数民族研究生本人、定向地区或委培单位）的调查研究，以及对民族地区经济社会发展现状和教育情况的调查与评价结果，对"优惠政策"的发展趋势做出判断，并从政策调整的制度保障、价值引领及创新发展三方面给出提升策略。

（一）建立与完善"优惠政策"的制度保障

（1）将民族高等教育政策立法提上日程。中华人民共和国成立以来，特别是在改革开放以后，国家逐渐认识到依法治国的重要性。加快了对各类招生考试制度的法制化进程。按照我国宪法的要求，国家出台了针对民族区域自治的《中华人民共和国民族区域自治法》《中华人民共和国教育法》《中华人民共和国高等教育法》等系列法规，并由此陆续出台了在国内部分高校举办基础强化培训基地、大力培养少数民族高层次骨干人才的方案、加强和改进少数民族高层次骨干人才教育管理工作的建议、少数民族研究生招生工作规定等系列措施。这些法规文件和政策措施把我国少数民族研究生教育招生考试制度视作一项重要内容,给予了比较明确和系统的规定,为保障执行这些政策提供了法律保护。然而,某些使用"规定""纲要""建议"等方式下发的文件,政策性较强、操作性不足,灵活空间很大,并非正规的法律,由此引发我国少数民族研究生教育招生政策实施缺乏一致稳定性。按照文献梳理情况,专门针对民族高等教育制定的法律规定仍尚未正式确立。因此,应结合民族地区的政治、经济及文化教育事业发展的具体状况,及时对目前的民族高等教育政策给予立法,保障政策的可操作性。由于历史、自然等因素,民族地区经济社会发展水平仍相对滞缓,特别是少数民族高层次人才的储备难以满足民族地区社会主义现代化建设的要求。为了加快民族地区经济社会发展的步伐,改革产业结构模式,填补发展过程紧缺的高层次人才,搞好民族关系,维护民族团结进步,目前仍需制定以社会主义为基本标准的法律,提升此项政策的执行成效,确保少数民族研究生教育机会,提升少数民族研究生在校比例,帮助民族高等教育的跨越式发展。

(2)科学规范程序,构建多元监督体系。根据文献梳理、问卷调查及走访调研的结果,在"优惠政策"执行过程中仍然存在部分弄虚作假现象。这种现象让公众在一定程度上对该项政策的实效性产生了质疑,同时对政策实施的成效造成了负面影响。因此,我们在政策改革中,应当调整政策设计行为,明确优惠目标,防止弄虚作假的现象,恢复"优惠政策"的初衷。一方面,设立并执行规范的资格审核工作程序,明晰优惠目标。具体来讲,但凡满足此项政策报考条件的学生,包含在职和非在职人员,均须在指定时间内到户口所在地户籍管理单位和民族工作部门的指引下办理相应资格审核的程序,办理的操作程序为:填写户口所在地证明→户籍管理单位初审→民族工作部门复审→培养单位审查报名资格→招生考试院建档、公示、备案。此外,构建多元的监督体系,防止弄虚作假。教育政策的实施为一类综合性的社会环节,即使在政策质量、实施者及执行资源方面均没有矛盾的状况下,也难以避免产生执行偏差。[①]而且"优惠政策"是给民族地区培养少数民族高层次人才的特殊措施,因此,构建一种独立于各培养单位并集合特殊性、多样化、灵活性于一体的官方(隶属教育部或国家民委)的民族教育政策的监督体系就显得势在必行。对政策执行过程的监督评价,能够全面、深入及客观的了解政策的实践状况及所取得的成效。对招生状况、培养质量及"优惠政策"毕业生就业问题等全过程的长期跟踪调查,特别是对"优惠政策"就业工作状况的跟踪调查尤为关键,原因在于"优惠政策"的最终目标在于为民族地区经济社会发展提供智力和人才支撑上,基本形态表现为少数民族高层次人

---

① 石火学. 教育政策执行偏差的表现、原因及纠正措施[J]. 教育探索, 2006, (1):51-53.

才的就业情况和贡献程度。然而，这些成效达成需要较长周期的实践方可展现出来。因此，增强对"优惠政策"执行现状的跟踪调查，在全面掌握、深入研究、客观总结的基础上，对政策执行现状和实施成效给出实事求是的评价，并作为参考对政策进行改革和创新，消除政策执行过程中的问题，保障高效实施政策并让政策目标得到更好实现。

政策监督体系的构建可以从政策管理部门、后期培养监督等方面展开工作。政策管理部门应当强化对政策的发展规划，对少数民族高端人才服务管理对象开展监管。设置高端人才研究生教育的宏观调控策略，构建高端人才研究生教育的准入和退出机制，保障高端人才研究生教育的根本目标和质量需求。就当前的状况来看，此项政策欠缺在实践过程中各部门之间的紧密联系，各管理部门各司其职但各自为政，缺乏必要的合作与交流，难以形成合力。如通过调查发现，一些地区培养单位和委培单位之间缺乏必要的沟通，而导致各培养单位向教育部报送的下一年度招生方案并没依照本地经济社会发展的实际需求来办。因为类似的情况，考生报考时没有考虑专业的需求状况而导致报考"扎堆"现象，只要符合条件即可报名，这就必然造成"优惠政策"毕业生就业困难和资源浪费。因此，应当强化政策各主管部门之间的协作，尤其是要强化管理部门、培养单位及委培单位之间的协作，保障信息畅通，根据本地区人才需求规模和专业要求，做好年度培养工作总结和下一年度招生计划。

后期培养监督机制的实施可以通过执行一系列的监管措施实现，如在政策执行中，单独依靠户籍所在地管理部门和民族工作部门的审查来控制弄虚作假的行为是极为有限的，必须构建多元的严格监督机制，有效防止造假行为。例如，在研究生招生工作中将报考"优惠政策"的考生信息，利用考生所在地区各类媒介和各种渠道进行宣传公示，广泛接纳社会各界的监督，并且对举报者给予奖励和保密。另外，就政策规定的违约处理方式能够考虑如何研制一种灵活的准入和退出机制，目前的操作模式几乎都是以罚代管，而欠缺激励措施。在高层次人才的招生、培养和就业等各个环节还应制定多元激励措施，通过设置适度的科研创新奖励基金，对那些有突出贡献和表现的学生、委培单位及地方政府给予奖励和资助是很有必要的。

制定并严格执行规章制度，严惩弄虚作假人员。在实践过程中，利用造假渠道获得"优惠政策"报考资格的，应根据教育部《2005 年普通高等学校招生工作规定》和多部委联合出台的《关于在各级各类学校升学考试中严禁违反规定将汉族公民更改为少数民族成份的通知》等相关规定，取消考生资格，已被录取的一律开除学籍。并且，按照实际情况对相关单位的责任人给予问责处理，或根据《国家教育考试违规处理办法》的规定，尽量杜绝出现此类现象，保障此项政策的合法实施，促进教育公平和依法治国。

（3）积极推动少数民族学位与研究生教育的可持续发展。加快少数民族研究生教育可持续发展的进度，是加速少数民族研究生教育快速进步的前提和保障①。只有少数民族学位与研究生教育获得了较好的发展，少数民族研究生教育方可得到优质的生源，才可以实现可持续发展。反之，确保少数民族研究生的教育权益，帮助他们加快发展民族高等教育的目标则将变成空话。国家对民族高等教育的规模提升和本科（含大专）阶段教育发展的策略调整，都要基于民族教育的特殊性，并按照民族地区发展的现实需求，不断落实对少数民族学生的优惠措施，推动少数民族学位与研究生教育的可持续发展。具体来看，强化宣传，保持教育理念先进性。现代教育是一种广泛的社会系统，大力推动少数民族学位与研究生教育难以回避与其他社会系统的调适和合作，这就意味着对少数民族学位与研究生教育发展的改革是一项系统工程，需要社会各界的共同努力②。中央和各级地方政府应当站在少数民族学位与研究生教育发展的一种更高视野来审视，并就如何强化宏观指导和调控这一综合性工作而努力，争取更多的资源来做好组织宣传工作，让社会各界增强对少数民族学位与研究生教育和其他社会体系，特别是政治、经济体系发展之间关系的认知。1949年以来，在各方不懈努力之下，即便采取各类手段对少数民族学位与研究生教育的重要性和紧迫性开展了大量的宣传工作，在一定程度上增强了一大批社会阶层对教育重要性的认可，但在这方面的工作仍需依赖多样化方法和媒体的宣传力量扩大宣传力度，彻底改变落后的教育观念，让社会各界对少数民族学位与研究生教育发展的战略价值提升到一个新的台阶。

此外，提高教育投入，保障教育经费稳步提升。少数民族学位与研究生教育的发展尤为关键的因素在于教育经费的保障。众所周知，民族地区财政实力相对薄弱，难以符合少数民族学位与研究生教育发展的客观需求。因此，一方面需要地方政府的各级领导具有战略高度，愿意投入教育，保障少数民族研究生教育专项拨款能够逐年稳步增长；另一方面，各地区可按照事实情况，结合多元路径、多元渠道筹措经费搞好教育。例如，利用征收一定比例教育附加费方式，积极调动社会团体、企业单位捐资办学等。②值得引起重视的是，不论少数民族研究生教育发展的经费由何种途径获得，国家对其投入应是主渠道。国家和地方政府均有教育投入用来促进民族教育事业的发展，但需加速改变和转化过去的重本科（大专）教育、轻研究生教育的态度和做法，应当给予少数民族研究生教育发展更多的经费支持。

再者，重视少数民族教师队伍建设，提升福利待遇标准。少数民族教师队伍

① 李文长. 弱势群体高等教育权益研究——理念、政策与制度[M]. 北京：人民教育出版社，2006：75.
② 金东海. 少数民族教育政策研究[M]. 兰州：甘肃教育出版社，2002：251，253.

建设的成效是民族教育自身的一项基础性工作，并且也是决定少数民族研究生教育成败的关键因素。30 多年的实践经验告诉我们，没有高质量的师资力量，就难以获得高的教育质量，也很难发展学位与研究生教育。1949 年以来，尤其是改革开放之后，党和国家非常重视少数民族研究生教育的师资力量建设。因此，应大力推进少数民族师资培训，让大批优秀的少数民族师资产生；另外，提高在职教师的培训工作，而且适当提升从事少数民族研究生教育的教师待遇，积极推动民族地区接受对口支援项目。整体而言，少数民族研究生教育的师资力量较薄弱、能力不足、学科不完备、专业思维不稳固、福利待遇不高，以及双语教师缺乏等等，这是一种普遍现实问题。[①]所以，期待能够采取以下策略：①提供优厚的福利待遇，改善和提升从事少数民族研究生教育的教师地位和生存条件，在职称评审、子女教育、住房保障、医疗保险等方面，都应给予更加优惠的措施，采取政策支持和鼓励他们保障工作，让他们的积极性得到进一步发挥；②改革教师聘任流动措施，采取操作性强的奖惩措施，挖掘教师内升动力，增强他们的自信心与自豪感；③强化师资培训，协助教师加快提升专业水平，提供各种深造渠道提升教学资历；④注重教师的交流学习，推进师资队伍自身建设的理论水平，切实提高教学水平及科研能力。

（二）彰显和发挥"优惠政策"的价值取向和信念引领作用

（1）坚持民族平等原则，促进研究生教育内涵式发展。民族平等是马克思主义民族观的基本标准之一，也是党和国家订立与实施民族政策的根本原则。民族平等并非仅为一类历史的概念，而它是能够扩展成平等的一般概念。我国民族平等主张直接取源于马克思主义的民族平等观，其主要内容一般包含三个层次：①各民族作为权利主体不论人口多寡、经济发展水平高低、习俗差异大小等，在社会生活的方方面面，同样依法享有平等的权利，肩负同样的义务，拥有平等的社会地位。②各族人民作为法律客体的权利与义务都应当接受法律的保护和公平的对待，一切非法行为都应依法受到惩治。③少数民族的权利在社会生活中的一些层面获得一些特殊保障，特别是在发展层面应给予特殊关照。[②]而我国少数民族研究生招生优惠政策的本质同样蕴含了这样的意义。

随着马克思主义民族理论的发展，民族平等的内涵与形式都得到了进一步的完善和丰富。各族人民之间的教育公平问题已然成为度量政治经济公平中同等重要的标准之一了。从另一种角度看，各民族能够获得同样的权利，并得到

① 金东海. 少数民族教育政策研究[M]. 兰州：甘肃教育出版社，2002：253.
② 李乐. 高等教育招生的民族政策与少数民族教育平等[J]. 广西民族大学学报（哲学社会科学版）. 2008，（S1）：33-35.

同等的对待已经成为衡量民族平等与否的重要标志了。所以，能够发现，在各民族成员间存在的经济、文化、教育等发展水平上的客观差异，本身就是民族不平等的具体表现。这些差异或差距将是直接造成不公平的主要客观因素。尤其是民族之间文化教育发展水平上的差距，倘若长期得不到妥善处理，不仅妨碍民族平等的真正实现，而且还涉及民族团结进步问题。缩小少数民族与主体民族之间在文化教育发展水平上的现实差距，加快民族地区经济和教育文化的发展，实现民族平等，这是我国少数民族研究生招生优惠政策一直提倡的核心理念。因此，在实施该项政策时，要坚持民族平等原则，大力培养少数民族高层次人才，大力推进教育均衡发展，促进研究生教育内涵式发展。具体来看，在现行政策运行环境下，此项政策具有存在的合理性、合法性及有效性。故而，"以实现民族平等为目标的教育公平的实现仍有很长的路要走，在民族教育招生工作中，对少数民族学生采取的优惠措施是为了追求真正的公平。此外，我们也应当认识到，这类措施是国家在社会主义初级阶段，为减小少数民族与主体民族之间的差距，而推动的暂时性过渡手段，只要政策设置的初衷获得实现，就将是政策废止之日。所以，对少数民族自身来讲，还必须依靠自我发展与进步，提高自我能力实现真正的公平"①。

（2）"优惠政策"的价值取向应与时俱进。价值取向归属主观范畴，随着民族地区社会主义市场经济一体化程度的不断深化，"优惠政策"的价值取向也应随之改变。因此，在当前社会大背景下，如何确立合适的价值取向对政策的改革和创新具有重要的现实意义。应树立个体平等和群体平等相一致的价值取向。个体平等和群体平等之间的关系是辩证统一的，群体平等是个体平等的保障，而个体平等是群体平等的基础，两者缺一不可。目前此项政策执行过程中采取的"降分招生""个体或委培单位承担培养费""同等条件，优先录取"等措施，都是基于民族差异的事实上，尽力保障群体平等，也是政策的目标之一。只有真正实现了事实上的群体教育公平，方能体现此项政策的根本出发点和立脚点。因此，在政策的改革和创新过程中，必须树立个体平等和群体平等相一致的价值取向。此外，贯彻"民族特惠"和"区域普惠"相结合原则。如今，在"优惠政策"中出现了"区域优惠"的观点，譬如，在经济欠发达地区的部分高校多来年开展的"西部高校对口支援计划"，为西部地区高校培养高水平的领导骨干及教师队伍。但同边疆民族地区相比之下，这些仅限在高校的区域优惠措施仍难以满足民族地区社会发展的整体要求。我国民族地区地域辽阔，边疆少数民族地区的发展仅仅依赖少数民族成员各级人才的补充是远远不够的。伴随国家西部脱贫攻坚计划的出台，"优惠政策"必须坚持"民族特惠"和"区域普惠"相结合的原

---

① 滕星，马效义. 中国高等教育的少数民族优惠政策与教育平等[J]. 民族研究，2005，（5）：10-18.

则，逐渐实现"模块区域性优惠"，这样才能满足脱贫攻坚计划的需要。2011 年国家设立了 11 个国家级重点特困集中连片地区，成为脱贫攻坚计划在新时期的主阵地，要切实实现这些区域的全面小康，仍主要在于依靠奋斗在这里的各级各类人才。国家能够在确保"民族特惠"范围的基础上逐渐提高"区域普惠"的受益面，打破族群差异的界限，准许乐意为民族地区或偏远地区的发展做贡献的有远大理想的青年学子，利用"优惠政策"途径提高自我综合竞争实力。坚持"民族特惠"和"区域普惠"相结合的原则，同国家西部脱贫攻坚计划协调统一，并逐步提高"模块区域性优惠"，可以成为"优惠政策"的发展途径，也满足民族地区和边远山区未来发展的要求。此外，根据少数民族聚居和散杂居地区、经济文化差异及阶层区分等事实情况，在研究生招生工作中，有必要对为少数民族学生提供的优惠措施进行区别对待，如此方可使经济文化教育水平居于相对落后的边疆民族地区的学生切实获得政策的关照。

（3）培养"优惠政策"毕业生的合理择业意愿。结合问卷访谈的情况能够看出，"优惠政策"毕业生就业困难的现状并非边疆民族地区独有的社会问题，提升毕业生就业竞争力和提供就业机会是当前相关部门应当尤为重视的重大问题。"优惠政策"毕业生如何落实就业问题，不仅是相关机构和民族教育工作部门应当高度关注的问题，而且还关系到解决民族地区人才短板问题的对应工作。"优惠政策"毕业生的就业难题同时也牵涉到万千少数民族家庭的核心利益，并且也牵涉少数民族研究生教育的可持续发展与完善，甚至牵涉西部大开发战略的实现及民族地区社会稳定乃至整个国家的长治久安，它不但是一种重要的经济社会问题，更是一种重要的民生问题[①]。本书认为，国家应该将和谐社会构建摆在首位，对当前的少数民族研究生就业现状以客观公正的角度审视，让他们在形成合理择业观的同时，进一步落实就业帮扶措施，从根本上破解求职困难的问题。

"优惠政策"毕业生就业选择过程中，亟待解决的主要问题是国家政策订立的定向原则与通过政策实现理想就业目标之间的矛盾。对"优惠政策"就业原则的改革，关键在于调适个体诉求同国家利益之间的矛盾。

第一，引导"优惠政策"毕业生合理择业。为使他们尽快适应民族地区不断变化的就业环境与就业形势，应采取卓有成效的就业指导措施帮助和引导他们自觉符合社会发展的需求，构建合理的择业价值观，引导他们树立积极的心态自觉探寻就业渠道。受传统就业理念的影响，仍有一部分"优惠政策"毕业生将自身的前途完全寄托在国家统筹调配上，甚至还期待培养单位能够解决他们的就业问题，更有一些少数民族研究生将自身的就业问题寄托在父母或亲朋好友的社会关系上。对此，应采取就业辅导和帮扶的方法，转变这些落后的就业观念。此外，

---

① 马钟范，郑喜淑. 民族院校少数民族大学生就业状况调查研究[J]. 民族教育研究，2008，（4）：36-41.

还应协助他们建立多样化就业意识。让他们明确到，当前不论是事业单位、国有大中型企业或是民营企业、个体私营企业，甚至包括工作和生存条件都相当艰苦的山区，都有机会实现自己的人生价值，为人民做贡献。

第二，进一步贯彻实施民族优惠的就业政策。协助"优惠政策"毕业生构建合理择业观的同时，有必要对他们在就业层面提供更加优惠的政策，这也是缓解他们就业困难最有效的方式。因此，国家在具体执行中，客观公正地考察"优惠政策"毕业生的就业现状，由此对"优惠政策"就业机制进行改革，不将其与普通计划研究生教育同等对待，搞"一刀切"。应尽量考虑到少数民族研究生教育的特殊性，努力借鉴国外少数族群教育的成功经验，采取更为优惠、实用的措施，把好"优惠政策"的出口关。为此，在进一步实施大一统的就业措施时，还应采取专门针对"优惠政策"的系列就业措施，提高少数民族研究生的就业机会。例如，在公务员考试中应设立一定比例的少数民族研究生计划，报考要求可适当放宽；对少数民族研究生采取全面"定向就业"与适度"自主择业"相结合的原则；在事业单位招聘过程中，应优先考虑招收少数民族研究生；另外，在目前"大众创业，万众创新"的大背景下，对"优惠政策"毕业生进入市场自主创业的行为，国家应在资金和税收等方面给予更大的优惠。

第三，强化民族认同感教育，提高人才吸引力。调研发现，"优惠政策"毕业生中不遵循协议约定的占比不尽相同。民族认同感强的学生违约比例明显要比民族认同感弱的学生低很多。民族认同感弱的学生在就业抉择中，其意志更容易动摇，容易受主体文化的影响而产生文化、习惯、价值观等方面的趋同，他们将承受更大的现实诱惑和选择压力。[1]当其受到更加优质的研究生教育后，向上流动的意愿更为强烈。然而民族认同感强的学生，由于他们对本民族文化的忠厚情感，在就业问题上更多会按照协议要求回归。考生获得"优惠政策"资源后，培养单位应采取特殊措施，强化他们的民族认同感教育，推动他们实现自身价值，减少他们在就业选择上的价值偏离情况。另外，不乐意回归的学生，还有一种关键因素在于民族地区人才引进措施的吸引力不足，同学生的期盼仍相差甚远，以致其不惜赔付高额违约金违约。所以，国家应加强改进民族地区现有的人才引进策略，提升高层次人才的相关待遇和社会地位，改善人才后期发展的平台建设，创设良好的发展环境，提高人才服务民族地区的意愿，由此提升"优惠政策"的实施成效，达成政策目标。

第四，调整就业原则，适当满足理性流动意愿。"优惠政策"毕业生违约行为的本质是个体有限理性与国家集体理性发生博弈。因为个体活动通常是向往有限理性的利益最大化过程，但目前此项政策的协议限制了个体通过社会流动实现

---

① 何辉，周晓琳. 少数民族文学与民族文化认同的构建[J]. 贵州民族研究，2013，（1）：53-56.

有限理性利益最大化实现的可行性。如此协议的限制性太强，导致学生实现社会流动的愿望被反复阻碍，使工作实际偏离政策初衷的现象频频发生。"优惠政策"要求违约应支付违约金和培养费，如此规定过于刻板，且各地对这一政策的具体操作方式不尽相同，致使事实上的不公现象时有发生。调查发现，贵州省教育厅要求违约学生要赔偿违约金、偿还培养费，还会将其纳入个人诚信档案中，并依据规定对其做出处罚。而四川省教育厅的规定则是，违约者如不愿意赔付违约金，则将其纳入诚信档案中。今后政策的完善和调整，可以将协议约定进行一定微调，让其存在一定灵活空间，如同意此项政策毕业生可以在政策划定区域内自主择业，并允许人力资源饱和区域的政策毕业生在全国范围内谋职，适当满足其理性流动愿望。

　　第五，不断完善社保机制，减少"优惠政策"毕业生择业支出。自改革开放以来，国家经济发展获得了重大成效，但以往计划经济体制下遗存的某些矛盾对现代社会的发展造成了阻碍，如社保机制和户籍制度在国内不同地区的表现方式完全不一致，现行的社保制度依然以个体的户籍所在地来分区管理的，尚未实现全国社保一体化，这对"优惠政策"毕业生的社会流动造成了较大影响。他们获得研究生教育优质资源后，个体竞争力得到了很大提升，期待通过社会流动改善生存现状，而现有的就业原则限制了他们发生流动的可能性，并且社会体制机制的约束更加深了他们的择业难度和支出。现行的户籍制度大体上延续了计划经济时期的体制，在社会人力资源市场中就业矛盾依然突出，严重制约了"优惠政策"毕业生的政策择业。所以，国家应进一步推进体制机制改革，完善现行的户籍制度，实现全国社保一体化，减小"优惠政策"毕业生择业支出。

（三）创新和发展"优惠政策"的实施配套措施

　　（1）拓展优惠形式，确保生源和质量。能否保障少数民族生源的质量是"优惠政策"可否取得实效的关键所在。换句话讲，这是考察该项政策是否有效的重要标准。在政策实践中，国家一直高度重视和关心少数民族研究生教育问题，采取各类优惠措施，让少数民族学生获得更多的研究生教育机会，得到进一步的培养和优质教育资源的机会。少数民族招生考试制度优惠措施的生效日期仍然在延续。在民族区域自治法、教育法和高等教育法等法律法规中均有提及。本书认为，这些规定带有长期性、有效性、稳定性及强制性等特征，"优惠政策"在短期内应不会有太大改变。但是，少数民族和民族地区经济社会发展所需要的高层次人才供需仍然存在不少矛盾，这是客观存在的事实。倘若不妥善解决这类问题，将会严重影响整个民族地区政治、经济、文化，以及教育的发展，更将对国家稳定带来负面效应。因此,要不断完善和改进"优惠政策"的具体操作方式,进一步拓展优惠形式,如制定类似"对口支援计划"的重大少数民族人才培养项目等,并保障生源质量。在少数民族生源与质量的保障工作中,国外教育发达地区的少数族群研究生教育招生考试制度是值得我们学习和参考的。例如,美国针对少数族群实施的"肯定性行动计划"和"百分比计划"等优惠措施,提升少数族群的入学比例。能够看出,这类优惠措施充分体现了罗尔斯正义原则"最小受益者利益最大化",让研究生教育机会在各族群之间获得了均衡发展,使少数族群学生的占比力争达到其在全国人口中的占比。这一举措有效推动了美国少数族群研究生教育的发展。

(2)进一步完善"优惠政策"的奖助学金政策体系。政策施行的成败,资金投入是重中之重。而资本的充足率是决定政策实施成效的一个必要前提。"优惠政策"的制定初衷是为了提供智力支撑。顺利执行该项政策还涉及一些经济因素。为何会出现偏离政策目标的现象?其中一个很重要的原因是国家的投入不足。完善的研究生奖助学金政策体系是保障"优惠政策"顺利施行的强大经济后盾。按照调研情况得知,自2013年研究生教育改革之后,各研究生培养单位都做出了相应的改革,尤其是对研究生培养经费问题做了较大调整,要求各类计划的研究生均须缴纳培养费,也包含通过"优惠政策"入学的考生。由此,2014年秋季入学的研究生求学期间的各类费用均须提前缴纳,各培养单位还要根据要求制定系列研究生奖助学金政策,帮助这类学生顺利求学。目前,各培养单位均已按照规定,订立了改革方案,创立了一系列研究生奖助学金政策。例如,中南民族大学设立了生源奖学金、民族类专业志愿奖学金、研究生国家奖助学金、研究生学业奖学金等,其中生源奖学金、民族类专业志愿奖学金明确规定仅面向非定向硕士生,"优惠政策"生的定向身份不能申请。其他类型的奖学金能够申请,可新的问题是此类政策又将"优惠政策"生拉回到与一般考生的同一起跑线上,必须在同等条件下公平竞争,因事实上的差距无疑又造成了教育公平的差异补偿原则矛盾。

在教育方面加速产业化进程,并继续扩大高校招生规模形势下,少数民族研究生教育机会也随之得到很大提升。然而研究生教育的高额成本对很多少数民族困难家庭造成了很大影响。本书认为,这不但限制了少数民族学生报考研究生,而且也在一定程度上引发了部分本科教育失学现象。因无法承担研究生教育的高额费用,一些少数民族贫困家庭"望而却步",丧失了继续求学的机会,从而引发民族地区基础教育的连锁反应。倘若置之不理,将不利于少数民族研究生教育的发展,更不利于民族高等教育大众化的实现。因此,我们应当进一步调整民族优惠的财政资助体系,为"优惠政策"的顺利施行提供更强劲的经济后盾。为使少数民族学生正常完成学业,可从以下几个方面进行改进。

第一，积极拓宽资金来源。少数民族研究生教育的发展，资金投入是基础。怎样使资金在尽可能的范围内达到饱和，就应当做好"开源节流"。"开源"即积极解决资金投入方式，盘活投入途径；"节流"即强化投入的检查与目标对象的资格审核，让投入资源的利用率得到提升。同国外多元融资渠道和筹资方式相比，我国少数民族研究生教育的主要资金来源仍然是国家财政拨款和学生学费及委培单位投入，社会捐资和其他形式的社会力量非常薄弱。事实上，民族地区绝大部分地区的经济形势是很差的，资金运转自身就很受局限，再加之社会生产力比较低，教育成本对少数民族贫困生家庭来说已不堪重负。因此，国家不但应在少数民族研究生教育的财政投入方面下功夫，并且还要大胆创新，开拓其他办学投入。如尽量利用企业的融资方式，在"优惠政策"毕业生迈入职场后可对企业带来价值，研究生教育的直接受益对象就是它们，所以企业应该提供一些投入来支持少数民族研究生教育。政府能够采取类似在经济发达地区向企业征收教育税的方法，不仅能提高研究生教育投入，还有利于限制发达地区和大城市的企业在人才争夺中以学历论英雄现象，也能够间接约束一些"优惠政策"毕业生的违约行为；政府应努力为企业、机构或私人办学创造条件，办学行为可以用来冲抵税费等；再者，政府还应当颁布配套措施，帮助校企联合，利用学校知识技术优势，努力促进科技成果转化和产业化，获得资源支持研究生教育。在挖掘资源投入的同时还必须提高融资模式的灵活空间，如能够通过订单式培养模式、采取教育股份制等。

第二，继续设置各种少数民族研究生专项奖助学金，帮助他们完成学业。对于那些由于家庭经济困难无法正常完成学业的少数民族研究生，要将其视作重点援助目标，继续设置各种民族专项资金让他们快速成长，以为国家建设做出贡献。这也是新时期党和国家制定民族政策的重大意义所在。此外，设立较高额度的民族专项奖学金机制。综合看来，同其他区域相比，民族地区经济社会发展水平相对落后，少数民族困难家庭的占比非常高。因此，国家可设立一些高额度的民族专项奖学金制度，保障少数民族研究生能够顺利结业。再者，进一步完善和改革现有的研究生助学贷款制度。就目前研究生教育改革的发展形势，政府和高校能够利用贴息的方式，继续完善无息或低息贷款政策，并且还可以在贷款的担保和还款方式上采取系列特殊优惠措施。还有，民族优惠的财政资助政策不应仅仅局限在民族类专业上，也就是考生报考民族类专业（特指民族学、马克思专业民族理论与政策、中国少数民族史、中国少数民族艺术、民族法学、中国少数民族语言文学等研究方向），还应准许考生填报民族地区紧缺的理工类、应用型专业学生参评，降低其教育成本，帮助他们成长成才，为民族地区的发展和社会进步做出应有的贡献。

第三，使用科学的教育管理方式，提升培养质量。"优惠政策"是一种特殊的民族优惠政策，享受该项政策的学生应肩负起为民族地区经济社会发展做贡献的重要任务，但仍有部分学生还不知道这一重要使命。所以，在培养单位中要采取科学的教育管理方式对他们加以正确引导。在教育管理中应积极倡导民族高等教育事业，以提升他们的民族使命感。此外，还应设置一些关于民族理论、民族文化及民族认同教育等方面的特殊课程，让"优惠政策"生认识本民族的文化和发展情况，认识到民族地区的发展仍然相对落后，民族教育整体水平还需提高。获得"优惠政策"的学生更应深刻理解身上的重任，有义务和责任依据协议要求回归服务，使民族地区尽快缩小同发达地区的差距。民族教育事业的发展与各民族的进步具有重要联系，任何公民均有义务帮助民族地区的社会发展。培养单位应利用各类科学的教育管理方式，增强对"优惠政策"生民族认同感和政治使命感的教育，提升培养质量。另外，还需加强对其的诚信教育，使他们树立正确的价值取向。伴随时代的进步，社会对诚信意识的要求也越来越高。然而，目前很多社会诚信缺失问题严重干扰了社会发展。"诚信"即诚实守信。能够认为，诚信意识是公民道德的基本标准，也是为人处世的基本原则，同时是社会发展赖以生存的基础。所以，培养单位在教育管理过程中，应强化对"优惠政策"生的诚信教育。为什么出现较多"优惠政策"毕业生不情愿回归？很重要的原因是缺乏诚信意识。应努力运用高质量的培养方案和服务管理机制，促进他们形成合理的道德意识。

第四，培养单位应对"优惠政策"生订立与一般计划研究生相区别的培养方案。调查发现，现行的研究生培养方案几乎都是按照国家统一要求制定的，"优惠政策"的培养方案同样如此。但这种特别的教育模式也是研究生培养的重要构成部分，带有很大特殊性。在培养方案上需要有所区别。"优惠政策"是为民族地区经济社会发展培养少数民族高层次人才的招生制度。培养单位在制定这类学生的培养方案时，应在国家统一要求的基础上，结合民族地区实际需求状况，开设与之相适应的理论与实践课程，而且培养单位的导师们还应定期赴民族地区调查，了解实情，拓宽视野，由此不断完善培养方案，提升实践过程的有效性和科学性。只有这样，"优惠政策"生才能够更好地将所学用于民族地区的建设中，将理论成果转化成促进民族地区发展的力量。在教育内容的设置层面，应考虑到民族地区社会生产和生活状况，以满足现实需要为原则，将传授普通的科技文化知识与生产实践和生活技能联系起来，把现代价值观的传播与探寻民族优秀传统文化的积极元素结合起来，将现代教育内容与少数民族已有的文化传承方式衔接起来。正如陶行知指出的："我们这里的教育是生活教育，是提供生活需要的教育，并非虚拟的教育。生活需要什么，我们就教什么。"①这不仅能够学有所长，而且可以让现有的教育资源实现效率最大化，让教育真正达到援助民族地区发展目的，根本解决少数民族高层次人才的"短板效应"问题。

第五，着力解决"优惠政策"生的报考专业与定向地区的需求不相匹配的问题。国家在制定政策时应坚持"按需报考，按需录取"原则，这样才能按需回归。调整专业设置增加专业型人才的培养，提高理工类、应用型专业录取比。当前，民族地区处于产业结构持续调整阶段，经济发展形势也在大力转型，专业分工更加明确，对专业技术的要求也越来越高。在"优惠政策"生的培养模式上，国家应加快改革步伐，提升对专业型研究生的培养力度，提供更多具有创新意识的复合型、应用型及实践型人才，以快速融入民族地区的经济社会发展中。课程体系应从实际出发，合理调整外语学习和基础知识的学习。在全面了解学生差距的基础上，课程体系应充分加强分层、分级的要素。不断强化外语、数学、语文等基础知识的学习，增加交叉学习社科与自科方面的课程；教学方式上，利用多样化教学方式。充分关照学生之间的基础差距，利用水平测试的方式采取分类教学法，并加强教学管理，对课堂考勤、毕业审核等执行严格的量化考核。在教学管理过程中，以真诚服务替代"高压式"管理约束。

第三节　"优惠政策"监评体系改进与推广的启示

在"优惠政策"监评体系的研究过程中，我们深切体会到政策监评，或者更广泛一点看，对"优惠政策"的监测与评价对于提高此项政策制定与实施的科学性非常重要。如果能够在此项政策的制定、实施中更多地使用政策监评的理念与方法，将会极大地提高此项政策的有效性，对于我国少数民族研究生教育的进一步发展也将大有裨益。通过前文的理论探索，"优惠政策"监评在制度建设、机构建设、监评标准和指标体系设置、监评技术和方法、监评体系应用等方面取得了一定的进展，有效促进了我国少数民族研究生教育质量的提高。要想成功推行"优惠政策"监评体系，达到"以评促建"的功能，必须要在监评指标体系优化和评价方略上同时发力，我们认为以下几点启示非常重要。

---

① 中央教育科学研究所. 陶行知教育文选[M]. 北京：教育科学出版社，1981.

一、重视国际通用方法与我国具体国情的有机结合

项目监评早已成为国际组织公共项目评价的必备环节，但它在我国民族高等教育领域中的运用尚处于起步阶段。对我国少数民族研究生招生优惠政策实施监测与评价不可单纯地复制国际通行的手段，必须充分重视同国内现实的结合。①在中国各项事业快速发展、国家积极推动民族高等教育发展的环境下，很多民族高等教育政策几乎同时启动，难以获得单一的参照对象。一种政策的参照对象又同时可能是另一政策的实验对象，可另一政策的成效可能比被监评政策的成效更强。直接利用国际通行手段可能会遭受更大的限制，必须重点优化当前的技术手段，探索符合我国国情的政策监评方法。②与当前我国研究生教育投入政策大多利用政府机构自评的模式相比，国际项目监评通常采取第三方评价，强化评价人员、投资人员、服务人员、管理对象、目标对象等利益相关者的共同参与，强调评价结果的"再评价"，如此能够提升监评的科学规范性。然而，这样的评价模式在国内现行条件下存在很多局限，如在监评投入、价值观念等方面，在推广应用前应当进行充分的验证或实践。

二、系统完整的数据信息是科学监评的保障

数据是规范监评政策的基础，构建系统完整的数据库是有效完成教育投入政策监评的基本保障。在今后"优惠政策"的推广过程中，应尝试逐步建立监测与评价的基础数据库，以保障监评主体能够就此项政策对少数民族研究生教育产生的影响进行监评。但正如前面所述，"优惠政策"监评在实际操作过程中存在很多现实问题，其主要原因也集中在欠缺各类相关的数据和信息方面。所以，必须把科学规范监评"优惠政策"的概念和技术全面深化落实到政策实施的全过程中，对数据采集环节给予高度重视，建立符合国际水准的少数民族研究生教育基础数据库，为开展监评工作提供完整的数据信息。

三、注重政策远期影响效益的监评

"优惠政策"监评是在政策执行中和执行完成时监评政策对少数民族研究生教育的影响。因为政策成效呈现存在滞后性，政策执行中及政策完成时通常处于政策能量积蓄阶段，政策影响还没有全部释放，一些政策措施的影响甚至需要几十年才可展现出来。从国际机构的政策监评情况来看，许多公共投入政策都实施

了远期效益影响的监评，以对政策干预成效进行更加全面充分的评价。"优惠政策"成效的监评一样需要注重远期效益影响的监评，诚然，这必将导致对监评时效性和投入提升的挑战。所以，要开展政策远期效益影响的监评，相关政府机构必须认同政策监评对维护政策初衷、帮助少数民族研究生教育事业发展具有重要价值，并给予全方位的切实性保障。

四、遵循系统论原理，优化"优惠政策"监评体系的整体功能

系统论原理指出，每一种系统均为一个有机的整体，其并非各个结构的简单重叠或机械组合，系统的综合能力是各要素在独立状况下难以呈现的特质，"整体大于部分之和"。目前，我国已经形成了一个丰富多样的少数民族研究生教育执行系统，监评"优惠政策"必须将少数民族研究生教育作为一个整体来进行设计和运行。

（1）要以系统整体的思想来统筹少数民族研究生教育监评的整个过程。从成效观、监评目的和监评标准的确立、监评指标体系的制定、监评组织和方法的选择到监评结果的运用等各个方面和整个过程，都要统筹考虑、综合协调。任何一个因素和环节出了问题，都会影响监评的效果，只有各部分协调统一、相互促进，形成一个有机的整体，才能使监评工作发挥出最大的功效，取得最大的成效。

（2）要以系统整体的思想来调整和完善"优惠政策"监评指标体系，将少数民族研究生教育作为一个整体来看待，全面考察少数民族研究生教育成效的内涵和制约因素，深入分析各影响因素的重要性。在此基础上，科学完善"优惠政策"监评指标体系，既要充分考虑少数民族研究生教育的主要内容，又要准确反映各要素之间的关系，形成一个内涵完整、逻辑缜密的有机体。只有如此，制定的指标体系才能全面准确地反映出少数民族研究生教育的各项主要活动、内容和功能，监评的结果才能全面准确地反映出少数民族研究生教育成效的真实水平。

（3）要将"优惠政策"监评工作放到更大的系统来考虑和把握，正确处理少数民族研究生教育监评与其他相关工作的关系。如要处理好少数民族研究生教育成效监评与少数民族研究生教育中人才培养、专业设置、学科建设、课程开发、导师队伍建设、毕业就业等工作的关系，处理好少数民族研究生教育成效监评与民族高等教育中其他评价工作（如本科教学审核评估、学科专业评价、学校综合竞争力评价等）的关系等。

五、实施分层分类监评，增强"优惠政策"监评的针对性和有效性

分层分类监评不仅成为世界各国高等教育监测评价的常用手段，同时也成为目前我国民族高等教育系统对少数民族研究生教育开展监测与评价的美好愿景，这一监测与评价模式已变成我国研究生教育监测评价的一项基本行动指南。构建高效的分类机制、采取分层管理的模式，既是世界各国高等教育监评的一般模式，也是当前我国民族高等教育领域对少数民族研究生教育监评的共同呼声，分层分类监评已成为我国研究生教育监评的一个基本指导思想。《国家中长期教育改革和发展规划纲要（2010—2020年）》指出："建立高效分类体系，实行分类管理。发挥政策指导和资源配置的作用，引导高校合理定位，克服同质化倾向，形成各自的办学理念和风格，在不同层次、不同领域办出特色，争创一流。"[①]在目前全国各高校争创一流的大环境下，结合少数民族高层次人才培养目标和价值取向，必须构建科学规范、多元化的监评标准。

我国少数民族研究生教育发展至今已经构建了一种类别多元、层次丰富的少数民族研究生教育体系。以授予学位层次为标准，划分成硕士研究生与博士研究生两类；以授予学位类别为标准，又能划分成学术型学位和专业型学位两类；以学科类别归属为标准，还包含了哲学、经济学、法学等多个学科门类；以管理角度为标准，又分为国家、省级、高校、科研院所等多个层次；以培养高校的属性为标准，还可以划分成部（委）属单位、地方政府管辖单位；以招生模式为标准，又划分成"双少"招生政策模式和"骨干计划"招生政策模式两类（表6-1）。

表 6-1 "优惠政策"监评目标的划分

分类标准	监评目标
学位层次	博士研究生、硕士研究生
学位类别	学术型学位、专业型学位
学科归属	哲学、经济学、文学、法学、理学、工学等
管理角度	国家、省（自治区、直辖市）、高校、科研院所
隶属关系	部（委）所属、地方政府管辖
招生模式	"双少"招生政策模式、"骨干计划"招生政策模式

---

① 国家中长期教育改革和发展规划纲要工作小组办公室. 国家中长期教育改革和发展规划纲要（2010—2020年）. http://old.moe.gov.cn/publicfiles/business/htmlfiles/moe/info_list/201407/xxgk_171904.html，2010-07-29.

　　少数民族研究生教育的多元化、层次化及综合化等特征决定了分层分类监测与评价的必要性。"优惠政策"监测评价标准的结构系统是根据少数民族研究生教育的结构系统来区分的，政策监测评价应当首先确定监评客体的范围与类别，按照不同监评目标特殊的内涵，从相应的维度出发构建监测评价标准。从理论上来看，少数民族研究生教育类别的多少就决定了监测评价标准的多少。不同级别的监测评价和关注重心，对应的监测评价标准也并非一致。例如，关于培养单位的监测评价重点在于描述高层次人才培养的实践意义，重心应当关注少数民族高端人才的培养规模和质量上。而关于中央或地方教育行政机构的监测评价重点在于服务和管理，涉及实施部门内部构成与手段的综合，包括部门职能与边界、少数民族高端人才质量保障体系构建等方面。

　　多元性与特殊性是少数民族研究生教育的本质特点，也成为人才创新发展和成果转化的核心基础。我国少数民族研究生教育的多元性，以及政府、社会、高校、定向单位、少数民族个体等多级利益相关主体价值取向的差异都决定了"优惠政策"监评标准的多维度。因此，在今后的少数民族研究生教育监测与评价过程中必须在统一思想的条件下，积极思考招生制度的特点，分层分类分域制定"优惠政策"监评指标体系，在构建监测与评价的指标体系过程中，应注意贯彻将一体化和特殊化相融合的标准，凝练出关键指标，加大指标弹性，避免用统一的指标体系来监评不同类型的高校或科研院所的少数民族研究生教育成效。如此方可确保监测评价结论的科学客观和公平公正，也才可以保障与激励服务和实施部门发展特色。

六、注重"优惠政策"监评体系的推广策略

　　结合我国少数民族研究生教育的实际状况，将监评体系作为"优惠政策"过程环节的推广需要着重依赖于以下策略：①扩大监测评价法规制定，建立与修订相关法规条款，在少数民族研究生教育决策中注重推动监评理念的推广。将监评体系纳入"优惠政策"的过程环节本身就是一种足够好的政策推动。②应建立监评对象激励制度，明确"绿色"成本。"优惠政策"监评体系的初期成本高于一般政策过程，但其维护与管理成本却大大降低，教育部或国家民委可通过对监评对象进行适当的激励，使其明确政策监评体系的成本实际并未高于传统政策过程太多，符合监评对象的经济效益。③应建立"优惠政策"信托制度，在可持续发展层面强化政策全过程管理责任制，对政策制定者、政策需求者、政策教育者、政策受教育者等利益相关对象明确契约精神，对政策执行阶段之间的决策、设计阶段进行详尽的法规限定，保证政策执行具有良好起点，使"优惠政策"信托制

度成为监评体系的品质保证。④在推广"优惠政策"监评体系的同时，推动监评单位在政策监评方面的知名度效应，促使监评单位不断改良自身的知识结构，在执行层面强化教育支撑，推动政策行为与监评结果良性互动机制的形成。

综上，本章以前期调查研究为基础，对"优惠政策"监评和分析得出了一些基本结论。在"优惠政策"监评层面：①政策实现了效率、效果、效益三者的统一；②政策合理公正地实现了价值；③政策自身仍需完善；④政策协调了援助与民族地区自我发展之间的关系。在"优惠政策"分析层面：①政策为我国民族高等教育政策重要的构成部分，是帮助少数民族获得研究生教育机会的制度化绿色途径，推动了少数民族研究生教育的发展。②政策是在全国研究生招生工作中，党和国家对少数民族采取的一种特殊补偿性教育措施，其改革和创新均有自身的特殊性。③不论是少数民族研究生招生考试制度，还是其他少数民族招生考试制度都是随着社会发展和人类进步产生的，是中国民族高等教育实践不断深化的结果。制度本身并非理性设计的产物，它是少数民族研究生教育理论与实践所必须共同遵循的规律和要求。④政策的出台具有特殊的历史背景，并且随着我国人才培养理念、政治制度、经济体制、管理体制及就业制度的改变，不断进行相应的改革。另外，此项政策在实施过程中仍有一些亟待解决的问题，需要进一步完善。

关于政策实践过程暴露出来的这些问题或缺陷，本书根据之前对政策直接利益相关者即国家政府、培养单位、少数民族研究生本人及定向地区或委培单位四类对象的研究，加之对民族地区教育现状和经济社会发展情况的走访调查，认为政策有必要从以下几方面进行改良：在政策实施过程，必须始终坚持民族平等原则，加速"优惠政策"的法制化进程，并树立正确的价值取向；国家仍需继续支持少数民族基础教育的发展，拓宽优惠形式，保障生源和质量；国家和培养单位必须坚持完善"优惠政策"的财政配套措施，努力降低少数民族贫困家庭子女的教育支出；少数民族研究生本人也应当自觉树立正确的择业观；国家和培养单位需制定相应的就业帮扶措施，在招生资格审核环节中要坚持严格把关，明确优惠对象，防范弄虚作假；培养单位应实行科学规范的教育管理模式，提升人才培养质量等等。本书结合"优惠政策"的问题分析和改革对策研究的思路，期待为国家提升"优惠政策"实施成效提供建言咨政与实践依据。

关于政策监评体系的改进与推广，本书提出了以下几点设想：①构建政策监评体系过程应重视国际通用方法与我国国情相结合；②应建立充分完备的基础信息数据库，这是监评的基础；③要重视对政策的远期影响效益的监评；④要遵循系统论原理，优化监评体系的整体功能；⑤要实施分层分类分域监评，增强监评的针对性和有效性；⑥要注重政策监评体系的推广策略。

附录一　访谈提纲和调查问卷

一、我国少数民族研究生招生优惠政策的执行与监评访谈提纲

（一）对四省教育厅民族教育处负责人的访谈提纲

1. 您所知道的我国少数民族研究生招生优惠政策有哪些？
2. 在这些研究生招生政策中具体有哪些方面给予少数民族优惠？
3. 在这些少数民族研究生招生优惠政策中，您觉得哪些具体措施能够充分调动少数民族学生的学习动力？哪些措施可以对学生产生更大的吸引力？
4. 截至现在，您认为这些出台的少数民族研究生招生优惠政策的执行效果怎样？学生对这些政策的态度怎样？
5. 您怎样看待少数民族研究生招生优惠政策实施的降分措施？
6. 在目前少数民族研究生招生优惠政策的影响因素中，您认为哪些因素影响较大？最主要的影响是什么？
7. 您认为目前实施的少数民族研究生招生优惠政策是否已经达到政策目标？您怎样看待？
8. 目前执行的少数民族研究生招生优惠政策出现的突出矛盾是什么？您会采取什么方式处理？
9. 少数民族研究生招生优惠政策同少数民族传统文化之间有怎样的联系？
10. 您觉得多元文化思想受到少数民族研究生招生优惠政策的影响是什么？

（二）招生单位研招办及教师的访谈提纲

1. 贵校执行的研究生招生政策中哪些涉及少数民族学生？
2. 贵校实施的研究生招生工作中哪些涉及对少数民族的优惠？

3. 贵校师生如何评价这些少数民族研究生招生优惠政策？哪些政策受到广泛推崇？这些措施对师生的影响表现在哪些方面？

4. 您觉得目前实施的优惠政策执行效果怎样？

5. 贵校在实施这些少数民族研究生招生优惠政策的过程中，出现的矛盾焦点有哪些？您觉得该怎样处理？

6. 目前在国家深入教育改革之际，您认为贵校在执行优惠政策时存在问题吗？您怎样看待这些问题？

7. 您觉得如何加强这些优惠政策的改革？

8. 您觉得当前实施的这些优惠政策对学生的心理是否会产生一些影响？有怎样的影响？您觉得如何处理完善？

9. 您觉得目前国家在实施这些优惠政策过程中还有哪些突出问题？怎样缓解这些矛盾？

10. 目前少数民族研究生招生优惠政策出现的这些矛盾该由哪些单位处理？为什么？

11. 您觉得少数民族研究生招生优惠政策是否符合教育公平的要求？

12. 您觉得少数民族研究生招生优惠政策与少数民族传统文化传承保护之间有何联系？

13. 您觉得少数民族研究生招生优惠政策对多元文化会有什么影响？您如何看待？

（三）少数民族研究生招生优惠政策学生的访谈提纲

1. 您知道或者了解的所在学校实行的少数民族研究生招生政策有哪些？

2. 在您的学校针对少数民族研究生有哪些具体的优惠政策？

3. 请问您是通过哪种类型的少数民族研究生招生优惠政策入学的？您如何看待这项政策？

4. 作为少数民族研究生招生优惠政策入学的研究生，毕业之后您将选择去哪里工作？是否有愿意回定向地区或委培单位就业？

5. 您如果愿意回定向地区或委培单位就业，其主要原因是什么？如果不愿意，原因又是如何？

6. 您目前所学的专业是什么？据您所知，这个专业对于您在定向地区或委培单位的发展前景是否乐观？

7. 如果您愿意回定向地区或委培单位就业，会对什么样的工作比较感兴趣？

8. 您目前是否为少数民族研究生招生优惠政策毕业生？在求职过程中都遇到了哪些困难？

（四）民族地区委培单位人事部门负责人的访谈提纲

1. 您所知道的国家实施的少数民族招生优惠政策有哪些？

2. 目前国家实施的这些少数民族招生政策中，您了解到的面向研究生教育阶段的措施有哪些？

3. 在贵单位招聘中，是否认可这些少数民族研究生招生优惠政策？您觉得哪些措施最能吸引少数民族学生的关注？最能够发挥少数民族学生的求职欲望？

4. 截止到现在，贵单位接受的少数民族研究生招生优惠政策毕业的研究生，对贵单位的发展产生了怎样的影响？学生们的反馈情况如何？

5. 您对少数民族研究生招生优惠政策中降低标准的优惠措施有什么看法？

6. 您认为目前对少数民族研究生招生优惠政策造成制约的主要因素有哪些？其中最突出的矛盾是什么？

7. 您是否觉得目前实施的少数民族研究生招生优惠政策已经充分符合了民族地区的发展需要？为什么？

8. 贵单位在落实少数民族研究生招生优惠政策中，出现的主要冲突是什么？贵单位下一步是如何考虑的？

二、《我国少数民族研究生招生优惠政策监评体系指标重要性》调查表

尊敬的专家：

您好！

我们是"我国少数民族研究生招生优惠政策监评体系建构研究"课题组，为对此项政策成效做出科学规范的监测与评价，请您对政策效率等六大评价标准及 20 个评价指标进行对比，并在指定位置填写对比层级标度值（标度值内涵如下表）。

"萨迪相对重要性等级表"

标度	定义	含义
1	同样重要	两元素对某准则同样重要
3	稍微重要	两元素对某准则，一元素比另一元素稍微重要
5	明显重要	两元素对某准则，一元素比另一元素明显重要
7	强烈重要	两元素对某准则，一元素比另一元素强烈重要

续表

标度	定义	含义
9	极端重要	两元素对某准则，一元素比另一元素极端重要
2、4、6、8	相邻标度中值	表示相邻两标度之间的中间值
上列标度倒数	反比较	后者比前者重要

感谢您的支持和配合！

中南民族大学课题组
2015 年 3 月

一级指标重要性评价

一级指标	事实维度	价值维度
事实维度	1	
价值维度	—	1

二级指标重要性评价（事实维度）

事实维度	政策效率	政策效果	政策效益
政策效率	1		
政策效果	—	1	
政策效益	—	—	1

二级指标重要性评价（价值维度）

价值维度	政策目标合理性	政策公平性	教育发展性
政策目标合理性	1		
政策公平性	—	1	
教育发展性	—	—	1

三级指标重要性评价（政策效率）

政策效率	研究生教育优质资源培养单位办学与民族地区办学的比较	研究生教育优质资源培养单位教育效果与民族地区教育效果的比较
研究生教育优质资源培养单位办学与民族地区办学的比较	1	
研究生教育优质资源培养单位教育效果与民族地区教育效果的比较	—	1

三级指标重要性评价（政策效果）

政策效果	"优惠政策"办学规模	"优惠政策"招生规模	培养人才的数量和质量	培养人才的结构和层次
"优惠政策"办学规模	1			
"优惠政策"招生规模	—	1		
培养人才的数量和质量	—	—	1	
培养人才的结构和层次	—	—	—	1

三级指标重要性评价（政策效益）

政策效益	目标群体需求与政策诉求的契合程度	政策结果对民族地区各方面（社会政策经济文化等）的影响
目标群体需求与政策诉求的契合程度	1	
政策结果对民族地区各方面（社会政策经济文化等）的影响	—	1

三级指标重要性评价（政策目标合理性）

政策目标合理性	原初设计的政策目标是否正确	是否符合社会发展和教育管理的要求	是否兼顾到社会多方利益，政策目标群体的回应情况	目标实现的具体要求是否恰当，设立的目标是否引起了社会价值冲突
原初设计的政策目标是否正确	1			
是否符合社会发展和教育管理的要求	—	1		
是否兼顾到社会多方利益，政策目标群体的回应情况	—	—	1	
目标实现的具体要求是否恰当，设立的目标是否引起了社会价值冲突	—	—	—	1

三级指标重要性评价（政策公平性）

政策公平性	弱势群体利益补偿指标（等级）	政策利益在民族地区各群体中的分配状况	政策制定是否权衡了相关群体的利益	政策执行过程中利益相关者的利益分配是否公平
弱势群体利益补偿指标（等级）	1			
政策利益在民族地区各群体中的分配状况	—	1		
政策制定是否权衡了相关群体的利益	—	—	1	
政策执行过程中利益相关者的利益分配是否公平	—	—	—	1

三级指标重要性评价（教育发展性）

教育发展性	教育政策对教育发展促进作用	政策对民族地区教育问题的解决程度	政策是否有利于提高民族地区的教育质量	政策对整个民族地区教育和人全面发展的影响
教育政策对教育发展促进作用	1			
政策对民族地区教育问题的解决程度	—	1		
政策是否有利于提高民族地区的教育质量	—	—	1	
政策对整个民族地区教育和人全面发展的影响	—	—	—	1

三、《教育监评视角下我国少数民族研究生招生优惠政策执行成效》调查问卷

尊敬的同学：

您好！

为了更好地贯彻实施我国少数民族研究生招生优惠政策，发挥少数民族研究生招生优惠政策的效力。我们将针对以下问题用匿名的方式征集您的宝贵意见，您的意见对我们非常重要，感谢您在繁忙的学习中抽出时间参与本次调查，谢谢！

祝学业进步，事业有成！

基本信息：

1. 您的性别？【　　】

A.男　　　　　　　B.女

2. 您的民族？【　　】

A.汉　　　　　　　B.少数民族

3. 家庭所在地？【　　】

A.城市　　　　　　B.农村

4. 年级：研一□　　　研二□　　　研三□

基本认识：

5. 一般而言，我国少数民族研究生招生优惠政策主要包含以下几项内容，您最关心哪一部分？【　　】

A.同等条件，优先录取　　B.个人或委培单位承担学费　　C.降分录取

D.毕业后需回定向地区或委培单位就业　　　　E.政府不提供就业岗位

6. 您对少数民族研究生招生优惠政策的实施目的和成效了解吗？【　　】

A.非常了解　　B.了解　　C.一般　　D.不太了解　　E.完全不了解

7. 结合实情，您如何评价目前我国少数民族研究生招生优惠政策的目标和执行整体情况？【　　】

A.非常好　　B.好　　C.一般　　D.较差　　E.非常差

8.（少数民族学生填写）您觉得少数民族研究生招生优惠政策与传承本民族文化之间的关系如何？【　　】

A.有促进作用　　　　B.没有关系　　　　C.起反作用

9.（少数民族学生填写）您觉得少数民族研究生招生优惠政策与多元文化发

展的关系如何？【　　】

    A.有促进作用　　　　　B.没有关系　　　　C.起反作用

注：1. 请您在题后的【　　】内填写选项的序号，或在后面的横线上说明您的看法。

    2. 如无特殊说明，每题只选一项。

第一部分　　对此项政策执行成效的评价

请您在选项相应的空格内打"√"

评价维度	评价标准	非常赞成	赞成	一般	不赞成	非常不赞成
政策效率	研究生教育优质资源培养单位办学要比民族地区办学效率高					
	研究生教育优质资源培养单位教育效果与民族地区教育效果相比效率更高					
政策效果	"优惠政策"办学规模取得了很好的效果					
	"优惠政策"招生规模合理有效					
	现行政策保障了培养人才的数量和质量					
	现行政策有效完善了培养人才的结构和层次					
政策效益	目标群体需求与政策诉求的契合程度很高					
	政策结果对民族地区各方面（社会政治经济文化）等产生了积极影响					
政策目标合理性	政策目标设计合理					
	政策目标符合社会发展和教育管理的要求					
	政策目标兼顾到了社会多方利益，政策回应了目标群体的需求					
	政策目标实现的具体要求恰当，政策目标均衡了全面的社会价值					
政策公平性	政策对弱势群体利益补偿指标界定非常严格					
	政策在民族地区各群体利益分配中保障了公平					
	政策制定权衡了相关群体的利益					
	政策执行过程各利益相关者的利益得到了公平分配					
教育发展性	现行政策促进了教育的发展					
	政策有效解决了民族地区的教育问题					
	政策有利于提高民族地区的教育质量					
	政策对整个民族地区教育和人全面发展发挥了积极影响					

第二部分　　毕业选择与对策建议

1. 若您为享受少数民族研究生招生优惠政策的学生，毕业之后您选择去哪里工作？【　　】

　　A.回定向地区委培单位　　　　　　B.继续深造
　　C.自主选择就业地点　　　　　　　D.除定向地区和委培单位之外更好的工作

2. 如果您选择回定向地区或委培单位就业（选择其他方式的可不作答此题）其主要原因是什么？【　　】

　　A.比较熟悉环境，更能发挥优势　　　　B.婚姻家庭
　　C.定向协议规定　　　　　　　　　　　D.回报祖国

3. 就您所知，您目前所学的专业在定向地区或委培单位的发展前景如何？
【　　】

　　A.非常乐观　　B.比较乐观　　　C.非常不乐观　　D.不好说

4. 您如果愿意回定向地区或委培单位就业（选择其他方式的可不作答此题），对什么样的工作比较感兴趣？【　　】

　　A.政府或事业单位　　　　　B.科研机构或高校　　　　C.企业
　　D.自主创业　　　　　　　　E.不好说

5. 您对少数民族研究生招生优惠政策的制定和实施有何建议或意见？

_____

_____

_____

再次感谢您的支持与配合！

附录二 招生数据

一、四所高校招生录取数据

附表 1　2009~2014 年贵州民族大学"双少"生招生专业及招生人数

专业	2009 年	2010 年	2011 年	2012 年	2013 年	2014 年
社会科学						
经济学	4	1	3			
民族学	1		3		7	8
中国少数民族语言文学	3	2	4	1	6	4
刑法学	5		2	7	1	1
社会学		1	1	2		2
法律硕士（非法学）		1				1
法学理论				1		1
民商法				4	4	2
环保法				1	2	1
人类学				1		
文艺学				1	2	1
应用语言学				2	4	3
古代文学				2	1	2
现当代文学				1	1	3
国际法					1	
民俗学					1	1
诉讼法					2	2
宪法与行政法					1	
刑法学		2				
中国少数民族艺术					4	5
马克思主义民族理论						1
中国少数民族经济						2

续表

专业	2009年	2010年	2011年	2012年	2013年	2014年
中国少数民族史						2
比较世界文学						1
小计（人）	13	7	13	23	37	43
自然科学						
概率统计	1				1	
计算科学			1			
应用数学				1	2	1
运筹学			1			
基础数学					1	
统计学					1	1
小计（人）	1			3	5	2
社会科学与自然科学合计（人）	14	7	13	26	42	45

附表2　2010~2014年度云南民族大学"双少"生招生专业及招生人数

专业	2010年	2011年	2012年	2013年	2014年
社会科学					
法律硕士（法学）				7	3
国际政治					1
汉语言文学					1
马克思主义民族理论	2	1	1	3	1
民商法学	2	2	4	2	4
民俗学	2	2	2	4	2
民族学	2	1	1	2	1
社会工作				2	2
社会学	2	1	2	3	2
思想政治教育	1				1
宪法行政法				1	2
刑法学				2	1
行政管理	5	10	7	5	4
亚非语言文学	3	16	1	23	5
英语口译		2	1	2	1
英语语文					1
应用语言学		2	1	5	4

续表

专业	2010 年	2011 年	2012 年	2013 年	2014 年
政治学理论	1		1	1	2
古代文学	3			2	2
中国少数民族语言文学	2	4	2	9	3
中国现当代文学					2
旅游管理	1				
人类学	2	1		1	
宗教学				1	
中国少数民族艺术				2	
外国语应用				5	
诉讼法学				1	
社会保障				1	
汉语言文学				1	
法律硕士（非法学）				1	
伦理学			1	1	
金融学			1	1	
会计学			1	1	
古典文献学	2				
中国少数民族经济	1	3	2	2	
教育学原理		2	2		
经济法学		2	1	4	
马克思主义民族理论		1		1	
英语笔译		3			
近现代史		1	2	1	
小计（人）	31	54	33	97	45
自然科学					
分析化学	2	1	1	2	3
基础数学				1	1
有机化学		2		4	
化学生物学				2	
环境化学				1	
小计	2	3	1	10	4
社会科学与自然科学合计（人）	33	57	34	107	49

附表 3 2010~2014 年西南民族大学硕士骨干招生专业及招生人数

专业	2010 年	2011 年	2012 年	2013 年	2014 年
	社会科学				
法律硕士（法学）		1		5	
法律硕士（非法学）	1	3		1	
法学理论	3	2	2	1	
汉语言文学	1	2	5		
伦理学	1				
马克思主义民族理论	1	2	1	1	
美术学	3	1	3		1
民俗学	3	3	1		3
民族学	3	1	3	1	2
思想政治教育	2	5	3	5	3
诉讼法	1	2	1	5	
行政管理	7	11	9	8	3
古代文学	2			2	
中国少数民族经济	4	2	2	4	3
中国少数民族史	1	2			2
中国少数民族语言文学	4	2	5	9	5
中国哲学	1				
教育管理		2	4		2
历史文献		1		1	2
外国语		3			2
古典文献		1	2		
中国少数民族艺术		3	4	1	1
现当代文学		1	1	1	2
专门史		1	2	1	2
比较文学			2	2	1
金融学			1		1
美术			2	2	3
民商法			2	3	2
社会保障			1	1	
文艺学			1		1
音乐舞蹈			1		2
语言应用			1	2	
考古学				1	
马克思主义原理				1	

续表

专业	2010 年	2011 年	2012 年	2013 年	2014 年
企业管理				1	
宪法行政				1	1
刑法学				2	1
英语语言				3	1
宗教学				2	1
藏学					2
区域经济					1
戏剧					2
彝文					2
舞蹈					1
中国少数民族文献学					1
小计（人）	39	51	59	67	56
自然科学					
生态学		1			
遗传学		2			
有机化学		1		1	
动物遗传			2		
物理化学			1		
养殖				9	
民族					1
土地资源					3
小计（人）		4	3	10	4
社会科学与自然科学合计（人）	39	55	62	77	61

附表 4 2010~2014 年西南民族大学"双少"生招生专业及招生人数

专业	2010 年	2011 年	2012 年	2013 年	2014 年
社会科学					
比较世界	4	6	1		
法学理论	1	3			1
工商管理	17	5			
汉语言文学	1	6	1	1	
金融学	3	1			
考古博物	1				
历史文献	1				1

续表

专业	2010 年	2011 年	2012 年	2013 年	2014 年
逻辑学	1	3		1	
马克思主义原理	1				
马原理	3	3			
美术	2	1		2	1
民族学	3	2	1		1
企业管理	1	2			
区域经济	1				
思想政治教育	2				
诉讼法	7	4			
外国语应用	2	2		1	
文艺学	1				
行政管理	8	18	1	1	
政治经济	2				
古代文学	6	2			
古典文学	2	2			
中国少数民族经济	5	6	1	1	
中国少数民族语言文学	20	23	16	14	25
当代文学	5	3			
伦理学					1
中国哲学	1	2	1		
保险		1			
法律硕士（非法学）		1			
管理科学		1			
教育管理		4			
美术学		2			
民俗学		2	1	1	
中国少数民族史		2			
中国少数民族艺术		3			1
宗教学		3	5	4	3
音乐舞蹈			1		
语言应用			1		
藏学				2	
法律硕士（法学）				1	
城镇规划				1	

续表

专业	2010 年	2011 年	2012 年	2013 年	2014 年
中国少数民族文献学				1	2
电影					2
公共管理					4
民族文化					2
宪法行政					1
刑法学					1
彝学					2
英语语言					2
中国少数民族哲学					3
小计（人）	101	113	30	31	53
自然科学					
材料物理	1				
基础兽医	2	1			
生态学	1				
临床兽医		1			
预防兽医		1			
小计（人）	4	3			
社会科学与自然科学合计（人）	105	116	30	31	53

附表 5　2010~2014 年西南民族大学博士骨干招生专业及招生人数

专业	2010 年	2011 年	2012 年	2013 年	2014 年
社会科学					
民族学	2	2	1	1	3
中国少数民族经济	1	1	2	2	1
中国少数民族史				2	1
小计（人）	3	3	3	5	5

附表 6　2010~2014 年西北民族大学硕士骨干招生专业及招生人数

专业	2010 年	2011 年	2012 年	2013 年	2014
社会科学					
马克思主义民族理论	5	6	5	5	1
马克思主义原理	1	2			3
马克思主义中国化	1	2	2	2	3
思想政治教育	3	4	3	5	1
中国少数民族经济	3	3	2	2	

续表

专业	2010 年	2011 年	2012 年	2013 年	2014
人类学	1	1	1		2
民族学	6	4	3	4	2
中国少数民族语言文学	19	15	9	16	6
音乐学	6	6			
音乐	3	5	13	7	7
中国少数民族艺术	3	4	3	3	2
美术	3	3	6	5	2
宗教学	1	1	2		1
中国少数民族史	2	1		1	1
法律硕士（非法学）	1				
比较文学	1		3	1	1
课程教学论	1			2	1
伦理学		1	1	5	3
宪法行政		1	1		
环境资源法		1		1	1
社会学		2	1	1	
民俗学		1		2	1
民族传统体育学		5			1
文艺学		1		1	2
应用语言		4	10	7	7
美术学		6	5	5	4
专门史		1			
社会工作			3	3	1
教育技术学			1	1	
古代文学			1	1	
中国史			6	2	5
音乐舞蹈			12	3	8
高等教育				1	
法律硕士（法学）			1		1
小计（人）	60	80	94	86	67
自然科学					
应用数学			1	1	
小计（人）			1	1	
社会科学与自然科学合计（人）	60	80	95	87	67

附表 7　2010~2014 年西北民族大学博士骨干招生专业及招生人数

专业	2010 年	2011 年	2012 年	2013 年	2014 年
中国少数民族语言文学	4	4	4	5	4
小计（人）	4	4	4	5	4

表 8　2010~2014 年西北民族大学"双少"生招生专业及招生人数

专业	2010 年	2011 年	2012 年	2013 年	2014 年
社会科学					
比较世界文学	1	3			
历史文献	1	1			
马克思主义民族理论	1	1	2		
民俗学	1				
人类学	1			1	
社会学	1				
音乐	1		1		
应用语言	2	5	4	4	
中国少数民族经济	1	2	3		
中国少数民族艺术	1	2	1		
中国少数民族语言文学	22	19	17	10	9
环境资源法		1			
伦理学		1			
马克思主义原理		1		1	
马克思主义中国化		1			
美术学		1			
民族学		2	1		
预防兽医学		2	1		
中国少数民族史		2	1		
专门史		1			
管理工程			1		
课程教学			3	1	
美术			1		
民族传统体育学			1		
宪法行政法			2		
中国史			4		

续表

专业	2010 年	2011 年	2012 年	2013 年	2014 年
宗教学			1	1	
高等教育学					1
小计（人）	33	45	44	18	10
自然科学					
应用数学			2		
软件工程				1	
小计（人）			2	1	
社会科学与自然科学合计（人）	33	45	46	19	10

二、全国少数民族研究生在校生数和比例、少数民族人口比例

附表 9 2005~2012 年全国少数民族研究生在校生数和比例、少数民族人口比例

年份	博士生/人 （含科研机构）	硕士生/人 （含科研机构）	占在校生总数的比例/%	少数民族人口比/%
2005	7 230	34 720	4.29	—
2006	8 861	42 496	4.65	—
2007	9 280	48 232	4.81	—
2008	9 461	49 400	4.59	—
2009	10 765	59 160	4.98	—
2010	12 125	64 505	4.98	8.49
2011	14 273	79 350	5.69	—
2012	14 853	84 588	5.78	—

资料来源：全国少数民族研究生在校生数和比例是根据历年《中国民族统计年鉴》和《中国统计年鉴》整理所得；少数民族人口比例来自于第六次全国人口普查少数民族相关数据

后　记

　　本书凝聚了中南民族大学教育学院和众多关心我们、支持我们的专家学者们的心血，也是国家社会科学基金教育学青年课题"我国少数民族研究生招生优惠政策监评体系建构研究"（CMA140130）的最终研究成果。此研究成果是集体努力的结晶，具体分工如下：洪雷撰写绪论、第一章、第二章、第三章，张佩撰写第四章、第五章、第六章。洪雷组织了此项研究成果的撰写工作，并对全书进行了统稿。

　　我国少数民族研究生招生优惠政策是民族高等教育不断深化改革的实践结果，是国家根据民族地区教育实际情况制定的民族高等教育智力援助优惠政策。1949年以来，党和国家高度重视民族地区的人才培养工作，采取一系列特殊措施培养了一大批少数民族管理干部和各级各类专业人才。随着时代的进步，国家在大力扶持民族地区发展教育事业的同时，加大了为民族地区培养高层次人才的工作力度。注重从量向质的转变：从无到有、从单一到多元、从基础到高精尖，渐进满足民族地区对人才的多元化诉求。"优惠政策"在这种时代背景下应运而生，从20世纪80年代制定实施以来已经历了三十多个年头，探讨此项政策在民族地区的实施现状，找出影响此政策成效的因素，挖掘执行过程中存在的问题和原因，探寻提升的策略是历史赋予我们的使命。

　　政策的监测与评价是衡量某一政策的价值尺度，是验证政策实施成败的重要手段。作为一项公共政策，在发展过程当中应该受到来自多方的监督，以此在政策实践过程中发现问题，调整策略，更好地服务于社会和人类的发展。本书以政策监评分析为核心，以不同层面对政策的事实描述和价值判断为切入点，综合运用质和量相结合的分析方法，全面统观分析"优惠政策"，以期在宏观上把握政策取得的成果经验和亟待解决的问题。同时通过问卷调查、访谈分析，从微观上探析解释影响政策成效最优化的因素；综合运用文献分析法、田野调查法等对政策成效进行调研，这无疑是研究方法和思路的一种创新。然而，大数据时代的到来也为公共政策多元化的评价提供了有力的数据和方式，一些数据库的建立和使用也为更加科学的监评政策成效提供了条件，这为我国政策评价的发展提供了更多可靠的参考。

由于此项研究是对我国少数民族研究生招生优惠政策监评体系理论与实践的全面和系统的研究，在总结和归纳过程中难免存在不足之处。而且，此项研究涉及的利益相关者较多，在调查目标的取舍过程中，也会因课题组理解的偏差和认识程度上的不足等原因存在一些不尽如人意的地方。敬请各位专家、广大民族教育理论工作者和实践工作者提出宝贵的意见，以便今后做进一步的充实和完善。同时，由于教育政策评价研究是借鉴国内外公共政策评价研究的理论研究结果，关于少数民族研究生招生优惠政策监评的标准和指标也有待进一步深入研究和完善。

作者

2019 年 3 月 20 日

中南民族大学南湖之滨